FLAVIO VALVASSOURA

FÉ & ESPERANÇA

PARA CADA DIA

THOMAS NELSON
BRASIL®

Copyright ©2023 por Flavio Valvassoura
Todos os direitos reservados por Vida Melhor Editora LTDA.

As citações bíblicas são da Nova Versão Internacional (NVI), da Bíblica, Inc., a menos que seja especificada uma outra versão da Bíblia Sagrada.

Os pontos de vista desta obra são de responsabilidade de seus autores e colaboradores diretos, não refletindo necessariamente a posição da Thomas Nelson Brasil, da HarperCollins Christian Publishing ou de suas equipes editoriais.

Publisher	Samuel Coto
Coordenador editorial	André Lodos Tangerino
Produção editorial	Gisele Romão da Cruz
Edição	Aline Lisboa; Bruna Gomes; Emanuelle Malecka; Gisele Romão da Cruz
Preparação	Josemar de Souza Pinto
Revisão de provas	Elaine Freddi; Gisele Romão da Cruz
Projeto gráfico e diagramação	Patrícia Lino
Imagem	Flaticon.com
Capa	Rafael Brum

Dados Internacionais de Catalogação na Publicação (CIP)
(BENITEZ Catalogação Ass. Editorial, MS, Brasil)

V289f   Valvassoura, Flavio
1.ed.   Fé e esperança para cada dia / Flavio Valvassoura. – 1.ed. –
       Rio de Janeiro : Thomas Nelson Brasil, 2023.
       416 p.; il.; 15,5   23 cm.

       ISBN 978-65-5689-749-3

       Bíblia – Ensinamentos. 2. Devoção a Deus. 3. Devoções diárias.
    4. Esperança – Aspectos religiosos – Cristianismo. 5. Fé (Cristianismo).
    6. Literatura devocional. 7. Palavra de Deus. 8. Vida cristã. I. Título.

12-2023/19   CDD 234.23

Índice para catálogo sistemático:
Fé : Cristianismo   234.23

Aline Graziele Benitez – Bibliotecária - CRB-1/3129

Thomas Nelson Brasil é uma marca licenciada à Vida Melhor Editora LTDA.
Todos os direitos reservados à Vida Melhor Editora LTDA.
Rua da Quitanda, 86, sala 601A — Centro
Rio de Janeiro — RJ — CEP 20091-005
Tel.: (21) 3175-1030
www.thomasnelson.com.br

Um novo ano cheio de fé e esperança!

Ao pensar sobre tudo aquilo de que precisamos como seres humanos, cheguei à conclusão de que fé e esperança nos são essenciais. Assim como você, enfrento dificuldades, temores, tentações e situações conflitantes com frequência, pois nossa condição de vida terrena nos deixa suscetíveis a tais intempéries. Apesar de não termos controle sobre a grande maioria das circunstâncias que acontecem conosco ou com aqueles a quem amamos, temos pleno poder sobre como será a nossa reação.

É para ajudar você a lidar diante das diversas situações do seu dia a dia que este livro foi concebido. Meu desejo é que este seja um meio pelo qual diariamente sua fé seja alavancada e sua esperança seja ampliada. Que você possa receber paz, sabedoria, discernimento e edificação para a sua vida e o seu lar.

Seja bem-vindo!

Flavio Valvassoura

Aproveite seu tempo devocional!

Para extrair o máximo potencial deste livro, tenho algumas sugestões.

1

Sempre que possível, faça seu devocional assim que acordar. Nesse período, a mente está mais tranquila e ainda não foi tomada por diversas informações, podendo, desse modo, absorver tudo aquilo com o qual você pode nutri-la para o dia todo. Assim como acontece com o alimento físico em relação ao corpo, o alimento espiritual garante a alma sã.

2

Deixe uma Bíblia física junto com seu livro. A Bíblia digital certamente existe para nossa edificação, mas também fica instalada em um aparelho que nos apresenta diversas distrações. Por esse motivo, usar uma impressa pode colaborar para que você consiga se concentrar sem devaneios.

3

Tenha caneta, lápis, marca-texto e outros itens decorativos dos quais gostar em mãos. Este livro foi preparado com espaço para você fazer suas anotações acerca das suas reflexões e aprendizados.

4 Indico que você comece com a leitura bíblica, siga para a reflexão e, sem sequência, para a oração. Caso haja disponibilidade, um tempo de silêncio meditativo em solitude permitirá absorção maior de tudo que foi preparado em oração para o seu dia.

5 Leia sempre o texto indicado para o dia que marcar no calendário. Ainda que você não comece em 1º de janeiro, poderá ou ler o atual pela manhã e um anterior no final do dia, ou ler somente um por dia e finalizar no ano seguinte.

Em algumas páginas, você encontrará informações ou atividades adicionais. Espero que aproveite cada uma delas.

Nada será mais importante do que ter o coração disposto para ler, ouvir e obedecer ao que Deus falar diretamente ao seu coração.

Tenha uma boa jornada!

ESPERANÇA

JANEIRO

Meu planejamento

Meta

Plano

Leitura bíblica do livro

Atividade em família

Refeição especial

Avaliação alimentar

Tempo de qualidade com amigos

Um filme/série

Um livro/*podcast*

Um médico a agendar

Nota da minha saúde emocional

Atividade física pelo menos três vezes por semana

Participação semanal na comunidade espiritual

Ingestão diária de água

Gestão das finanças pessoais

LEITURA BÍBLICA
Mateus 6:33

01 JANEIRO

A expectativa de um novo começo

Somos movidos por esperança. Desde a queda no Éden até os dias de hoje, o homem promove uma busca incessante por esperança para sair do seu estado de miséria. Com o início de um novo ano, esse desejo se intensifica, pois temos à nossa frente centenas de novas chances de suprir essa necessidade.

Por mais que façamos planos e renovemos votos, a Palavra de Deus nos diz, em Provérbios 16:1, que o coração do homem pode, sim, fazer muitos planos, mas a resposta certa vem dos lábios do Senhor. A ele pertence o nosso amanhã. É nele que devemos depositar a nossa esperança.

Neste primeiro devocional do ano, quero propor um desafio a você: esqueça todas as resoluções que definiu para você mesmo este ano e comprometa-se a pôr em prática a orientação da leitura bíblica de hoje. Quando buscamos a Deus em primeiro lugar, as demais coisas nos são acrescentadas, pois o Senhor provê a cada uma de nossas necessidades.

Talvez você esteja entrando neste ano com uma bagagem de lutas e dores que trouxe do ano que findou, mas saiba de uma coisa: nos dias de lutas e escassez, sempre podemos buscar a Deus para encontrar esperanças e forças para vencer as adversidades. Ele está ao alcance de uma oração.

Minhas anotações

Ore comigo

"Senhor, obrigado pelo novo ano que se inicia e pelas novas oportunidades que ele traz. Ensina-me a viver cada um dos meus dias na esperança de que tu tens a minha vida em tuas mãos e me sustentarás nas adversidades. Em nome de Jesus. Amém."

02 JANEIRO

LEITURA BÍBLICA
2Reis 7:1

Um futuro glorioso

Eliseu foi um profeta poderosamente usado por Deus em seu tempo. Quando o rei da Síria cercou a cidade de Samaria, a falta de comida na cidade tornou-se grande. Então, o Senhor levantou Eliseu para profetizar àquele povo que a fome estava prestes a findar.

A promessa de Deus produziu esperança no coração daquele povo atribulado com a escassez. E, como ele é o mesmo ontem, hoje e sempre, também há da parte de Deus uma palavra de fé e esperança para o seu coração atribulado com as circunstâncias da vida. O Senhor prepara um futuro glorioso para todos os que confiam nele. Você confia?

O ajudante de campo do rei de Israel não confiou na profecia de Eliseu. Por causa da sua falta de fé, o profeta disse ao soldado que ele veria a fartura com os próprios olhos, mas não comeria daquela comida. Não duvide das promessas de Deus para você! Creia em seu poder e no poder de sua Palavra.

Dúvida e milagres não combinam, mas o extraordinário é possível ao que crê. Deus sempre pode nos surpreender! Abrace o futuro glorioso que o Senhor tem para você. Ele é o Senhor do tempo e pode mudar tudo de uma hora para outra, trazendo algo grandioso para a sua vida. Ele tem o poder de mudar a sua história!

Minhas anotações

Ore comigo

"Senhor, eu creio no teu poder! Por isso, agradeço desde já o futuro glorioso que reservas para mim. Sei que tu farás grandes coisas. Ajuda-me a descansar na certeza de que a tua vontade é perfeita para a minha vida. Em nome de Jesus. Amém."

LEITURA BÍBLICA
Marcos 11:12-14,19-24

03 JANEIRO

Fé que move montanhas

Os discípulos estavam acostumados a ver Jesus operar grandes milagres: cegos voltaram a enxergar, paralíticos andaram e até mortos ressuscitaram. Talvez por isso tenham ficado tão impressionados quando viram o Mestre amaldiçoar uma figueira que não produzia frutos e, no dia seguinte, ela secar até a raiz.

A ação de Jesus foi inesperada para os discípulos. Eles foram pegos de surpresa. Da mesma forma, ficamos surpresos quando deparamos com determinadas situações em nossa vida. Ao longo de nossa jornada, podemos enfrentar obstáculos inesperados. No entanto, o mesmo Deus que amaldiçoou a figueira é aquele que tem a nossa vida em suas mãos.

Diante da surpresa de Pedro, Jesus nos ensina que, assim como a figueira secou por falta de frutos, podemos nos tornar improdutivos se não pusermos a nossa fé em ação. As circunstâncias da vida podem nos paralisar e abalar nossa fé, mas, se depositarmos nossa confiança em Deus e buscá-lo diariamente, vamos testemunhar que seu poder é maior do que qualquer desafio.

A fé é uma ferramenta poderosa que Deus nos deu para enfrentarmos as adversidades da vida. Quando lançamos mão de uma fé verdadeira, somos capazes de mover montanhas! Confie no poder daquele que nos dá a paz e a segurança necessárias para enfrentar toda e qualquer situação.

Minhas anotações

Ore comigo

"Senhor, fortalece a minha fé! Ajuda-me a te buscar diariamente para que, firmado em ti, eu possa mover qualquer montanha que se levantar em meu caminho. Em nome de Jesus. Amém."

LEITURA BÍBLICA
Efésios 6:11-13

Você está preparado?

O preparo é essencial para qualquer pessoa vencer e alcançar seus objetivos na vida. Atletas se preparam toda uma vida para uma apresentação de poucos minutos ou até mesmo segundos. Pessoas dedicam anos de estudo para ingressar em uma boa faculdade ou ser aprovado em um disputado concurso público. E quando se trata da vida espiritual? Será que temos agido com a mesma dedicação?

Não existe vitória sem capacitação e consagração. Assim como um soldado se prepara para a batalha, devemos nos preparar para enfrentar as adversidades da vida com um treinamento intenso: buscar uma intimidade diária com Deus, estudar a sua Palavra e conhecer sua vontade para nós.

Ao nos fortalecermos no Senhor, nos preparamos para resistir no dia mau e cumprir a missão que ele nos confiou. Para muitos, essa missão consiste na salvação dos familiares e amigos, mas poucos são aqueles que estão dispostos a pagar o preço que essa vitória exige. Muitas situações relacionadas àqueles que nos cercam não são transformadas porque não nos preparamos para sermos agentes de transformação na vida deles. Afinal, como podemos lutar por essas pessoas com uma armadura incompleta?

Neste dia, peça a Deus para pôr em você um desejo crescente de buscá-lo e de consagrar-se diariamente para que, por intermédio da sua vida, novas vidas sejam consagradas ao Senhor.

Ore comigo

"Querido Pai, tu és maravilhoso! Reveste-me de toda a armadura divina para que eu seja fortalecido na fé e usado para compartilhar o teu amor. Em nome de Jesus. Amém."

Minhas anotações

LEITURA BÍBLICA
1Pedro 4:12-19

05 JANEIRO

Vivendo como um vencedor

Certa vez, ouvi um esportista dizer o seguinte: "Chegar ao topo é fácil; difícil é manter-se lá". Fiquei pensando nessa declaração e percebi que ela fazia muito sentido em todos os aspectos da vida.

Ser um vencedor em Deus não é difícil, mas permanecer vencedor exige um pouco mais. Temos a tendência de nos acomodarmos facilmente quando tudo vai bem e de acreditarmos que, por sermos de Cristo, as lutas acabaram. Bom, não é bem assim. A Bíblia nos ensina exatamente o contrário.

A vida é feita de lutas e dificuldades. O próprio Jesus afirmou que no mundo teríamos aflições. Na leitura bíblica de hoje, Pedro nos exorta a não nos surpreendermos com os obstáculos que permeiam nossa jornada. Em vez disso, devemos nos alegrar, pois somos participantes dos sofrimentos de Cristo.

No entanto, muitas dificuldades são causadas por nós mesmos, e por essa razão acabamos enfrentando lutas que não precisaríamos enfrentar. Para não sermos afligidos por nossa própria incoerência, devemos avaliar a causa das nossas adversidades. Sofra por aquilo que vale a pena, por Cristo e por ser cristão. Enfrente as provações com fé e confiança, sabendo que Deus está ao seu lado em cada desafio.

Minhas anotações

Ore comigo

"Pai celestial, obrigado por me permitires participar dos sofrimentos de Cristo. Ajuda-me a viver como um vencedor, enfrentando as provações com alegria e confiando no teu poder.
Em nome de Jesus. Amém."

06 JANEIRO

LEITURA BÍBLICA
Salmos 116:1

Dar graças por tudo

Todos os dias temos inúmeros motivos para agradecer. Só o fato de você estar lendo esta mensagem hoje já é motivo de gratidão, pois significa que o Senhor deu a você um novo dia de vida. Louvado seja Deus por isso!

Um coração grato deve ser uma realidade na vida de qualquer pessoa. A Bíblia nos diz que as misericórdias do Senhor se renovam a cada manhã — todas as manhãs, independentemente das dificuldades que possamos enfrentar. Quantas bênçãos você já contou hoje?

O Senhor nos dá vida, saúde, amizades, alimento, abrigo, proteção... a lista é grande! Quem reconhece que é salvo por meio do sacrifício de Jesus Cristo (mais um motivo pelo qual ser grato) sabe que não fez nada para merecer todas essas coisas, pois elas são obras da graça de Deus.

Quando agradecemos ao Senhor por tudo o que ele fez e faz, testemunhamos ao mundo que somos filhos de um Deus pessoal e que cuida de nós. Mostramos que o contentamento e a paz não vêm do que temos, mas de quem provê tudo de que precisamos na medida em que precisamos. Portanto, seja grato! O Senhor se agrada de um coração que reconhece a sua graça e que não se esquece de tudo o que ele já fez.

Minhas anotações

Ore comigo

"Senhor Deus, obrigado por todas as bênçãos derramadas diariamente sobre a minha vida. Sou grato por tua provisão, pela salvação em Cristo Jesus e por saber que, mesmo em meio às adversidades, tu estás sempre comigo. Em nome de Jesus. Amém."

LEITURA BÍBLICA
Lucas 4:18-19

07
JANEIRO

Livres para adorar

Muitos talvez não saibam, mas hoje comemora-se o Dia da Liberdade de Culto, uma data que serve para nos lembrar que todos têm o direito de exercer sua fé de forma livre e sem repressão. Uma data para lembrar a nós, cristãos, que somos livres para expressar nossa fé em Deus. Você é livre para adorar ao único que é digno de toda a nossa adoração!

O texto de Lucas nos lembra de que Jesus veio para trazer esperança aos menos favorecidos, liberdade aos que estão cativos em seus delitos e pecados, visão aos que estão cegos espiritualmente, liberdade aos oprimidos, e para anunciar a graça de Deus. Hoje, você é livre para falar desse grande amor.

Como filhos de Deus, fomos chamados para transformar o mundo em que vivemos. Podemos fazer a diferença ao pregar o evangelho, compartilhar o amor de Cristo e levar esperança a todos os que precisam. Somos chamados a ser canais da graça de Deus na vida de todos aqueles que o Senhor coloca em nosso caminho.

Infelizmente, em outras partes do mundo, nem todos têm esse direito assegurado. Nesses lugares, muitos cristãos são perseguidos por causa de sua fé em Jesus. No entanto, a Bíblia nos diz que há de chegar o dia em que todo joelho se dobrará diante de Deus e toda boca confessará que só ele é digno de todo o louvor e toda a glória. Que lindo dia será!

Ore comigo

"Senhor, obrigado por nos concederes a liberdade de culto. Ajuda-nos a valorizar essa grande bênção. Esteja com todos aqueles que não podem desfrutar desse privilégio e ainda assim estão dispostos a morrer por amor do teu nome. Amém."

Minhas anotações

08 JANEIRO

LEITURA BÍBLICA
Mateus 25:14-30

Multiplique os talentos

Albert Einstein declarou certa vez que "insanidade é continuar fazendo sempre a mesma coisa e esperar resultados diferentes". Isso tanto é verdade que a própria Bíblia nos traz esse ensinamento.

Na parábola dos talentos, Jesus conta que um homem deu a três servos diferentes quantidades de talentos e foi viajar. Enquanto dois dos servos investiram e multiplicaram a quantia, o terceiro servo cavou um buraco e escondeu o dinheiro do patrão, por medo de perdê-lo. Quando voltou de viagem, o homem viu que os dois servos saíram da zona de conforto e obtiveram lucro com seus investimentos. Por outro lado, o terceiro trabalhador ficou paralisado pelo medo e, por não ter saído do lugar, não obteve lucro algum.

Com essa história, Jesus ensina que a pessoa que não tem alvos e metas na vida nunca encontrará satisfação. Muitas vezes, nós nos encontramos em situações em que esperamos que algo novo aconteça, mas continuamos fazendo as mesmas coisas. A falta de ação não traz resultados diferentes. O que nos faz progredir e avançar é ter objetivos e sonhos a serem alcançados.

Deus tem muitos sonhos para a sua vida, mas, para que eles se realizem, é preciso que você cresça, amadureça e progrida espiritualmente. Permita-se ser transformado pelo Espírito Santo. Saia da zona de conforto e dê um passo de fé.

Minhas anotações

Ore comigo

"Senhor, ajuda-me a não cair na armadilha da inércia e do medo. Capacita-me a agir com fé e coragem, buscando sempre oportunidades de crescer e amadurecer. Em nome de Jesus. Amém."

LEITURA BÍBLICA
Atos 1:8

09 JANEIRO

Cheios de poder

O que você faria se recebesse um superpoder? Resolveria todos os seus problemas em um passe de mágica? Realizaria algum desejo especial? Seja qual for sua resposta, a ideia de sermos poderosos, principalmente nos momentos de fraqueza ou impossibilidades, parece muito interessante. Como seria bom ter poder ilimitado para usar em qualquer situação que desejássemos!

A realidade, porém, não é assim. Somos limitados e fracos e, muitas vezes, não estamos à altura dos desafios que a vida nos impõe. O cenário parece desesperançoso, mas a boa notícia é que você pode se agarrar à promessa que Jesus nos faz em Atos 1:8: "Mas recebereis poder quando o Espírito Santo descer sobre vós; e sereis minhas testemunhas, tanto em Jerusalém como em toda a Judeia e Samaria, e até os confins da terra" (A21).

A promessa de Jesus nos desafia a viver uma vida cheia do Espírito, capacitados para sermos testemunhas do amor e da graça de Deus em nosso mundo.

"Mas recebereis poder." Ter alguém que nos enche de poder é algo que vai além das expectativas, que nos surpreende e traz diversas possibilidades. Deus pode e quer revesti-lo de poder; poder para testemunhar, para evangelizar e para, em Cristo, superar todas as suas dificuldades. Você está pronto?

 Minhas anotações

Ore comigo

"Pai celestial, obrigado pela promessa do Espírito Santo em nossa vida. Ajuda-me a viver uma vida cheia do Espírito, sendo uma testemunha poderosa do teu amor e da tua graça. Em nome de Jesus. Amém."

10 JANEIRO

LEITURA BÍBLICA
Provérbios 29:18

A visão e o propósito

Quando ouvimos falar em "profecia", logo associamos a palavra às revelações futuras, mas, mais do que isso, esse pequeno verbete carrega consigo outro significado grandioso: refere-se à visão clara do propósito de Deus para nós. Quando não temos uma visão clara, corremos o risco de nos desviar, de perder o foco e acabarmos corrompidos por influências negativas.

Por outro lado, quando temos uma visão clara do propósito de Deus para a nossa vida, somos fortalecidos, encorajados e direcionados em nossas ações. Passamos a enxergar além do que os olhos podem ver e somos movidos por algo muito maior do que nós mesmos.

Uma vida plena e alinhada com a vontade de Deus é direcionada pela visão e pelo propósito do Senhor. Busque ao Pai em oração, estude sua Palavra e peça a direção do Espírito Santo. Somente ele é capaz de abrir nossos olhos para os sinais e oportunidades que Deus põe em nosso caminho. Quanto mais buscarmos sua vontade para a nossa vida e vivermos em obediência aos seus mandamentos, mais ele nos guiará e nos revelará a visão e o propósito que tem para nós.

Minhas anotações

Ore comigo

"Senhor Deus e Pai, dá-me a tua visão. Ajuda-me a buscar tua vontade e a ouvir tua voz, para que eu possa compreender e, com a direção do Espírito Santo, realizar os teus planos para a minha vida. Ensina-me a guardar a tua Palavra e a viver em obediência a ti. Em nome de Jesus. Amém."

LEITURA BÍBLICA
1Pedro 2:2-3

11 JANEIRO

Alimento para a alma

A chegada de um bebê pode mudar totalmente a rotina de uma família. Se você é pai ou mãe, sabe bem do que estou falando. Muitas são as necessidades de um recém-nascido, mas, de todos os cuidados que a pequena criança demanda, a amamentação é o que lhe é vital. Há quem diga que o choro de um bebê é diferente quando ele está com fome. Considerando que essa é sua única forma de comunicação, é compreensível que esse choro seja proporcional à intensidade da fome que ele sente.

Isso me faz pensar sobre a nossa vida espiritual. Assim como um bebê anseia pelo leite materno para crescer e se fortalecer, nós também precisamos do alimento espiritual para nutrir nossa alma e prosseguir em nossa caminhada com Cristo. A Palavra de Deus é esse alimento, que nos sustenta, ensina e transforma.

Para crescermos espiritualmente, buscar a Palavra de Deus todos os dias é essencial. Isso, porém, não deve ser feito de forma automática. Precisamos não somente ler a Bíblia, mas meditar em seus ensinamentos e aplicá-los em nossa vida. Assim como o anseio de um bebê pelo leite materno, deseje ardentemente alimentar-se da Palavra de Deus.

Minhas anotações

Ore comigo

"Senhor Deus, obrigado por proveres o melhor alimento que a minha alma poderia receber: tua Palavra. Que o santo Espírito possa me guiar e ensinar ao estudar a Bíblia, e que essa busca seja diária e constante, tornando-me totalmente dependente de ti. Em nome de Jesus. Amém."

12 JANEIRO

LEITURA BÍBLICA
2Coríntios 10:12

Cuide do seu jardim

Às vezes, nos surpreendemos olhando para a vida dos outros e desejamos ter o que eles têm. Como diz o ditado, "a grama do vizinho sempre parece mais verde". No entanto, em tempos nos quais as redes sociais têm ganhado cada vez mais força, vale perguntar o seguinte: será que a grama do meu vizinho é realmente mais verde, ou ele só está usando um filtro do Instagram?

As redes sociais nos mostram uma pequena parte da vida das pessoas, uma versão idealizada e filtrada da realidade do outro. Vemos apenas o lado bom, as conquistas e vitórias. Esquecemos que cada pessoa tem suas próprias lutas, seus desafios e defeitos que não são mostrados na tela. A grama desse vizinho não é tão verde quanto parece ser.

Quando nos comparamos com essa imagem irreal que nos é apresentada, nutrimos sentimentos de inveja e cobiça. A comparação constante nos cega para as maravilhas que o Senhor já fez e passamos a desvalorizar as bênçãos que ele nos deu. Como filhos de Deus, precisamos agir com mais sabedoria!

O Senhor nos criou de maneira especial. Cada um de nós foi agraciado com dons únicos e um propósito singular na vida. Em vez de olhar para a grama do vizinho, concentre-se em usar seus dons e talentos para a glória de Deus. Olhe com mais carinho para a sua própria grama, regue-a com gratidão e confie que Deus vai transformá-la em um lindo jardim.

Ore comigo

"Senhor, ajuda-me a não cair na armadilha de comparar-me com os outros. Ensina-me a ser grato pelo que tenho e a usar os meus dons para te glorificar. Em nome de Jesus. Amém."

Minhas anotações

LEITURA BÍBLICA
Hebreus 13:2

13 JANEIRO

Gentileza gera gentileza

A gentileza é uma virtude que pode mudar a vida de alguém em um instante. Em Hebreus 13:2, somos instruídos a ser hospitaleiros e a não negligenciarmos a prática da gentileza, pois, ao fazê-lo, podemos, sem saber, estar acolhendo anjos.

Engana-se, porém, quem acha que a gentileza tem a ver somente com atitudes educadas e palavras amáveis. Mais do que isso, ela é um convite para abrir nosso coração e estender a mão aos necessitados. Ser gentil é demonstrar o amor de Deus em ação.

Ao praticar a gentileza, estamos seguindo o exemplo de Jesus, que foi a maior referência de bondade e compaixão que este mundo já conheceu. Ele acolheu os marginalizados, curou os doentes e estendeu a mão aos pecadores. Ele nos ensinou que a gentileza não é uma opção, mas um estilo de vida que devemos adotar se quisermos ser imitadores de Cristo.

Ao sermos gentis, podemos estar tocando a vida de alguém de maneira que nunca imaginamos. Um simples sorriso, uma palavra de encorajamento ou um gesto de ajuda pode trazer alegria e conforto a alguém que esteja atravessando um momento difícil.

Que a gentileza reflita o amor de Deus em nós, manifestando-se em cada interação com o próximo. E que assim possamos moldar o nosso caráter para sermos cada dia mais parecidos com Cristo, amando os outros como ele nos amou.

Ore comigo

"Senhor, eu quero ser como tu és! Ensina-me a servir e amar ao próximo como Cristo nos amou. Que a gentileza seja uma marca distintiva em minha vida, refletindo o teu amor em tudo o que eu fizer. Amém."

Minhas anotações

14 JANEIRO

LEITURA BÍBLICA
Tiago 5:15

Força em tempos de fraqueza

Quando deparamos com a doença e o sofrimento, muitas vezes nos sentimos impotentes e desesperados. A Bíblia, porém, nos lembra de que o Senhor escreveu cada um de nossos dias quando nem um deles havia ainda (cf. Sl 139.16). Embora seja um privilégio descansar nessa verdade, sabemos que na prática isso pode ser um pouco difícil.

Nessas horas, somos levados a buscar a Deus em oração e colocarmos diante dele toda a nossa fragilidade. Ainda que não consigamos nos expressar com palavras, podemos fazê-lo com lágrimas, pois o Senhor conhece o nosso coração. E, enquanto nos derramamos diante de Deus, o Espírito Santo intercede por nós com gemidos inexprimíveis.

A oração tem o poder de trazer cura e restauração para aqueles que estão doentes. No entanto, é importante ressaltar que nem sempre a cura física ocorrerá imediatamente. Às vezes, ela poderá vir por meio de tratamentos médicos ou do cuidado e apoio de outras pessoas. Deus age de maneiras misteriosas, e devemos confiar em sua direção.

Quando enfrentamos uma enfermidade, podemos buscar a Deus em oração. Devemos orar com fé, sabendo que ele é poderoso para nos curar e perdoar. No entanto, ainda que a cura física não ocorra, Deus continua sendo bom. Ele estará sempre ao nosso lado, nos dando força, consolo e paz durante a tempestade.

Ore comigo

"Querido Deus, eu escolho confiar em ti mesmo quando as coisas não fizerem sentido. Ajuda-me a glorificar o teu nome na saúde e principalmente na doença. Nunca me deixes esquecer de que os planos do Senhor sempre serão melhores que os meus. Amém."

Minhas anotações

LEITURA BÍBLICA
2Timóteo 2:2

15
JANEIRO

Vá e faça discípulos

Como seguidores de Jesus que somos, fazer discípulos é uma de nossas principais responsabilidades. Justamente por isso precisamos ser sábios na hora de executar essa tarefa. Em 2Timóteo 2:2, Paulo instrui Timóteo a transmitir o que aprendeu a pessoas fiéis, que também serão capazes de ensinar outras pessoas.

Ser fiel é ser confiável, íntegro e comprometido com a Palavra de Deus. É viver de acordo com os ensinamentos de Jesus em todas as áreas da vida. É colocar o Reino de Deus como prioridade. Ao sermos fiéis, nos tornamos testemunhas vivas do amor e da graça de Cristo, refletindo sua luz no mundo ao nosso redor.

Fazer discípulos significa compartilhar o evangelho com outras pessoas, ensinando-as a conhecer e seguir Jesus. É transmitir o amor de Deus e o poder transformador da sua Palavra. É capacitar outros a se tornarem discípulos comprometidos que transmitam essa mesma mensagem para outras pessoas. Somente o evangelho que expõe a verdade sobre o pecado e aponta para o Cristo ressuscitado é que pode gerar discípulos verdadeiros para o Reino de Deus. Quantos discípulos você já fez?

Minhas anotações

Ore comigo

"Senhor, ajuda-me a ser fiel em meu relacionamento contigo e a compartilhar o amor de Jesus com as pessoas ao meu redor. Capacita-me a ser um discípulo que faz discípulos, levando o teu Reino a todos os lugares. Em nome de Jesus. Amém."

16 JANEIRO

LEITURA BÍBLICA
2Timóteo 2:21

Vaso de bênção

Tudo na vida requer preparo: preparamo-nos para uma entrevista de emprego, para um encontro especial, para uma apresentação importante... E quando se trata da obra de Deus? Será que temos nos preparado com a mesma dedicação? Em 2Timóteo 2:21, Paulo nos exorta a sermos vasos de honra, santificados e preparados para toda boa obra. A santificação é um processo contínuo em nossa vida, no qual somos separados do pecado e consagrados para o serviço de Deus.

Ao buscarmos a santificação, permitimos que o Espírito Santo trabalhe em nós, transformando nossa mente, nosso coração e nossas atitudes, para que tudo esteja alinhado com a vontade de Deus. É um chamado para vivermos uma vida santa, separados do mundo e dedicados ao serviço do Reino.

Se os compromissos que assumimos na vida demandam nossa dedicação, o compromisso que assumimos com Deus demanda nossa entrega total. Ser preparado para a obra de Deus requer que estejamos dispostos a nos submeter a ele em todas as áreas da vida. Devemos buscar conhecê-lo pela leitura da Palavra, pela oração e pela comunhão com outros irmãos em Cristo. É um processo de crescimento espiritual, no qual somos moldados por Deus para cumprir os planos que ele tem para nós.

Ore comigo

"Senhor Deus, quero ser um vaso de bênção. Ajuda-me a buscar a santificação diariamente, e que o teu Espírito trabalhe em mim e me transforme à imagem de Cristo. Que a tua vontade seja feita em minha vida e por meio de mim. Em nome de Jesus. Amém."

Minhas anotações

LEITURA BÍBLICA
Lucas 9:23

JANEIRO

Negar a si mesmo

Até onde você estaria disposto a ir por amor àqueles que são essenciais na sua vida? Arrisco dizer que faria qualquer coisa, até mesmo abrir mão do próprio orgulho, se preciso for. Será que você estaria disposto a revelar o mesmo amor para falar de Cristo a uma pessoa cujo comportamento você reprova ou por quem não tem simpatia? Tendemos a responder com um sonoro "não" quando, infelizmente, a verdadeira resposta deveria ser "sim".

Seguir Jesus requer coragem e renúncia aos nossos próprios interesses, desejos e vontades, colocando-o no centro de nossa vida. É uma decisão que exige abrir mão do próprio eu. Diariamente.

Negar a si mesmo significa abandonar o egoísmo e a busca por satisfação pessoal, colocando os planos e propósitos de Deus em primeiro lugar. É abrir mão do controle e confiar que o Senhor sabe o que é melhor para nós. Essa escolha pode envolver sacrifício e adversidades, mas a recompensa é imensurável. Quando negamos a nós mesmos e nos rendermos a Cristo, experimentamos a plenitude de vida.

Jesus nos convida a segui-lo de todo o coração. Ele prometeu estar conosco em todas as circunstâncias, até a consumação dos séculos. Ele é nosso exemplo de amor, humildade e serviço, e, ao seguirmos seus passos, somos transformados e capacitados a viver uma vida que glorifica a Deus.

Ore comigo

"Senhor Deus, ajuda-nos a ter coragem para negar a nós mesmos todos os dias, por amor a Cristo. Dá-nos força para enfrentar os desafios que possam surgir no caminho e capacita-nos a colocar os teus planos e propósitos em primeiro lugar.
Em nome de Jesus. Amém."

Minhas anotações

18 JANEIRO

LEITURA BÍBLICA
Salmos 30:11-12

Ele transforma o choro em riso

Poucas coisas na vida são tão prazerosas quanto uma boa gargalhada, daquelas que fazem a barriga doer. Não é por acaso que dizem que rir é o melhor remédio. O riso de fato é uma arma poderosa para combater a dor e expressar nossa felicidade. No entanto, por mais satisfatório que seja, ele sempre estará pautado em uma alegria passageira. Os momentos tristes passam, mas os alegres também.

A alegria do Senhor, porém, vai além das circunstâncias externas. Ela é uma alegria profunda que vem de conhecer a Deus e ter um relacionamento íntimo com ele. Enquanto a alegria do mundo é passageira, a alegria do Senhor nos sustenta nos momentos de tristeza, nos fortalece nas adversidades e nos enche de esperança diante dos desafios.

Quando nos voltamos para Deus em busca de alegria, ele transforma nosso choro em riso. Troca nossa tristeza por alegria, nossas vestes de lamento por vestes de celebração. O Senhor nos capacita a louvá-lo e engrandecê-lo em toda e qualquer situação, mesmo quando tudo parece difícil.

A alegria do Senhor nos ajuda a enfrentar os desafios da vida. Ela nos lembra de que Deus está no controle e é fiel. Ela nos motiva a perseverar, confiar e descansar em seu amor e em sua graça. Quando experimentarmos essa alegria, seremos transformados. Por causa do sacrifício de Jesus, podemos encontrar a verdadeira alegria.

Minhas anotações

Ore comigo

"Senhor Deus, que a tua alegria seja a nossa força em todos os momentos. Ensina-nos a depender não da alegria passageira do mundo, mas da verdadeira alegria, que vem de ti. Em nome de Jesus. Amém."

LEITURA BÍBLICA
Mateus 19:29

19
JANEIRO

Renunciando por amor

A família é nosso bem mais precioso. Somos capazes de mover céus e terra para protegê-la — as mães leoas que o digam! No entanto, a Bíblia nos diz que, se preciso for, devemos estar dispostos a renunciá-la por amor a Deus. Pode parecer contraditório dizer isso, mas esse é um tipo de renúncia que tem recompensas e bênçãos para toda a família. Todo aquele que renunciar a laços familiares, bens materiais e até mesmo aos seus próprios desejos por amor a Deus receberá uma recompensa inigualável.

Abraão é prova disso. Ele foi desafiado a renunciar a sua família quando o Senhor lhe pediu que sacrificasse Isaque, o tão amado filho da promessa (cf. Gn 22.1-19). Após ter preparado tudo para oferecer Isaque em sacrifício, o anjo do Senhor apareceu e lhe disse para não machucar o menino. E disse ainda que a atitude de entrega de Abraão seria recompensada com uma grande descendência.

A recompensa de abrir mão de tudo por amor a Deus vai além do que podemos imaginar. Ela nos transforma, nos molda à imagem de Cristo e nos permite experimentar uma vida abundante e plena em sua presença. É um chamado para vivermos com um propósito maior, sabendo que o nosso tesouro verdadeiro está no céu. Você está disposto?

Minhas anotações

Ore comigo

"Querido Deus, embora seja difícil renunciar às coisas deste mundo, sei que tu és o único que pode estar acima de tudo. Ensina-me a abrir mão do que for preciso por amor a ti e a fixar os olhos na eternidade. Em nome de Jesus. Amém."

20 JANEIRO

LEITURA BÍBLICA
João 16:33

Tenha bom ânimo!

Vivemos em um mundo contaminado pelo pecado e que jaz no Maligno. Não é por acaso que Jesus disse que no mundo teríamos aflições. Todos nós estamos sujeitos a enfrentar os mais diversos tipos de problema: enfermidades, lutas familiares, problemas financeiros, desafios profissionais e batalhas espirituais.

Eu não posso dizer que tipo de problema você terá, mas posso lhe dizer o seguinte: como filho de Deus, você pode ter paz e vitória. Jesus nos encoraja a termos bom ânimo porque ele venceu o mundo. Isso não significa que seremos livres de tribulações, mas, sim, que podemos enfrentá-las com confiança, sabendo que Cristo já venceu todas as dificuldades que este mundo pode nos apresentar. Ele é maior do que qualquer adversidade.

Enquanto o mundo nos oferece incertezas e aflições, Cristo nos oferece sua paz, que excede todo entendimento humano. Ao lembrarmos da vitória de Jesus sobre o mundo, conquistada em sua morte e ressurreição, podemos encontrar esperança em meio às lutas. Podemos confiar em seu poder e na promessa de que ele estará conosco todos os dias, até a consumação dos séculos.

Minhas anotações

Ore comigo

"Senhor, como é bom saber que, mesmo diante das dificuldades e aflições deste mundo, podemos ter bom ânimo, pois Cristo venceu a morte. Que essa verdade nos fortaleça e nos inspire a seguir fielmente a Jesus, mesmo em meio às tribulações da vida. Amém."

LEITURA BÍBLICA
1João 5:19

21 JANEIRO

Cristo é a nossa esperança

O mundo está sob o poder do Maligno — é o que a Bíblia nos diz e o que os noticiários confirmam a cada tragédia anunciada. Diariamente vemos a injustiça, a violência e a imoralidade prevalecendo em muitos lugares. O egoísmo e a ganância estão presentes em todas as esferas da vida. No entanto, como cristãos, não devemos nos conformar com essa realidade. A Bíblia nos chama a sermos luz em meio às trevas. Devemos buscar a santidade, a justiça e a verdade, mesmo quando tudo ao nosso redor parecer contrário a esses princípios.

Embora o mundo esteja sob o domínio do Maligno, a vitória final pertence a Deus. Cristo veio ao mundo para nos libertar do pecado e da influência do mal. Por meio da sua morte e ressurreição, fomos reconciliados com Deus e podemos viver uma vida abundante em comunhão com ele.

Por causa da vitória de Cristo, podemos crer que, no final, o mal será definitivamente derrotado e a justiça prevalecerá. Até lá, devemos resistir às tentações do Diabo e buscar a orientação e o poder de Deus para vivermos de acordo com os planos que ele tem para nós.

O mundo está sob o poder do Maligno, mas este não é o fim. O Inimigo não tem poder absoluto sobre o mundo porque Deus continua sendo soberano sobre todas as coisas. Esteja firmado nessa verdade.

Minhas anotações

Ore comigo

"Senhor, obrigado por enviares teu Filho ao mundo para nos libertar do pecado e da influência do mal. O mundo está sob o poder do Maligno, mas, por causa da vitória de Cristo, podemos crer em um amanhã melhor. Em nome dele eu oro. Amém."

22 JANEIRO

LEITURA BÍBLICA
Salmos 37:4

Alegre-se em Deus

Muitas coisas podem nos trazer alegria neste mundo: saúde, estabilidade financeira, amizades ou boas notícias. No entanto, por maior que seja a felicidade que a vida pode nos trazer, todas essas alegrias são passageiras e podem esgotar nossas forças.

A verdadeira felicidade não pode ser encontrada nas riquezas materiais, nas conquistas terrenas ou nas circunstâncias favoráveis da vida. Nossas verdadeiras alegria e satisfação vêm da comunhão com Deus, de buscar sua vontade para nós e de depositar nossa confiança nele. A alegria do Senhor é a única que nos renova e fortalece.

Quando nos deleitamos no Senhor, o colocamos como prioridade em nossa vida, buscamos conhecê-lo com intimidade, amá-lo profundamente e obedecer aos seus mandamentos. Ao colocarmos Deus em primeiro lugar, ele não apenas supre as nossas necessidades, mas também satisfaz os desejos mais profundos do nosso coração. O Senhor conhece os anseios do nosso coração e sabe o que é melhor para nós. Por isso, quando estiver abatido, lembre-se dessas verdades. A tristeza vai e vem, mas Deus promete felicidade eterna!

Minhas anotações

Ore comigo

"Senhor Deus, eu te louvo e agradeço por seres a fonte de verdadeira felicidade. Ajuda-me a encontrar a minha alegria em ti e a buscar a tua vontade acima de todas as coisas. Satisfaz os desejos do meu coração, conforme o teu querer, e guia-me no caminho da verdadeira alegria. Em nome de Jesus. Amém."

LEITURA BÍBLICA
Gálatas 6:8

23 JANEIRO

A armadilha da comparação

Muitas vezes, somos tentados a nos comparar com outras pessoas, seja pelas realizações, seja pela aparência física, seja pelo sucesso. No entanto, essa mentalidade de comparação pode nos levar a uma busca por aprovação que nos afasta da verdadeira identidade que temos em Cristo.

Quando nos comparamos com outras pessoas, corremos o risco de nos sentir superiores ou inferiores a elas. Isso pode gerar orgulho ou inveja em nosso coração, impedindo-nos de amar o próximo como a nós mesmos e de aceitá-lo como ele é. Além disso, a comparação nos distrai de focar em nosso próprio crescimento espiritual e no propósito que Deus tem para nós.

Em vez de nos compararmos com os outros, precisamos nos lembrar de que somos únicos e amados por Deus. Ele nos criou à sua imagem e semelhança e nos dotou de dons e talentos especiais. Cada um de nós tem uma jornada individual com Deus, e nosso objetivo deve ser buscar e seguir a vontade dele para a nossa vida.

Em vez de buscar a aprovação dos outros, busque a aprovação de Deus. Ele é o único que conhece você profundamente e o ama incondicionalmente. Quando buscamos nossa identidade em Cristo e nos concentramos em agradá-lo, somos libertos da armadilha da comparação e encontramos verdadeira paz e contentamento.

Minhas anotações

Ore comigo

"Senhor Deus, obrigado por me amares e me aceitares como sou. Ajuda-me a encontrar minha identidade em Cristo e a não me comparar com os outros. Que eu possa encontrar verdadeira paz e contentamento em ti. Em nome de Jesus. Amém."

24 JANEIRO

LEITURA BÍBLICA
Provérbios 16:31

Valorizando a experiência de vida

Vivemos em um mundo que desvaloriza cada vez mais os idosos. O mercado de trabalho idolatra a juventude e descarta aqueles que ainda têm muito a contribuir. Alcançar a merecida aposentadoria depois de muitos anos de trabalho é um objetivo que, para muitos, fica cada vez mais difícil de ser conquistado.

Os idosos possuem uma riqueza de conhecimento e vivências que podem servir de inspiração para as gerações mais jovens. Deus valoriza e honra os idosos, e nós também devemos fazê-lo. A Bíblia nos traz várias histórias de pessoas que foram usadas por Deus mesmo com idade avançada, mostrando que os idosos têm lugar de honra no Reino dos céus.

Abraão tinha 100 anos quando Isaque nasceu. Moisés tinha 80 anos quando foi chamado por Deus para resgatar o povo de Israel do Egito. Ana, a profetisa, servia a Deus dia e noite no templo aos 84 anos de idade (cf. Lc 2:36-38). Paulo continuou suas viagens missionárias até os 60 anos, enfrentando naufrágios, prisão, espancamentos e perseguições que teriam desencorajado muitos homens mais jovens.

Devemos respeitar e cuidar dos mais velhos, reconhecendo sua contribuição para a sociedade e para o Reino de Deus. Eles têm muito a nos ensinar sobre perseverança, paciência e fé.

Ore comigo

"Querido Deus, eu te agradeço pela sabedoria e experiência dos idosos. Ajuda-me a valorizá-los, respeitá-los e aprender com eles. Que eu possa reconhecer a importância de suas histórias e seus conselhos, buscando aplicar esses ensinamentos em minha vida. Em nome de Jesus. Amém."

Minhas anotações

LEITURA BÍBLICA
Provérbios 22:6

25 JANEIRO

Moldando o caráter dos pequeninos

O texto de Provérbios nos lembra que, ao instruirmos nossos filhos desde cedo, eles seguirão o caminho correto ao longo de sua vida. Como responsáveis diretos pela educação dos filhos, os pais devem ensiná-los no temor do Senhor, com amor incondicional, senso de responsabilidade e sabedoria. A educação dos filhos envolve ensinar-lhes valores morais, princípios bíblicos e orientações práticas para viver uma vida justa e equilibrada.

Como pais, temos a responsabilidade de guiar nossos filhos no caminho certo. Isso requer tempo, paciência e dedicação. Devemos ensinar-lhes a Palavra de Deus, modelar um caráter íntegro e proporcionar a eles um ambiente de amor e segurança. A educação dos pequeninos não se limita apenas ao conhecimento intelectual, mas também à formação de seu caráter e desenvolvimento espiritual.

Você que é pai ou mãe, lembre-se de que cada filho é único e possui dons e talentos específicos. Por isso, oriente-os de acordo com suas particularidades, incentivando-os a descobrir e desenvolver seus talentos para honra e glória do Senhor. E o mais importante: invista no seu relacionamento com Deus. Como pais, devemos ser imitadores de Cristo para que nossos filhos também o imitem ao olhar para nós.

Minhas anotações

Ore comigo

"Querido Deus, ajuda-me a educar meus filhos no caminho da verdade, ensinando-lhes os teus mandamentos e valores. Que eles possam crescer em sabedoria e graça, honrando a ti em tudo o que fazem. Em nome de Jesus. Amém."

26 JANEIRO

LEITURA BÍBLICA
1Pedro 5:7

Paz em meio às preocupações

A ansiedade é uma realidade com a qual muitos de nós lidamos. Antes de enfrentar uma situação desafiadora, é natural que fiquemos preocupados com o que poderá acontecer. No entanto, a ansiedade em excesso só piora a situação. Fora de controle, ela pode causar sofrimento desnecessário, proporcionar uma visão distorcida da realidade, nos impedir de seguir os planos de Deus e enfraquecer a nossa fé.

Quando lidamos com situações que nos causam ansiedade, é fácil nos sentirmos sobrecarregados e perdidos. No entanto, Deus nos convida a confiar nele e a buscar sua orientação e seu sustento. Ele nos ama profundamente e está sempre pronto para nos ajudar e nos guiar em meio às nossas preocupações.

Ao lançarmos aos pés da cruz toda a nossa ansiedade, reconhecemos que Deus é o nosso verdadeiro provedor e tem o controle de todas as coisas. Podemos encontrar paz e descanso em sua presença, sabendo que ele se importa conosco e cuidará de nós em todos os momentos. Entregue as suas preocupações ao Senhor, confie nele e o mais ele fará.

Minhas anotações

Ore comigo

"Amado Deus, ajuda-me a colocar todas as minhas ansiedades e preocupações em tuas poderosas mãos, sabendo que tu és o meu provedor e protetor. Em nome de Jesus. Amém."

LEITURA BÍBLICA
Hebreus 13:7

27
JANEIRO

Um líder fiel

A liderança espiritual é de extrema importância na vida da igreja e na nossa própria caminhada com Cristo. A Bíblia nos traz muitos exemplos de líderes que foram chamados a serem exemplos de fé, humildade e obediência a Deus. Samuel, Isaías e Jesus ensinavam e guiavam o povo ao arrependimento e à reconciliação com o Pai.

Ao seguir líderes espirituais fiéis, somos incentivados a crescer em nossa fé e a desenvolver um relacionamento mais profundo com Deus. Esses líderes nos ensinam a Palavra de Deus, nos ajudam em nossas dificuldades e nos desafiam a viver de acordo com a vontade do Senhor.

Os líderes espirituais devem apontar para Cristo e, por meio de seu exemplo, encorajar as pessoas a segui-lo de perto. Devemos avaliar a liderança espiritual à luz da Palavra de Deus, buscando discernimento e orando para que o Senhor nos guie na escolha de líderes sábios e fiéis — e que também nos capacite para exercer esse papel.

A liderança espiritual requer compromisso. Os líderes levantados pelo Senhor são chamados a prestar contas a Deus e a liderar com integridade, amor e sabedoria. Eles devem exemplificar a humildade e servir ao povo de Deus não somente com dedicação e cuidado, mas com responsabilidade e sacrifício.

Minhas anotações

Ore comigo

"Senhor, obrigado pelos líderes espirituais que colocaste em minha vida. Ajuda-me a seguir aqueles que são fiéis à tua Palavra e que apontam para Jesus. Capacita-me a discernir a liderança sábia e a aprender com seus ensinamentos.
Em nome de Jesus. Amém."

LEITURA BÍBLICA
Atos 26:19

Uma nova visão

Quando esteve em Cesareia, Paulo compartilhou com o rei Agripa sua experiência de conversão. Em Atos 25 e 26, ele relata ao rei como foi chamado para ser um servo e testemunha do evangelho. Nesse processo, Paulo ficou cego. O Senhor retirou dele a visão física para entregar-lhe a visão espiritual que transformou completamente sua vida e teve um grande impacto em seu ministério.

Todas as crenças e valores de Paulo foram por água abaixo quando ele teve um encontro com Jesus. O próprio apóstolo descreve que a visão de Jesus o confrontou e o levou a reconhecer sua cegueira espiritual anterior. Ele percebeu que estava vivendo em trevas, longe da verdade e do propósito divino. A visão espiritual envolve um chamado específico de Deus, e Paulo entendeu o seu: pregar a mensagem de salvação e levar as boas-novas aos gentios.

A visão espiritual também envolve uma transformação profunda, e a de Paulo aconteceu de dentro para fora. A visão espiritual que Cristo entregou a ele mudou o seu coração. O soldado romano que antes perseguia os cristãos foi transformado em um defensor fervoroso da fé.

Hoje, Deus quer dar a você uma visão espiritual assim como deu a Paulo. Ele quer fazer de você um participante, não mero espectador, de seu plano divinal. O Senhor tem um propósito único para cada um de nós, e precisamos estar dispostos a responder ao chamado que ele nos faz.

Minhas anotações

Ore comigo

"Pai, dá-nos tua visão! Transforma-nos de dentro para fora e prepara-nos para responder ao chamado que o Senhor nos faz. Em nome de Jesus. Amém."

LEITURA BÍBLICA
Eclesiastes 3:1-8

29 JANEIRO

Tempo para tudo

A conhecida passagem do livro de Eclesiastes nos lembra de que tudo na vida tem um tempo específico para acontecer e um propósito. Cada estação da vida tem sua própria beleza e importância. Passamos por momentos de alegria e de tristeza, de surpresa e de desilusão, de sucesso e de fracasso... As coisas mudam, passam, transformam-se. Nenhuma situação dura para sempre.

A vida é uma mistura de experiências, e cada uma delas tem seu lugar e tempo designados por Deus. Os momentos de tristeza, dor e sofrimento vão passar; as alegrias temporárias deste mundo também. Não temos controle sobre as circunstâncias da vida, mas podemos confiar nossa vida nas mãos daquele que tem o controle das circunstâncias. Quando estamos firmados em Deus, somos capacitados a encontrar paz e contentamento em meio às mudanças e incertezas.

Na vida, todas as coisas são passageiras, menos uma: a Palavra de Deus. Passarão o céu e a terra, mas as palavras do Senhor não haverão de passar (cf. Mt 24.35). Confie seu caminho àquele que não muda. Que possamos buscar a sabedoria divina para vivermos de acordo com o tempo determinado por Deus.

Minhas anotações

Ore comigo

"Senhor, eu não posso controlar o tempo e as coisas que irão acontecer em minha vida, mas tu podes. Ajuda-me a confiar em teus planos e no tempo determinado por ti para todo propósito debaixo do céu. Em nome de Jesus. Amém."

30 JANEIRO

LEITURA BÍBLICA
1Tessalonicenses 2:17

A expectativa do reencontro

A saudade é um sentimento natural quando estamos longe de quem amamos. É um misto de alegria e tristeza, uma falta que nos faz ansiar pelo reencontro. Uma mãe sente saudade do bebê que deixou aos cuidados da creche para voltar ao trabalho após a licença-maternidade. Pais sentem saudade do filho que faz intercâmbio em outro país. Uma viúva sente saudade do marido que já partiu.

Na leitura de hoje, Paulo, ao expressar sua saudade pela igreja de Tessalônica, nos mostra quanto ele amava e se importava com aquela igreja. Apesar de estar fisicamente longe daqueles irmãos, o apóstolo estava com eles em espírito. Seu coração estava conectado ao coração deles. A saudade que ele sentia era um desejo profundo de estar junto daquela comunidade de fé. Paulo sentia falta da comunhão, do encorajamento mútuo e da oportunidade de compartilhar as boas-novas do evangelho com eles.

Assim como Paulo sentia saudade da igreja de Tessalônica, nós também podemos sentir saudade de pessoas queridas quando estamos fisicamente separados delas. A saudade nos lembra da importância da comunhão, mas também nos direciona para a esperança do reencontro. O apóstolo ansiava por ver o rosto dos tessalonicenses, e nós também podemos ansiar pelo dia em que estaremos todos reunidos na presença de Deus, desfrutando plenamente da comunhão eterna.

Minhas anotações

Ore comigo

"Senhor Deus, dá-nos teu consolo quando sentirmos saudade de quem amamos. Que a esperança do reencontro nos sustente e fortaleça a nossa fé. Em nome de Jesus. Amém."

LEITURA BÍBLICA
Provérbios 10:9

31 JANEIRO

O valor da integridade

A integridade é um princípio que envolve honestidade, retidão e sinceridade em todos os aspectos da vida. Ela nos leva a tomar decisões justas e a agir com ética, mesmo quando ninguém está nos vendo. O texto de Provérbios nos ensina que aqueles que vivem em integridade estão seguros. Quando somos íntegros, podemos confiar que estamos fazendo o bem e que nossas ações vão gerar bons frutos.

Por outro lado, aqueles que agem de forma desonesta e enganosa serão conhecidos por sua falta de integridade. Suas ações acabarão expostas e terão consequências negativas. Todo cristão íntegro em seu caminho diz "não" ao pecado da corrupção, do suborno, da mentira, da falsidade, da desonestidade, da infidelidade e da injustiça.

Um dos atributos de Deus é a integridade. A Bíblia nos diz que o Senhor é justo e correto (cf. Deuteronômio 32.4). Por ter nos criado à sua imagem e semelhança, ele compartilha conosco essa virtude e deseja que a integridade também seja uma de nossas qualidades.

Como imitadores de Cristo, devemos ser íntegros não apenas em nosso modo de agir, mas também na forma de pensar e falar. O Senhor nos chama a ser verdadeiros, a honrar nossos compromissos e a tratar os outros com justiça e respeito. Quando vivemos com integridade, honramos a Deus e demonstramos uma fé genuína.

Minhas anotações

Ore comigo

"Santo Deus, faz de mim uma pessoa íntegra em todas as áreas da minha vida. Que a minha conduta seja um reflexo do teu caráter e que eu possa ser conhecido por minha honestidade e retidão. Em nome de Jesus. Amém."

Meu planejamento

Meta

Plano

Leitura bíblica do livro

Atividade em família

Refeição especial

Avaliação alimentar

Tempo de qualidade com amigos

Um filme/série

Um livro/*podcast*

Um médico a agendar

Nota da minha saúde emocional

Atividade física pelo menos três vezes por semana

Participação semanal na comunidade espiritual

Ingestão diária de água

Gestão das finanças pessoais

LEITURA BÍBLICA
Efésios 4:15-16

01
FEVEREIRO

Crescendo em unidade

A unidade é essencial para o crescimento saudável do corpo de Cristo. Deus nos criou para vivermos em união com ele e uns com os outros. Assim como cada parte do corpo humano desempenha uma função essencial para o bom funcionamento do corpo todo, a igreja também precisa que todos os seus membros trabalhem juntos para que possa crescer. Quando cada pessoa desempenha seu papel de forma colaborativa, a igreja se fortalece e cresce em amor.

Somos todos membros de um mesmo corpo que tem Cristo como cabeça. É ele quem faz que o corpo todo fique bem-ajustado e todas as partes se mantenham unidas entre si. Assim como um dedo não tem vida sem o resto do corpo, também nós precisamos ter comunhão uns com os outros para fortalecer a nossa vida espiritual.

Mesmo sendo diferentes uns dos outros, precisamos entender que cada um, que cada parte do corpo, é importante para o seu pleno funcionamento. Não é por acaso que o Senhor nos capacitou com dons e talentos especiais para serem usados em prol da expansão do Reino. Nossas diferenças não podem comprometer nossa unidade. Assim como o ferro afia o ferro, somos afiados e constantemente aperfeiçoados quando andamos em união.

Minhas anotações

Ore comigo

"Senhor Deus, ajuda-nos a crescer juntos em harmonia e a fortalecer a igreja por meio da união com nossos irmãos em Cristo. Que possamos valorizar uns aos outros, trabalhar em cooperação e buscar o crescimento espiritual em amor. Em nome de Jesus. Amém."

02 FEVEREIRO

LEITURA BÍBLICA
Efésios 4:30

Não entristeçamos o Espírito

Em sua carta aos Efésios, Paulo exorta os crentes de Éfeso a ter cuidado com suas atitudes, para que não entristeçam o Espírito Santo. Ao considerar dessa forma, atribuindo sentimentos humanos à terceira pessoa da Trindade, o apóstolo nos lembra de que o Espírito Santo não é apenas uma presença em nossa vida, mas também uma pessoa com sentimentos e emoções.

A tristeza do Espírito Santo é um reflexo do amor de Deus por nós. Ele se entristece quando nos afastamos do caminho certo e escolhemos viver em desobediência. Paulo nos diz que o Espírito é a marca de propriedade de Deus colocada em nós. Um lembrete de que chegará o dia em que seremos transformados à imagem de Cristo.

Entender o que entristece o Espírito Santo é fundamental para nossa caminhada de fé. Devemos buscar viver em obediência a Deus, seguindo os seus mandamentos e sendo agradáveis a ele em todas as nossas ações. Portanto, examine o seu coração, confesse os seus pecados e permita que o Espírito Santo guie você em direção à santidade.

Minhas anotações

Ore comigo

"Santo e eterno Deus, te agradecemos pelo Espírito Santo que habita em nós e pelo teu amor, que nos guia. Ajuda-nos a não entristecer o Espírito, mas a viver em obediência e retidão. Que possamos viver de acordo com a tua vontade, agradando ao Senhor em todas as áreas da nossa vida. Em nome de Jesus. Amém."

LEITURA BÍBLICA
Filipenses 4:5, NAA

03 FEVEREIRO

Moderação em todas as coisas

Como filhos de Deus, somos chamados a viver de forma moderada em todas as áreas da vida. Precisamos buscar o equilíbrio em nossos relacionamentos, em nossas finanças, no trabalho e na administração do tempo. Em sua carta aos Filipenses, Paulo nos encoraja a deixar nossa moderação ser conhecida por todas as pessoas ao nosso redor. Devemos ser exemplos de moderação em nossas palavras, ações e comportamentos.

A moderação nos permite evitar excessos e controlar nossos impulsos. Ela nos ajuda a tomar decisões sábias e a não nos deixar levar pelas emoções ou circunstâncias. O mundo nos diz que precisamos de mais, mas o que realmente precisamos é de Deus. O Senhor nos criou para amá-lo acima de tudo. Todas as outras coisas precisam de limites. Quando entendemos isso, demonstramos sabedoria e domínio próprio.

O autocontrole faz parte do fruto do Espírito, resultado de uma vida firmada em Deus. Uma vida sem moderação pode indicar que não estamos permitindo a presença divina em todas as áreas. Não precisamos agir assim, pois Deus não condena seus filhos (cf. Rm 8:1). Além disso, o Espírito Santo quer nos dar autocontrole. Quando nos entregamos a Deus sem reservas, ele satisfaz os desejos do nosso coração segundo a sua vontade. O Senhor é o nosso pastor. Nada vai nos faltar.

Minhas anotações

Ore comigo

"Senhor Deus, ajuda-nos a viver de forma equilibrada, com sabedoria e domínio próprio. Que possamos ser moderados em todas as áreas da nossa vida e aprender a viver de acordo com o teu propósito. Em nome de Jesus. Amém."

04 FEVEREIRO

LEITURA BÍBLICA
Gálatas 5:25

Direção divina

Quando subiu ao céu, Jesus disse aos discípulos que Deus enviaria o Consolador para ajudá-los a se lembrar de tudo o que o Mestre havia ensinado. Ele falava do Espírito Santo. A promessa se cumpriu, e o mesmo Espírito que desceu em poder sobre os seguidores de Cristo no dia de Pentecoste habita hoje em nós. Ele nos conforta, ensina e direciona. Mas como discernimos a voz do Espírito das vozes da nossa cabeça?

Muitos acreditam que a voz do Espírito nada mais é do que pensamentos que surgem para nos orientar, mas não é assim que ele fala conosco. Se ouvirmos esses pensamentos, seremos guiados pela nossa carne, que nos engana. A verdadeira direção espiritual implica submeter nossas vontades e desejos aos propósitos de Deus, buscarmos conhecer a vontade dele para nós.

Viver pelo Espírito é ter uma vida de obediência a Deus. É cultivar uma relação íntima com o Pai por meio da oração e da meditação em sua Palavra. Por isso, é de suma importância para todo cristão estudar as Escrituras, meditar nelas e memorizá-las. Quando guardamos a Palavra de Deus no coração, o Espírito traz versículos específicos à nossa mente nos momentos que mais precisamos daqueles ensinamentos (cf. Jo 14:26).

Que tal começar a praticar isso hoje? Busque a direção de Deus e permita que o Espírito Santo conduza você em cada passo do caminho.

Ore comigo

"Senhor, ajuda-me a viver em total dependência do Espírito Santo. Que eu possa ser sensível à tua voz e viver uma vida de obediência e submissão a ti. Em nome de Jesus. Amém."

Minhas anotações

LEITURA BÍBLICA
Hebreus 12:7

05
FEVEREIRO

A disciplina de Deus

Deus disciplina aqueles a quem ama. Assim como um pai disciplina seu filho para o bem dele, o Senhor nos disciplina para o nosso próprio bem. Ele nos corrige e nos molda, guiando-nos pelo caminho da justiça e nos afastando do pecado.

A disciplina do Senhor pode assumir diferentes formas em nossa vida. Às vezes, enfrentamos dificuldades, desafios e provações que nos ajudam a fortalecer nossa fé e nos tornam mais dependentes de Deus. Outras vezes, somos confrontados com nossos erros e pecados, e o Senhor nos chama ao arrependimento e à transformação. Seja como for, devemos receber a disciplina de Deus com humildade e submissão. O processo pode ser doloroso, mas ele sabe o que é melhor para nós. Em vez de nos rebelarmos ou nos desesperarmos diante das dificuldades, é mais sábio buscar entender o propósito por trás daquela disciplina e aprender as lições que Deus deseja nos ensinar.

Algumas dificuldades nos permitem cultivar um relacionamento mais profundo com Deus e nos ajudam a crescer em santidade. Elas nos lembram de que somos amados e cuidados por um Pai celestial que quer o nosso bem. Nem sempre é fácil passar pela disciplina do Senhor, mas, em vez de resistir a ela, devemos acolhê-la como uma oportunidade de crescer espiritualmente e nos tornarmos mais parecidos com Cristo.

Minhas anotações

Ore comigo

"Querido Deus, ajuda-me a aprender as lições que tu desejas me ensinar. Sei que o processo pode ser difícil, mas também sei que o teu caminho é sempre o melhor. Amém."

06 FEVEREIRO

LEITURA BÍBLICA
Hebreus 13:8

Filhos de um Deus imutável

Enquanto o mundo ao nosso redor está em constante mudança, Jesus permanece constante e fiel. Ele é o mesmo ontem, hoje e para sempre. Essa verdade nos traz conforto e segurança, pois podemos confiar em sua Palavra e em seu caráter imutáveis.

Jesus é o mesmo Cristo que realizou milagres e ensinou as multidões durante seu ministério aqui na terra. Ele é o mesmo que morreu na cruz por nossos pecados e ressuscitou ao terceiro dia. Ele é o mesmo Jesus que está vivo hoje, intercedendo por nós diante do Pai.

O poder e a autoridade de Cristo não são limitados pelo tempo. Ele é o Senhor do passado, do presente e do futuro. Podemos confiar em Jesus em todas as circunstâncias da vida, sabendo que ele está conosco em cada momento. Ele é fiel e imutável. Nunca nos deixará nem nos abandonará.

Quando enfrentamos desafios e incertezas, podemos encontrar consolo e esperança, pois Jesus está no controle de todas as coisas. Podemos desenvolver um relacionamento pessoal com Cristo, pois ele é acessível e próximo.

À medida que nos rendemos a Jesus e permitimos que ele trabalhe em nossa vida, somos transformados à sua imagem e semelhança. A natureza imutável de Cristo nos capacita a crescer e amadurecer espiritualmente. O que mais poderíamos desejar?

Ore comigo

"Senhor, que privilégio é ser filho de um Deus imutável! O Deus que criou o céu e a terra é o mesmo que veio ao mundo por amor a nós e hoje habita em meu coração. Em um mundo em constante mudança, encontro segurança e esperança em ti, pois tua fidelidade e teu amor não mudam. Obrigado por tanto. Em nome de Cristo eu oro. Amém."

Minhas anotações

LEITURA BÍBLICA
1João 3:2-3

07
FEVEREIRO

1% melhor

Ninguém que vive ou viveu na terra é perfeito, exceto Cristo. Todos temos defeitos e problemas. Todos os dias, precisamos ser melhores, como dizem as Escrituras. Jesus, que começou a boa obra na minha e na sua vida, é capaz de completá-la, diz Filipenses 1:6.

Nossa vida está sendo aperfeiçoada pelo Criador. Estamos sendo trabalhados de glória em glória para nos tornarmos conformes a imagem do Senhor (2Coríntios 3:18). Todo dia, há um trabalhar de Deus na nossa vida. Quanto mais você se permite ser trabalhado, mais transformação vê acontecer na sua vida, no seu casamento, na sua situação profissional, enfim, em todas as áreas.

Como um pedaço de barro nas mãos do oleiro, somos nós nas mãos do nosso Pai celeste (Jeremias 18). Se formos flexíveis, seremos moldados conforme a vontade do Senhor e nos tornaremos melhores, pois, quando Deus age, até o impossível se torna realidade. Você não é um caso perdido, porque Deus não erra.

Se cada pessoa se dedicar a ser 1% melhor todo dia, não 10% porque seria muito, apenas 1% diariamente, ao final de 100 dias teríamos pessoas 100% melhores. Busquemos viver essa transformação.

Minhas anotações

Ore comigo

"Senhor, o desejo do meu coração é que eu possa crescer diante de ti. Ajuda-me a ser 1% melhor a cada dia. Que eu seja como o barro nas tuas mãos, Oleiro, e seja transformado de glória em glória para viver os teus propósitos. Em nome de Jesus, eu oro. Amém!"

08 FEVEREIRO

LEITURA BÍBLICA
Provérbios 15:22

Sábias palavras

Quantos erros você teria deixado de cometer se tivesse procurado bons conselhos? Os lugares em que você escolhe estar e as vozes que você decide ouvir são determinantes para os resultados que alcançará na sua vida.

É impossível obter bons conselhos de pessoas que são más. Contudo, nem todo cristão piedoso é bom em aconselhar. A Bíblia apresenta muitos exemplos acerca da bênção de ouvir palavras inspiradas por Deus (cf. Salmos 1:1; 73:24; Provérbios 12:15, 13:10; 27:9), assim como do sofrimento reservado como consequência de emprestar os ouvidos aos lábios errados (cf. Provérbios 11:14). Era comum que os reis tivessem muitos conselheiros e que até homens como José, que estava no cárcere, aconselhasse o faraó ao interpretar um sonho.

Você precisa ter por perto pessoas que o ajudarão a vencer as suas batalhas. Precisa de cristãos sábios que interpretem as situações e aconselhem você a seguir os direcionamentos divinos, pessoas que não receberão nenhum benefício a não ser ter o prazer de abençoar você com um conselho vindo do trono do Deus de toda a graça e misericórdia.

Leia a Bíblia, ore e ouça os sábios.

Minhas anotações

Ore comigo

"Pai querido, eu preciso do teu auxílio para deixar de cometer erros na minha vida. Ajuda-me a discernir os lugares nos quais devo estar e as pessoas a quem devo ouvir. Mostra-me quem são os cristãos sábios aos quais deste palavras de sabedoria para que eu possa procurá-los. Em nome de Jesus, eu clamo. Amém."

LEITURA BÍBLICA
Jó 8:21

09 FEVEREIRO

É hora de sorrir

Deus está olhando para você agora. Ele sabe se você está triste ou abatido, sabe quando há uma situação difícil a enfrentar.

Algumas pessoas estão em uma tristeza tamanha que nada é capaz de fazer sua crise desaparecer. Contudo, o Espírito Santo quer derramar sobre elas óleo de alegria e tirá-las da cinza que as envolve. O Criador quer libertá-las de tudo que as aprisiona, as deixa cabisbaixas, desesperadas e desesperançosas.

A alegria do Senhor está sendo derramada agora sobre a sua vida, e todo espírito de tristeza e de morte está caindo por terra. Será que você consegue acreditar que Deus tem poder suficiente para mudar a sua história, perdoar os seus pecados, transformar a sua vida, levantá-lo do chão e tirar essa capa de miséria que você carrega?

O Senhor quer fazer de você um discípulo e contador de milagres. Você poderá espalhar pelo mundo a história de que um dia, quando ninguém o enxergava, Jesus falou com você e o chamou pelo nome. Tenha fé suficiente para ver coisas maravilhosas acontecerem na sua vida. Chegou o tempo de abandonar as dores e voltar a sorrir. Afaste tudo que é negativo da sua vida e corra em direção ao propósito que Deus tem para você: uma vida plena e abençoada.

Minhas anotações

Ore comigo

"Transforma, Senhor, o meu pranto em riso. As dores têm me consumido. Alguns dias, sinto uma tristeza mortal, mas creio no teu poder de fazer de mim um contador de milagres. Em nome de Jesus. Amém."

10 FEVEREIRO

LEITURA BÍBLICA
Lucas 18:1

Orar para agir

A arma mais poderosa para conquistar a vitória nas guerras da vida é a oração. Isso não significa que devemos orar somente quando uma situação ruim se apresenta diante de nós; pelo contrário, devemos orar em todo o tempo, como dizem as Escrituras (cf. Efésios 6:18), viver em oração. Há grande diferença entre tempo de oração e a vida de oração. O primeiro é importante; o segundo, indispensável.

Quando houver uma necessidade específica, estabeleça um propósito de orar por ela. O Diabo fica furioso quando você se coloca diante do trono da graça do Senhor, daquele que é sobre todas as coisas, sobre todo principado e autoridade do Reino celestial, Cristo Jesus. Temos livre acesso a ele pela oração e pelo sangue vertido no Calvário.

Há grandes benefícios na oração. Recebemos ajuda para manter o foco e a esperança. Conseguimos nos conectar com Deus em nível mais profundo e forte e lidamos melhor com as emoções. Encontramos consolo e paz, mesmo em meio à tempestade. Recebemos ajuda para prosseguir e fortalecer nossa alma e manter tanto a mente como os pensamentos claros. Também recebemos orientação e direção para nossas escolhas.

Tenha uma vida de oração e colha as bênçãos das boas escolhas que vai tomar.

Minhas anotações

Ore comigo

"Obrigado, Deus, pelo livre acesso que tenho a ti. Também agradeço porque tu provês grandes bênçãos para quem tem um relacionamento íntimo de oração contigo. Que eu possa orar em todo o tempo, como ensina a tua Palavra. Amém."

LEITURA BÍBLICA
Efésios 1:11

11 FEVEREIRO

A vontade do Pai

Existem temas sobre os quais oramos, oramos, oramos; oramos tanto que até nos cansamos. Dizemos: "Senhor, não aguento mais orar sobre isso. Não suporto mais. Estou cansado. Não estou orando sobre esse propósito faz anos [meses ou dias]."

Uma das áreas em que essa situação é verdadeira com maior frequência é a saúde. As enfermidades assolam a vida humana e geram não somente dor física, mas também grande ansiedade quanto à extensão e às consequências. Neste dia mundial do enfermo, mais do que falar sobre cura — que creio ser totalmente possível tanto por meio natural quanto por meio da medicina e tudo o que ela nos concede, bem como pela ação miraculosa do Senhor —, quero relembrar que a vontade do Pai sempre é boa, agradável e perfeita.

Confiar em Deus quando tudo vai bem é fácil. Durante as dificuldades, porém, temos de dizer: "Senhor, não estou entendendo nada, mas decido confiar mesmo sem entender; vou descansar na tua providência."

Sabemos que ninguém pode garantir que todos os enfermos receberão a cura, mas tenho a certeza de que todas as pessoas que decidirem entregar sua vida aos cuidados de Cristo receberão a paz que excede todo o entendimento.

Minhas anotações

Ore comigo

"Pai, eu te agradeço pela medicina, pelas curas naturais e por todos os milagres de cura que tu já fizeste. Ponho a minha condição de saúde diante de ti e peço que derrames a tua paz porque eu confio em ti. Em nome de Jesus. Amém!"

12 FEVEREIRO

LEITURA BÍBLICA
Mateus 25:14

O pouco tem valor

Aprenda a valorizar o pouco. Na parábola dos talentos, nosso Senhor contou que certo homem rico saiu em viagem e confiou a seus servos o cuidado de algo que lhe pertencia, talentos, em diferentes quantidades para cada um. Um recebeu cinco; outro, dois; e o último, um. Dois dos servos multiplicaram aquilo que ficou a seu cuidado, mas o terceiro apenas guardou cuidadosamente o que era do homem rico.

Aquele que não soube valorizar o pouco que lhe foi confiado perdeu tudo! Os outros receberam o direito de ter mais. A lição extraída é que quem não aprende a valorizar o pouco e ser fiel no pouco não terá direito a ter muito. Algumas pessoas nunca receberam muito porque não sabem valorizar o pouco que já têm.

Deus não trata com ninguém que é ingrato. A ingratidão é uma das coisas mais terríveis para o Criador. A gratidão e a fé estão intrinsecamente conectadas.

Quando você deposita a sua fé no Senhor, por mais que se sinta fraco e incapaz, por achar-se pequeno demais, tem de declarar por fé aquilo que crê que Deus pode fazer. Uma premissa é não dizer nada negativo, mas usar a boca para profetizar vida e cura. Lembre-se: um pouco de fé depositada em um Deus grande opera maravilhas.

Minhas anotações

Ore comigo

"Deus, tu és grande e podes fazer grandes coisas na minha vida. Clamo a ti, Senhor, para que eu me torne um bom servo e cuidador fiel de tudo que confiaste a minhas mãos e, dessa forma, me torne digno de tudo que ainda podes me conceder. Amém."

LEITURA BÍBLICA
Tiago 1:6

13 FEVEREIRO

A verdadeira fé

A Bíblia nos ensina que a fé vem pela Palavra de Deus e é produzida no coração humano somente por meio do conhecimento das Escrituras Sagradas. Todas as tentativas de fazer você desistir podem ser paralisadas pelo poder da Palavra que o mantém de pé. Uma fé bibliocêntrica — aquela que não pode ser levada por achismos, por ventos que vêm e vão — é o que sustenta a vida.

Quem sabe você precise dizer: "Senhor, preciso da tua graça e ajuda, do teu perdão e misericórdia sobre a minha vida". Peça-lhe sem duvidar e creia que basta uma palavra de Deus para produzir no seu coração aquilo que, em nenhum tempo da sua vida, você conseguiu encontrar; afinal, você já fez de tudo, já tentou de tudo, conhece pessoas, tem influência. Todavia, é mediante a palavra do Senhor e sobre ela que você pode lançar sua esperança e a fé de que tudo o que Deus diz a seu respeito vai acontecer. Clame a ele e lance a sua esperança sobre ele.

Você precisa apenas de uma palavra de Jesus para ver o agir de Deus na sua vida e no seu coração. Ele vai levá-lo a lugares que você nunca imaginou e projetá-lo, porque tudo o que o Criador disse a seu respeito vai se concretizar. O fato de não ter acontecido nada ainda não significa que não vai acontecer. Prepare-se em fé, porque o milagre vai acontecer na sua história.

Minhas anotações

Ore comigo

"Senhor, eu quero conhecer a tua Palavra mais a cada dia e me firmar no que dizes a meu respeito porque sei que tu cumpres tudo o que dizes. Amém."

14 FEVEREIRO

LEITURA BÍBLICA
João 3:16

O maior amor

O nosso Deus não obriga ninguém a fazer nada. Ele nos atrai por meio do amor. A pior coisa que existe é ter de conviver com alguém por obrigatoriedade e imposição. Deus quer que você decida andar com ele por livre escolha, por amor. É assim que ele faz, porque foi assim que ele agiu: por amor, ele entregou o Filho para verter seu sangue no Calvário e nos purificar de todas as nossas iniquidades.

Neste dia mundial do amor, quero lembrar você desse amor tão grandioso e poderoso. Como retribuição, Deus espera de nós um relacionamento que seja íntimo e pessoal. Por esse motivo, ele diz que devemos entrar no nosso quarto para orar (cf. Mateus 6:6). O quarto é um lugar íntimo dentro de uma casa, é o lugar que, quando você entra, fecha a porta. Ali, no seu momento de oração, estão somente você e Deus, em um relacionamento repleto de amor.

Deus ouve você em secreto. Há revelações que serão concedidas somente na intimidade, porque estão relacionadas somente a Deus e a você. Pare de viver da experiência dos outros. Jesus quer que você tenha as suas próprias experiências de provisão, cuidado e livramento porque ele ama você tanto quanto ele ama cada pessoa que você já ouviu testemunhar.

Quanto mais você se relaciona com Jesus, mais quer andar com ele e viver esse profundo amor.

Minhas anotações

Ore comigo

"Deus Pai, eu te agradeço por teu tão grande amor. Que eu possa retribuí-lo em um relacionamento de intimidade contigo. Amém."

LEITURA BÍBLICA
Gálatas 2:20

15 FEVEREIRO

Tudo para ele

Todos querem ter uma vida abençoada, mas nem todos querem pagar o preço. Abundância não significa ter tudo o que se quer na hora que deseja. Na verdade, bênção é estar com o Senhor.

Viver para Cristo exige morrer para si mesmo. É necessário abrir mão da própria vida, das vontades e dos desejos. Precisamos entregar tudo aos pés do Senhor, tudo. E fazemos isso voluntariamente e cheios de confiança, certos de que ele, melhor do que nós mesmos, sabe como conduzir a nossa vida para a bênção e a plenitude.

A minha vontade pertence a ele. O meu futuro pertente a ele. Tudo o que sou pertence a ele. Todas as minhas coisas pertencem a ele. Tudo é para ele. Assim, como povo de Deus, temos de nos posicionar e não nos curvar diante das regras impostas pelos nossos dias. Não devemos nos preocupar quanto a se estamos ou não contrariando o que nos é imposto ou se estamos agindo contra o sistema.

Não devemos ter medo de ser cancelados, porque é bom ser cancelado pelos homens, mas aprovado por Cristo. Toda boa dádiva vem dele, e tudo deve ser dedicado a ele: porque dele, por ele e para ele são todas as coisas; a ele a honra, a glória, o domínio e o poder pelos séculos dos séculos.

Minhas anotações

Ore comigo

"Entrego a minha vida a ti, Senhor. Tudo o que sou e tenho, tudo o que penso e desejo, todas as coisas na minha vida são para ti. Que eu possa te honrar todos os dias. Em nome de Jesus. Amém."

16 FEVEREIRO

LEITURA BÍBLICA
Provérbios 18:24

Amizade e intimidade

É fato que, em muitos momentos difíceis, as pessoas que pareciam ser próximas podem abandonar você. Quem sabe a sua história seja assim: amigos lhe viraram as costas; a família que se beneficiava da sua boa condição de vida, quando a situação mudou, abandonou você.

Uma coisa eu garanto: Deus nunca vai deixar você. Ele sempre vai se revelar a você nos momentos de dificuldade. Nós servimos a um Cristo ressurreto, vivo, e ele está presente mesmo quando todos nos deixam. Ele afirmou que não desamparará você nunca. Você nunca estará sozinho.

Entretanto, é verdade que todos precisamos da empolgação daqueles que se alegram com as nossas conquistas, que celebram as nossas vitórias. Melhor ainda se essas pessoas também se dispuserem a passar pelos vales de luta ao nosso lado.

O texto bíblico reservado para hoje nos diz que há amigos mais apegados que irmãos. Olhe ao seu redor e descubra quem está com você. Jesus andava no meio da multidão, mas tinha um grupo menor de seguidores constantes. Destes, ele escolheu os doze que chamamos de discípulos. Entre estes, três eram íntimos: Pedro, Tiago e João. Quem são os seus amigos íntimos?

Minhas anotações

Ore comigo

"Deus, revela-me os meus amigos verdadeiros e os meus amigos íntimos, as pessoas com quem posso contar na alegria e na dor. Eu te dou graças por seres exemplo para mim até nessa área e peço que me mostres quem são Pedro, Tiago e João em minha vida. Em nome de Jesus. Amém."

LEITURA BÍBLICA
Mateus 11:28

17
FEVEREIRO

Descanse nele

Nada pode impedir Deus de realizar o que ele decidiu fazer na sua história. Nem levante dos homens, nem dificuldades, cansaço, sobrecarga, feridas, desesperança, tristeza, frustração, decepção, tampouco enfermidades ou falta de dinheiro — nada é capaz de parar o que o Senhor quer fazer.

É poderoso saber que podemos encontrar refúgio em Cristo Jesus. Ele é o nosso alívio. Reforço que não importa a dor que você esteja carregando hoje, é preciso ter em mente o que o Senhor diz: "Venha até a minha presença que vou lhe dar conforto, tirar o jugo pesado, essa sobrecarga, dos seus ombros. Eu lhe darei o meu jugo, que é leve e suave. Em mim, você encontrará descanso para a sua alma".

Quando a boa mão de Deus está sobre a vida de alguém, portas de oportunidades inexplicáveis começam a se abrir: quem nunca fez uma ligação para você vai fazer; contratos engavetados, de repente, serão lembrados. Você não consegue explicar como nem por que, mas sabe que é o Senhor quem visitou o coração e a mente de alguém para se lembrar de você.

Tudo o que o Pai disse que vai fazer ele o fará. O homem não pode impedir, e o inferno não pode detê-lo. Então, encontre nele o seu descanso e espere pelo melhor.

Minhas anotações

Ore comigo

"Pai, as situações com as quais tenho dificuldade de lidar não estão fora do teu alcance e do teu cuidado. Peço que me perdoes por quando tentei resolver do meu jeito. Entrego tudo agora nas tuas mãos. Em nome de Jesus. Amém."

18 FEVEREIRO

LEITURA BÍBLICA
Mateus 7:11

Não aconteceu. Obrigado!

Quando levamos algo em oração a Deus, queremos que ele solucione conforme a nossa forma de pensar. Precisamos, porém, aprender a agradecer por aquilo que não aconteceu de acordo com o nosso planejamento. "Não" também é resposta do Senhor. Agradeça, pois é livramento. Ninguém sabe melhor que ele o que é bom para você, nem você!

Já aconteceu comigo de fazer uma oração e receber "não" como resposta. Hoje, olhando em retrospectiva, digo: "Não aconteceu. Obrigado!", pois teria sido terrível aquela minha vontade ter se concretizado. Não são os desejos humanos que mudam a história das pessoas, mas o favor de Deus.

O que o Criador vai gerar na sua vida está além do que você pode imaginar. Ainda que as notícias sejam contrárias às esperadas, continue a crer. O que vai provar que a sua fé é sólida não é ter ventos soprando a seu favor o tempo todo. Ter fé sólida é continuar acreditando que todas as coisas cooperam para o seu bem mesmo quando tudo piora, pois você sabe que o Senhor está no controle e, como consequência, o melhor para a sua vida vai acontecer. Ele colocará em você os sonhos, projetos, amigos, família e negócios vindos dele e que abençoarão, por intermédio da sua vida, cidades, estados e nações.

Minhas anotações

Ore comigo

"Eu te agradeço, Senhor, pelos 'nãos' que tu me disseste, pois os teus planos são maiores e melhores que os meus. Agradeço por tudo que já fizeste na minha vida e por tudo que ainda farás. Em nome de Jesus. Amém."

LEITURA BÍBLICA
Provérbios 29:11

19
FEVEREIRO

A ira e a sabedoria

O coração humano é desesperadamente corrupto e enganoso. Nossas emoções nos traem. Por esse motivo, não podemos ser movidos pelos sentimentos. Filhos de Deus não são conduzidos por sentimentos, mas pela direção da Palavra de Deus.

As Escrituras nos ensinam que a ira é um sentimento que pode visitar qualquer ser humano. Jesus, quando purificou o templo, parece ter ficado com grande raiva (cf. Lucas 19:45-46). Salmos 4:4 e Efésios 4:26 dizem que, quando essa emoção chegar a nós, não devemos pecar. O texto reservado para hoje nos mostra o caminho para conviver com ela: dominar-se.

Viver para Cristo exige morrer para si mesmo. A obediência é um sinal de sabedoria, uma vez que nunca causa danos, mas gera o favor de Deus. Nunca permita que as circunstâncias ao seu redor o enganem. Quanto tempo você está perdendo por ficar irado, ofendido, chateado e por deixar que pessoas roubem a sua paz? Seu tempo é valioso demais, e sua missão é importante. Sentimentos não mudam situações. É hora de virar a página.

Siga o que ensina a Palavra do Senhor, pois ele é poderoso para mudar o aspecto do seu rosto, os pensamentos da sua cabeça, gerar brilho nos seus olhos e um sorriso no canto da sua boca. A obediência é o melhor caminho, porque o que Deus fala ele cumpre.

Minhas anotações

Ore comigo

"Deus amado, tua Palavra me ensina a não me deixar dominar pela ira. Peço a tua ajuda, porque sozinho não sou capaz. Conduz-me com a sabedoria que tu provês. Amém."

20 FEVEREIRO

LEITURA BÍBLICA
1Tessalonicenses 4:16-17

Até que ele venha

O retorno de Jesus acontecerá como o abrir e fechar de olhos, inesperadamente, ao som da trombeta (cf. 1Coríntios 15:52).

O Senhor foi levado aos céus perante testemunhas, e sua volta também será desse modo (cf. Atos 1:9-11), ainda que não saibamos o dia exato, porque ninguém além do Pai o sabe, nem mesmo o Filho (cf. Mateus 24:36). As Escrituras garantem que Cristo voltará para buscar a sua igreja (cf. Marcos 13:24-27). Por esse motivo, devemos viver pela ardente convicção da sua volta, revestidos de toda a armadura de Deus: pés calçados com o evangelho da paz; no braço, o escudo da fé; vestidos do capacete da salvação, do cinto da verdade e da couraça da justiça; e usando a espada que é a Palavra de Deus (cf. Efésios 6:14-17).

Enquanto esperamos pelo nosso Senhor, permitamos ser impulsionados pela fé, pela esperança e pelo amor — dos quais o maior é o amor (cf. 1Coríntios 13:13) —, que nos capacitam a anunciar as boas-novas da salvação até que Cristo venha. A espera não é passiva, não ficaremos sentados e diremos: "Volte, Jesus, queremos viver a eternidade ao teu lado." Não! Até que ele venha, vamos interceder pelas nações, viver em santidade, enviar missionários, testemunhar e clamar para que a Palavra alcance os corações.

Minhas anotações

Ore comigo

"Maranata! Vem, Senhor! Estou ansioso pelo encontro contigo, Noivo. Ajuda-me a cumprir o teu propósito de alcançar mais pessoas para estarem conosco enquanto eu estiver na terra à tua espera. Em nome de Jesus. Amém."

LEITURA BÍBLICA
1Coríntios 13:11

21 FEVEREIRO

Maturidade

A maturidade se desenvolve em diversas áreas da vida: física, espiritual, emocional, profissional, relacional. Atingimos o nível de sermos considerados maduros em datas diferentes para cada esfera.

Tenho a sensação de que a maturidade física, pelo menos no que se trata da formação completa do ser, é a primeira. E parece-me que algumas demoram muito para se completar, como a relacional e a emocional.

Certa vez, li uma frase do pastor Rick Godwin que diz: "Maturidade é aprender a se afastar de algumas pessoas e deixá-las com qualquer história delirante que melhor lhes convier." Algumas pessoas jamais terão coragem de contar a história completa, seja porque entenderam erroneamente, seja por tentarem se vitimizar. Não haverá nenhum benefício em contradizer ou questionar a situação; seguir o seu caminho será mais benéfico.

Ainda no trato com o próximo, enquanto alguns desejam se desviar de você, outros buscam cruzar o seu caminho e se aproximar. Portanto, celebre com os que celebram as suas conquistas e chore com os que choram as suas dores. É uma demonstração de contentamento saber que, não importa quantos estejam fisicamente ao seu redor, você carrega a certeza de que Jesus está todos os dias, o tempo todo, ao seu lado.

Minhas anotações

Ore comigo

"Senhor Deus, diante de ti entrego o desenvolvimento da minha vida. Peço-te que me ajudes a aperfeiçoar a minha maturidade nos relacionamentos a tal ponto que eu me contente com os que são recíprocos. Amém."

22 FEVEREIRO

LEITURA BÍBLICA
Provérbios 16:18, AM

Sucesso perigoso

Todo ser humano deseja ser bem-sucedido. Até mesmo as crianças menores querem sempre ganhar nas brincadeiras. Os adolescentes parecem viver em disputa uns contra os outros e entre os grupos que formam. Na idade adulta, não é diferente, homens e mulheres disputam por um espaço de destaque na carreira e até nos ministérios.

Muitas pessoas relacionam o sucesso com a prosperidade financeira. Quando observamos ao redor, porém, percebemos que, se a pessoa não estiver preparada, o sucesso pode se tornar muito mais difícil e perigoso de lidar do que o fracasso. Muitas pessoas que alcançam o patamar com o qual sonharam acabam por se tornar arrogantes e orgulhosas; fatalmente, por estarem "com o nariz empinado", não olham o caminho e acabam tropeçando e caindo.

Como cristãos, temos de observar que, nas Escrituras, o sucesso parece estar mais relacionado com alcançar a bênção divina. Isso significa, então, que bem-sucedido é aquele que consegue realizar algo que deseja e que também está no coração de Deus. Por não seguir o conselho dos ímpios e por encontrar satisfação na oração e na Palavra, tudo o que ele faz prospera (cf. Salmos 1:1-3)

Minhas anotações

Ore comigo

"Pai de amor, quero ter o sucesso de fazer a tua vontade. Mostra-me o sonho que tu tens para a minha vida e que eu possa me envolver nele e ser, como o salmista diz, alguém que tudo o que faz prospera. Em nome de Jesus. Amém."

LEITURA BÍBLICA
Hebreus 11

O tamanho da fé

Existe um capítulo na Bíblia dedicado à fé. Hebreus 11 começa com uma definição do termo, depois apresenta a compreensão que alcançamos por meio dela e, na sequência, apresenta uma lista de grandes homens e mulheres de fé. Quando parece que a enumeração vai terminar, o autor fala que ainda há muitos outros, que tiveram ou não seus nomes registrados ao longo da história. O capítulo termina com a conclusão de que o melhor ficou reservado para nós. Alavancamos a nossa fé quando meditamos cuidadosamente nesse texto.

Outras tantas citações bíblicas poderiam ser feitas para tratar desse assunto, mas há uma frase que não está nas Escrituras que contribui muito para a reflexão: "Uma fé pequena leva as almas até o céu, mas uma grande fé traz o céu até as almas", disse Charles H. Spurgeon.

Um dos sinais da fé é que ela transborda o amor de Deus. Sabedores de que há transformação de vida disponível para todos, levamos o céu até as almas, porque vivemos o Reino do nosso Senhor. Ainda que nossa boca não fale, a mudança que o relacionamento íntimo com o Salvador gera na vida de uma pessoa fala por si só. Sejamos agentes do céu.

Minhas anotações

Ore comigo

"Meu Salvador, eu te agradeço por todos os exemplos de fé, tanto os do tempo bíblico como os atuais. Que eu viva diariamente conforme o teu Reino, de modo que o céu seja visível a todos os que ainda não te conhecem e possam reconhecer a tua bondade. Em nome de Jesus. Amém."

24 FEVEREIRO

LEITURA BÍBLICA
Efésios 6:10

Nada pode deter o agir de Deus

Na vida, passaremos por lutas. Viver implica enfrentar aflições. Jesus nos alertou sobre essa realidade. Os problemas com os quais lidamos são tanto de ordem física quanto de ordem espiritual. Não podemos nos esquecer, porém, de que o Senhor nos disse para ter ânimo, porque ele venceu o mundo (João 16:33).

Precisamos estar atentos e preparados para vencer as guerras que nos cercam hoje e as que esperam por nós no futuro. O Senhor nos concede armas para enfrentar todas as situações: leitura bíblica, jejum e oração são poderosos contra o mal.

Com a Palavra, a mente fica munida de sabedoria para encarar as situações. Algumas referências para memorizar e verbalizar sempre que necessário são: Mateus 19:26; Isaías 14:27; Jó 9:4. 62:14, 42:2; Romanos 8:31; Salmos 62:11, 136:12; 1Coríntios 6:14; e Sofonias 3:17. O jejum, por sua vez, é uma disciplina espiritual que nos aproxima de Deus em intimidade, pois é um tempo de dedicação a ele. Já a oração é uma arma de guerra. Quando oramos, expressamos com sinceridade nossas dores e clamamos pela intervenção divina.

Deus é onipotente. Nada pode detê-lo. Ninguém pode impedi-lo. Nada é difícil demais par ele. É fato: Deus não conhece nada que lhe seja impossível. Que possamos viver uma vida fortalecida pelo poder do Pai e, assim, venceremos as guerras que nos esperam.

Minhas anotações

Ore comigo

"Deus amado, os conflitos da vida tentam me afligir, mas creio no teu poder de realizar o impossível e clamo por tua ajuda. Amém."

LEITURA BÍBLICA
Tiago 1:22-27

25 FEVEREIRO

Coerência

"Falar é fácil. Difícil é fazer", diz o ditado popular que se aplica a todas as situações da vida. Podemos dizer ser algo, mas somente as nossas ações serão capazes de provar se nossas palavras são verdadeiras.

A Bíblia nos ensina que o cristão precisa ter coerência entre a fé que diz professar e suas atitudes práticas. Não nos basta ser leitores ou ouvintes da Palavra; devemos ser praticantes do que ela nos ensina. Cristianismo sem vida devota é equivalente a ser um professor e não saber dar aula, ou ser um nutricionista que se alimenta mal.

O caos da incoerência está espalhado pelo mundo. Algumas pessoas falam sobre generosidade, mas vivem para acumular riquezas. Outros dizem ser adeptos da liberdade de expressão, mas reclamam quando alguém expressa opiniões diferentes. Outros ainda dizem desejar o bem, mas nunca ajudam os necessitados.

Como cristãos, temos de ser diferentes de como são aqueles que não têm intimidade com o Senhor. Se não formos coerentes, não conseguiremos testemunhar, pois nossa vida não apresentará os frutos da transformação. De nada vale um excelente discurso se as atitudes contrariam tudo o que se diz. Sejamos praticantes da Palavra.

Minhas anotações

Ore comigo

"Senhor, quero demonstrar os frutos do nosso relacionamento para o mundo. A cada palavra e atitude minha, que eu possa me lembrar do que ensina a tua Palavra. Em nome de Jesus. Amém."

26 FEVEREIRO

LEITURA BÍBLICA
Tiago 5:11

Solucionadores de problemas

Se Deus deu a você uma visão, não espere até que outras pessoas a abracem para iniciar o projeto. Tenha perspectivas realistas e comece a abandonar as pequenas desculpas. Você não precisa e não vai chegar ao cume de um monte com apenas um passo; você precisa subir toda a trilha dando um passo por vez. Para alcançar pequenas vitórias e crescer dia após dia, o segredo é: perseverar, perseverar e perseverar, sempre!

É verdadeiro que ninguém chega à grandeza sozinho. É sabido também que não são os inventores de pretextos que percorrerão o trajeto com você. Mesmo quando as pessoas ao seu redor não acreditarem que é possível, prossiga. Pare de tentar convencer aqueles que nunca serão persuadidos acerca do seu chamado, da sua unção e do seu talento. Para chegar ao seu destino e cumprir o seu propósito, gaste mais tempo com solucionadores de problemas do que com criadores de desculpas, para não perder tempo nem energia. Una-se a quem Deus mostrar que está no mesmo propósito que você, levante a cabeça e vá em frente (cf. Eclesiastes 4:10).

Em oração, peça ao Senhor pelos companheiros de caminhada, pelos sábios que ajudarão você a superar as dificuldades e pelos amigos que serão apoio em todo o tempo, pessoas dispostas a resolver o que surgir e a comemorar cada conquista alcançada (cf. Provérbios 27:17).

Minhas anotações

Ore comigo

"Senhor, quero andar com as pessoas certas para cumprir o propósito que tu me mostraste. Mostra-me a quem devo me aliar. Amém."

LEITURA BÍBLICA
Salmos 27:14

27 FEVEREIRO

Esperar é ter esperança

Sei como pode ser difícil esperar em Deus quando você deseja seguir em frente ou busca uma direção. Por esse motivo, enfatizo: enquanto você espera pela resposta divina, não perca a confiança na bondade de Deus. Ele está presente ao seu lado por onde quer que você vá (cf. Josué 1:9).

A esperança do cristão está em Jesus; nosso Advogado é nosso auxílio e nossa proteção (cf. Salmos 33:20-22). Temos, então, de ser fortes e pacientes, ainda que pareça que nada está acontecendo. Se o Senhor prometeu, ele cumprirá o que disse (cf. Hebreus 10:23). Apegue-se à Palavra e à promessa e continue confiante no infalível amor divino (cf. Salmos 136:1). Deus continua sendo Deus. Não desanime com a espera, mas cultive diariamente a esperança em oração.

O ator Anthony Hopkins certa vez disse: "Hoje é o amanhã com o qual você estava tão preocupado." A preocupação não resolve nenhuma situação, apenas coloca vocêa no modo de sobrevivência. Saiba, porém, o que você pode viver ativamente enquanto espera. Faça a sua parte e lembre-se de que o nosso protetor nunca dorme (cf. Salmos 121:4). Ele está sempre alerta e age, mesmo quando não vemos. O melhor de Deus vai encontrar você!

Minhas anotações

Ore comigo

"Senhor, nem todos os dias é fácil manter a esperança enquanto espero pelo cumprimento da tua Palavra. Eu te peço que cuides das minhas emoções e me sustentes com tua graça e misericórdia, porque confio em ti. Em nome de Jesus, oro. Amém."

28 FEVEREIRO

LEITURA BÍBLICA
Provérbios 29:6

O pecado sempre encontra o pecador

No final dos tempos, haverá dias difíceis. As pessoas amarão apenas a si mesmas e ao dinheiro. Arrogância, orgulho, zombaria, desobediência e profanação estarão por todos os lados. A realidade do mundo caído tende a piorar ano após ano.

Nos dias atuais, a situação não está distante daquela descrita. Há pecado por todos os lados, e ele sempre tem consequências. Cedo ou tarde, como aconteceu com Davi em toda a situação do adultério com Bate-Seba, o pecado bate à porta e encontra o pecador (cf. 2Samuel 12:1-19). É preciso manter alerta o coração para não nos desviarmos do único e verdadeiro caminho, Jesus, e sofrer as dores causadas pelos possíveis erros.

Atenta e diligentemente, devemos viver uma fé autêntica, ser dirigidos pela Palavra, ter o coração quebrantado e praticar devoção sincera a Deus. Como aconteceu com Davi, ao compreender nosso pecado, temos de apresentar frutos de profundo arrependimento. Uma das atitudes a tomar é pedir perdão e, sempre que possível, tentar reparar o erro, tendo em mente que, por intermédio do sangue de Jesus, podemos ser purificados de todo pecado. Basta um toque de Cristo para que a nossa vida seja completamente transformada.

Minhas anotações

Ore comigo

"Senhor Deus, foram muitas as vezes que pequei. A consequência do meu pecado já bateu à minha porta e me encontrou. Peço que transformes o meu coração para que eu viva segundo a tua vontade e para a tua glória. Amém."

O que você faria se ganhasse o direito a um dia a mais de vida?

Nos anos bissextos isso acontece, e tenho uma mensagem especial para sua reflexão.

29 FEVEREIRO

LEITURA BÍBLICA
Jó 14:5

O que você faria se ganhasse um dia a mais de vida?

A cada quatro anos, temos a oportunidade de ganhar um dia a mais no ano. Muitas vezes, apenas pensamos que, nos anos bissextos, temos de trabalhar ou estudar um dia mais. A verdade, porém, é que recebemos uma dádiva: a bênção de ter um novo dia.

A Palavra de Deus, no texto reservado para este dia, nos afirma que nossos dias estão contados e que não há como ultrapassar o que foi determinado. Certa vez, um rei de Israel chamado Ezequias recebeu uma profecia de Isaías de que a doença que tinha não seria curada e logo ele morreria, mas o rei orou e clamou ao Senhor, que ouviu sua oração e lhe deu mais quinze anos de vida (cf. Isaías 38:1-8). Que maravilhosa dádiva!

O que você faria se, sabendo que a morte está prestes a chegar, ganhasse um 29 de fevereiro, um dia a mais de vida com saúde plena?

Reflita sobre esse questionamento nas linhas abaixo.

Minhas anotações

_____
_____
_____
_____
_____
_____
_____
_____
_____
_____
_____

Como tem sido sua experiência devocional?

Tenho para mim que poder desfrutar de um tempo de intimidade com Deus transforma o dia, porque isso tem sido verdade na minha vida. Eu me sinto confiante para as tarefas que tenho a cumprir ao ser tocado por uma dose diária do amor do nosso Pai celeste.

Expresse no espaço desta página como tem sido para você essa experiência. Você pode fazer um desenho, colar uma imagem ou um texto ou escrever o que tem vivido.

SABEDORIA

MARÇO

Meu planejamento

Meta

Plano

Leitura bíblica do livro

Atividade em família

Refeição especial

Avaliação alimentar

Tempo de qualidade com amigos

Um filme/série

Um livro/*podcast*

Um médico a agendar

Nota da minha saúde emocional

Atividade física pelo menos três vezes por semana

Participação semanal na comunidade espiritual

Ingestão diária de água

Gestão das finanças pessoais

LEITURA BÍBLICA
2Crônicas 7:14

01
MARÇO

Nada importa mais que a oração

Algumas pessoas têm um relacionamento tão íntimo com Deus que, quando oram em público, demonstram essa conexão. O vínculo com o Criador, porém, é formado quando estamos no nosso lugar secreto, ao lermos as Escrituras e conversarmos com nosso melhor amigo.

Osvald Chambers escreveu: "Os homens podem negar os nossos apelos, rejeitar os nossos conselhos, menosprezar as nossas pregações, se opor aos nossos argumentos, mas nunca poderão fazer nada contra as nossas orações". Que valiosa verdade!

Tenho experimentado a realidade que a intimidade com Cristo pode oferecer: cuidado contínuo. Por esse motivo, convido todos a também terem um tempo de busca da face do Senhor, uma vez que leitura bíblica e oração sempre rendem frutos. A primeira coisa a se fazer todos os dias é investir tempo orando, pois todo agir de Deus é precedido de oração. É parte do caráter de Deus cumprir o que ele prometeu: perdoar nossos pecados, curar a nossa terra, estar conosco diariamente e suprir nossas necessidades.

Deus nunca falha e não chega atrasado. Ele não precisa de testemunhas para cumprir sua Palavra; seu poder é ilimitado, e sua provisão, garantida. O Senhor de todas as coisas, a fonte de toda provisão, é fiel e não nos decepciona.

Minhas anotações

Ore comigo

"Que grande privilégio, Senhor, é poder entrar na tua presença e orar, para apresentar a ti as minhas necessidades, oferecer o meu louvor e agradecer pela tua bondade. Que tu sejas sempre o centro da minha vida. Amém."

02 MARÇO

LEITURA BÍBLICA
Romanos 12:1-2

Renovação da mente

Se lermos a Bíblia em devoção e obedecermos a ela, seremos abençoados (cf. Deuteronômio 11) e comprovaremos a boa, agradável e perfeita vontade de Deus. Infelizmente, porém, nem sempre agimos corretamente. O apóstolo Paulo afirma que não fazia o que desejava, mas o que odiava (cf. Romanos 7:15). Você e eu não somos diferentes e, por esse motivo, precisamos renovar nossa mente para oferecermos a nós mesmos como sacrifício santo e agradável ao Senhor.

A busca pela vontade divina é uma tarefa diária e nos ajuda a cumprir nosso propósito. Como basta uma pequena distração para cairmos em um desvio perigoso que causa enorme prejuízo, se decidirmos andar na Palavra, entregar nosso caminho e nossos desejos ao Senhor e confiar nele, nada poderá impedir o agir de Deus na nossa vida. A vontade dele é que meditemos nas Escrituras dia e noite, que a ensinemos e que vivamos no Caminho, na Verdade e na Vida — Jesus —, por meio do qual podemos chegar ao Pai. Qualquer outro caminho leva à perdição. Não existem atalhos.

Vamos ajustar a nossa rota, caminhar na Palavra, render-nos a Jesus, consagrar nosso lar, rogar pelas misericórdias divinas e oferecer nosso culto racional diariamente. Assim, encontraremos a paz que excede todo o entendimento.

Ore comigo

"Senhor Deus, desejo que minha vida seja um sacrifício vivo, santo e agradável a ti. Clamo que renoves diariamente a minha mente, de tal modo que eu possa experimentar a tua boa, agradável e perfeita vontade. Amém."

Minhas anotações

LEITURA BÍBLICA
Romanos 14:17

03
MARÇO

A verdadeira natureza do Reino de Deus

Muitos textos bíblicos falam sobre o Reino de Deus. O próprio Senhor Jesus Cristo o citou diversas vezes (cf. Marcos 1; 4; 10; Mateus 6; João 3; 18; Lucas 9; 13). O apóstolo Paulo também dedicou parte de seus escritos para abordar esse assunto (1Coríntios 6; Gálatas 5), bem como outros autores bíblicos. Essa diversidade nos mostra a relevância do tema.

O Reino de Deus não é algo que podemos ver ou tocar. Ele é interior. Deus colocou em cada cristão o seu Reino mediante a habitação do Espírito Santo em nós. Buscar a paz e vivenciá-la é apenas um exemplo dos atributos que a habitação divina produz em nós. A justiça (do Reino) e a alegria são outras duas indicações dadas pelo texto reservado para este dia.

Em oposição ao que é terreno, como a comida e a bebida, o Reino do nosso Senhor e Salvador é de uma natureza que não é física, mas está acima de tudo que já existiu ou ainda existirá nesta era. A "sede" desse governo é celestial, e ele é superior aos reinados humanos: sua duração é eterna; seu governante, Jesus, é perfeito e é Deus; e todas as pessoas são convidadas a participarem dele.

Convido você a desfrutar da paz, justiça e alegria que somente o Senhor pode nos dar em seu Reino.

Minhas anotações

Ore comigo

"Eu te agradeço, Senhor, por nos teres preparado um Reino celestial superior ao que conheço. Peço-te que habites em mim por meio do teu Santo Espírito, de tal modo que eu possa viver em paz, justiça e alegria. Em nome de Jesus. Amém."

04 MARÇO

LEITURA BÍBLICA
Romanos 8:38-39

Plena convicção do amor de Deus

O amor de Deus pela humanidade é incondicional. Ele cuida de cada um de nós e se mostra presente em nossa vida. Seu nascimento, sua vida, sua família, seu trabalho, sua ascendência, sua linhagem — tudo foi cuidadosamente planejado pelo Criador para sua vida caminhar de forma harmoniosa.

Há muitas tentativas de nos fazer acreditar que caímos de paraquedas nesta vida ou que o Senhor não é tão bom assim para amar alguém como eu e você. Essas falas e esses pensamentos não passam de investidas malignas com a intenção de refutar o amor voluntariamente entregue em nosso favor (cf. João 3:16). Muitas pessoas acreditam que têm uma vida comum demais, mas é exatamente nesse campo do ordinário que Deus se apresenta e demonstra cuidado. Existe beleza inusitada em um casal recém-casado, em um filho recém-nascido, em uma nova carreira, no ministério de serviço.

Deus plantou você exatamente onde você está agora e já lhe entregou tudo de que precisa para você ser amado. O tempo de ser amado e transbordar amor na vida de quem está ao seu redor é hoje. O agir divino na sua vida transformará os ambientes. Quando o Senhor decide abençoar, não importa o que enfrentemos, nada na criação será capaz de nos separar do amor de Deus que está em Cristo Jesus, nosso Senhor.

Minhas anotações

Ore comigo

"Eu te agradeço, Deus, por tão grandioso amor e por me afirmares hoje que nada pode me separar de ti. Em nome de Jesus, oro, de coração grato. Amém."

LEITURA BÍBLICA
1Samuel 16:7

05 MARÇO

Deus vê o nosso coração

Vivemos no tempo das aparências. As redes sociais moldam o comportamento de seu público para que deseje ter um padrão específico, já que, quando se dedica a elas, vê vidas perfeitas, pessoas em forma, relacionamentos sadios e viagens incríveis. A tendência é mostrar ser algo que, na realidade, não é. A vida é apresentada com filtros.

Essa situação já extrapolou o virtual e acontece no dia a dia também. Pessoas sentem-se forçadas a estar bem o tempo todo e a ser sempre positivas. Entretanto, ao ficarem sozinhas, sentem-se pouco importantes, desinteressantes e vivem tristes. A ansiedade e a depressão atingem cada vez mais gente.

Deus conhece o íntimo do nosso coração e sabe o que sentimos para além do que demonstramos. As redes sociais não devem definir sua meta de trabalho, seu físico, suas amizades ou seu nível social; tampouco o que a sociedade considera como sucesso ou fracasso determina se você é bem-sucedido.

Se você sente que se perdeu de você mesmo e não tem brilho no olhar, peça ao Senhor que mude o seu coração na direção do que é realmente importante. O Criador já lhe deu tudo de que você precisa para cumprir o seu verdadeiro propósito. Deus tem sonhos, planos e coisas a realizar por intermédio da sua vida; e não é a aparência que importa, mas o coração.

Minhas anotações

Ore comigo

"Deus, ajuda-me a não desejar viver de aparências. Que meu coração esteja firmado nos sonhos e planos que tens para realizar em mim. Amém."

06 MARÇO

LEITURA BÍBLICA
Tiago 3:16

Evite a inveja e a divisão

Quando nos entregamos aos cuidados de Deus, ele nos ajuda a vencer todas as nossas inseguranças, até mesmo aquelas que causam a inveja. Não existe nada pior do que uma pessoa invejosa. Esse sentimento é responsável por produzir instabilidade, porque leva a desejar o que é de outra pessoa, tanto o que é pequeno como o que é grandioso.

Inveja é pecado e, de acordo com o texto bíblico separado para esta data, gera confusão e todo tipo de mal. Isso acontece porque quem a cultiva acaba por dar lugar a sentimentos desagradáveis como angústia, desgosto ou raiva. A felicidade do próximo lhe causa dor. Invejosos desejam ter o que o outro tem ou ser o que o outro é. Que infelicidade é estar em descontentamento!

Lembre-se de que Deus não errou com você. Ele trabalha na sua vida e não se esquece de você. Então, não queira o que não é seu nem ache que a vida alheia é melhor ou mais fácil que a sua. Garanto, por experiência de décadas de atendimento no gabinete pastoral, que não existe ninguém que tenha uma vida que possa ser considerada perfeita. Todos, sem exceção, enfrentam lutas.

O que devemos desejar é ser parecidos com Jesus. O que devemos buscar é ter intimidade com o Pai! Assim, toda inveja será lançada fora, e ele poderá nos ajudar a vencer nossas limitações.

Minhas anotações

Ore comigo

"Deus, eu te peço perdão se por acaso alguma vez cultivei inveja em relação a alguém ou a algo. Peço que o teu contentamento preencha o meu ser, em nome de Jesus. Amém."

LEITURA BÍBLICA
Salmos 3:8

07 MARÇO

Clame por livramento

Jesus, durante seu ministério terreno, teve sua humanidade revelada. Teve fome e sede, sentiu angústia e dor, irou-se, ficou triste, chorou e também dormiu. Certo dia, depois de passar algum tempo ensinando, ele entrou no barco para atravessar o mar da Galileia e dormiu. O único problema é que o barco foi assolado por ventania e fortes ondas (cf. Mateus 8).

Os discípulos — marinheiros experientes, conhecedores do mar, das condições climáticas, e cientes de estarem com o Mestre — ficaram apavorados. Eles acordaram Jesus e questionaram o que achavam ser falta de preocupação do Senhor. Assim também acontece na nossa vida: sabemos que temos o Senhor que provê livramento e abençoa, mas continuamos a achar que ele não se importa o suficiente conosco.

Deus nos avisou de que teremos aflições (cf. João 16:33). Deveríamos saber que, de vez em quando, a jornada terá vento e ondas fortes. Como, porém, podemos dizer a Jesus que ele não se importa conosco se ele deu a sua vida em nosso lugar? Se tem algo com o qual Deus se importa é comigo e com você, pois o guardião de Israel nunca dorme (cf. Salmos 121:4-6). Então, clame ao Criador por livramento e saiba que você sempre poderá contar com ele.

Minhas anotações

Ore comigo

"Querido Deus, como é reconfortante saber que tu nunca dormes e te importas comigo. Eu te agradeço por estares ao meu lado em todas as tempestades que eu já enfrentei e ainda enfrentarei. Em nome de Jesus. Amém."

08 MARÇO

LEITURA BÍBLICA
Lucas 10:42

Amadas

Nosso Senhor Jesus Cristo veio a este mundo quebrar muitos padrões acerca das mulheres. Ele permitia que elas se aproximassem dele e conversava com elas (cf. João 4); as ensinava (cf. Lucas 10); as protegia (cf. João 8), as curava (cf. Mateus 9; Marcos 1; 5) e concedeu-lhes a honra de serem as primeiras pessoas a testemunhar a ressurreição (cf. Mateus 28). Muitas mulheres também acompanhavam seu ministério de perto e contribuíam para o sustento dele (cf. Lucas 8).

Certamente, o relacionamento do Mestre com o feminino quebrou muitos paradigmas e corrigiu muitos erros que eram cometidos ao longo dos séculos pelos descendentes de Abraão. Se existe algo que Jesus fez, foi exemplificar como honrar e amar as mulheres, além de mostrar que elas são tão merecedoras da graça quanto os homens.

Neste Dia Internacional das Mulheres, meu desejo é que possamos imitar nosso maior modelo, Cristo, e agir com respeito e honra em relação às mulheres todos os dias. Que possamos cultivar em nossa mente que elas foram criadas para serem cuidadas, protegidas e amadas. Espero que cada mulher possa se lembrar de que estar aos pés de Jesus, aprendendo dele diariamente, é a melhor parte, e que possam se dedicar a essa sublime tarefa.

Minhas anotações

Ore comigo

"Jesus, coloco diante de ti a vida de cada mulher. Todas elas foram criadas por ti para o louvor da tua glória. Que os homens possam honrar e proteger tuas filhas queridas e que elas possam viver para ti todos os dias. Amém."

LEITURA BÍBLICA
Salmos 5:2

A única fonte segura de socorro

Você já passou por alguma situação na qual se considerou em desvantagem? Enfrentou tamanha dor que achou que a vida não valia mais a pena? Teve a sensação de ser fraco demais em comparação ao seu inimigo? Quando a situação é negativa, muitas vezes o desespero encontra abrigo no nosso coração.

Vários trechos bíblicos citam desvantagens dos filhos de Deus, e é possível ver que o Senhor agiu em diversas situações nas quais parecia ser impossível a vitória do povo, pois Deus estava do lado de quem tinha menos força. O Criador gosta de revelar sua glória e seu poder quando parece não haver mais o que fazer, nem a quem recorrer.

Independentemente do motivo — o resultado de um exame de saúde com prognóstico fatal, uma demissão inesperada quando há grandes dívidas a serem quitadas ou uma grave crise no relacionamento com alguém amado —, grite por socorro. Ao clamar ao Senhor na angústia, ele nos ouve e responde (cf. Salmos 120). Apresente sua dor ao Pai, pois ele é o Senhor da vida, de toda a riqueza e deseja restaurar relações quebradas.

Deus é a única fonte de socorro e proteção e é totalmente capaz de transformar todas as situações contrárias, de tal modo que passem a nos ser favoráveis.

Minhas anotações

Ore comigo

"Senhor, eu clamo a ti por socorro. Tu conheces os problemas que me cercam e sabes que confio em ti. Ainda assim, o desespero tem tentado fazer abrigo em meu coração. Entra, Deus, com provisão e socorro, em nome de Jesus. Amém."

10 MARÇO

LEITURA BÍBLICA
Salmos 5:8

Defesa contra os inimigos

O rei Davi foi um homem usado por Deus muitas vezes, de formas que nos mostram a relação íntima que tinham. Não é à toa que ele foi chamado de homem segundo o coração de Deus (cf. 1Samuel 13:14). Ele travou muitas guerras e venceu.

Quando enfrentou o gigante Golias, ainda era apenas um pastor. Mais do que estar em uma posição privilegiada, importava a confiança na ação divina. Saul, o rei, tentou fazê-lo usar as vestes reais. Contudo, Davi estava ciente de que já tinha tudo o que era necessário para vencer a guerra: direcionamento do Senhor e uma arma que dominava. Deus o havia preparado no secreto, quando Davi cuidava do rebanho de Jessé, o seu pai. Bastavam, então, arma (funda), equipamento (pedras pegas no riacho) e recursos (braços treinados), e todo o restante seria trabalho celestial.

Deus já deu a você todos os recursos para fazer o milagre na sua vida. Ele não é inconsequente para colocá-lo em uma batalha sem prover os recursos. Aos olhos das pessoas, Golias era grande demais, mas apenas uma pedra o derrubou. Quando andamos com o Criador, o insignificante serve para a glória do Pai. A pessoa que parecia não ser ideal é a perfeita; planos e sonhos ganham futuro. Deus coloca algo diante dos seus olhos para você compreender que já tem tudo de que precisa para vencer as suas batalhas.

Minhas anotações

Ore comigo

"Senhor, eu te agradeço por me conduzires nas minhas batalhas e por teres provido tudo de que preciso para enfrentá-las. Ajuda-me a seguir os teus desígnios. Amém."

LEITURA BÍBLICA
Hebreus 4:12

11 MARÇO

Viva e eficaz

Acredito que conhecer a Bíblia é uma tarefa à qual todo cristão deve se dedicar com afinco. Estudar as Escrituras é essencial para crescermos em intimidade com Deus e para desenvolvermos um caráter que se torne cada dia mais parecido com o de Cristo Jesus. A oração e a leitura bíblica são imprescindíveis para o relacionamento com o Senhor.

Conhecer a Palavra permite que possamos citar de memória os versículos, que são vivos e eficazes, nas mais diversas situações da nossa caminhada. Podemos clamar por salvação (cf. Atos 16:31); pedir socorro para nossa angústia (cf. Salmos 46); implorar por sabedoria para tomarmos as decisões certas (cf. Eclesiastes 2:26); suplicar por cura (cf. Mateus 8:2). Certamente, eu poderia preencher diversas páginas citando exemplos de como o conhecimento desse instrumento mais afiado que qualquer espada de dois gumes pode ser usado quando você absorve seu conteúdo.

Neste dia da educação cristã, porém, convido você a ensinar as Sagradas Escrituras a quem está perto de você. Mostre como as diversas áreas da vida podem ser abençoadas pelo conhecimento que está disponível somente na Bíblia. Certamente, além de levar transformação aos que estão ao seu redor, muitas bênçãos serão acrescentadas à sua vida.

Minhas anotações

Ore comigo

"Senhor, eu me disponibilizo para ser instrumento de ensino da tua Palavra. Concede-me oportunidades de ensinar sobre a transformação que podes fazer por intermédio das Escrituras. Amém."

LEITURA BÍBLICA
Salmos 34:8

Para vencer o medo

Diversas pessoas não usufruem das coisas boas da criação porque temem o desconhecido. Esse é um dos medos mais comuns que existem. Enfrentaremos temores com frequência, mas não podemos permitir que eles encontrem morada no nosso coração. Para refutá-los, temos de provar e ver como o Senhor é bom.

Quando experimentamos a comunhão com Deus, temos o melhor da vida, pois na presença dele há abrigo e cuidado. Ele responde quando clamamos amedrontados e nos liberta das tribulações. O medo é espantado pela ação do Espírito Santo ao compreendermos que dependemos de um Senhor bondoso que cuida de nós e está no controle de todo o Universo.

Se fixarmos o olhar naquilo que nos assusta, ficaremos paralisados. Então, precisamos nos firmar na certeza de que há uma paz que excede todo o entendimento disponível; ela foi prometida por Jesus para quem nele confia. Essa paz independe das circunstâncias e, ainda que nada faça sentido ao nosso redor, nosso interior fica repleto de calmaria.

O pecado e as aflições tentam nos aterrorizar, mas podemos ter bom ânimo porque Jesus venceu o mundo, e aquele que está em nós é maior do que o que está no mundo. É por meio da cruz, da Palavra e das promessas divinas que provamos da bondade divina e vencemos o medo.

Ore comigo

"Senhor, como é bom poder contar com a tua companhia e provar da tua bondade. Agradeço pela paz que excede todo o entendimento e peço a ti que me enchas dela. Em nome de Jesus. Amém."

LEITURA BÍBLICA
1Coríntios 6:19-20

13 MARÇO

Templo do Espírito

Tenho tempo de vida e fé que somam algumas décadas. Nasci num lar cristão e sou filho de pastor. De tempo em tempo, percebo que modas e conceitos diferentes tentam encontrar espaço no cristianismo.

Nossos dias e nossa cultura estão desorganizados. O mundo tenta se impor sobre a base dos valores cristãos em que estamos firmados. Há tentativas sucessivas de alterar a verdade; tentam nos fazer acreditar e viver mentiras ou conceitos inadequados. Muitas pessoas acabam sendo enganadas. Talvez nunca antes na história o cristianismo tenha precisado recuperar seus fundamentos e tomar a postura de ser exemplo em todas as esferas da vida.

As vestes, o falar, o agir e o reagir do cristão precisam ser modelados de acordo com o que imaginamos que Jesus faria. Devemos nos lembrar de que somos representantes do Reino. Aqueles que ainda não se entregaram aos cuidados de Jesus lerão a nossa vida para decidir se desejam ser como nós. A partir do nosso encontro com o Mestre, tornamo-nos habitação do Espírito Santo e, sabedores de que nosso resgate custou um alto preço, precisamos viver em conformidade com a santidade que em nós habita.

Somos templo do Espírito. Que possamos glorificar a Deus com o nosso corpo.

Minhas anotações

Ore comigo

"Senhor Jesus, tu pagaste o alto preço da cruz para que eu pudesse viver a eternidade contigo. Ajuda-me a viver em santidade e ser digno de tão grande amor todos os dias. Amém."

14 MARÇO

LEITURA BÍBLICA
João 1:1-4

A criação louva ao Senhor

Na criação, há forças naturais e sobrenaturais, algumas visíveis, outras invisíveis, que agem tanto no mundo como nas pessoas e nos ambientes. Algumas ajudam, e outras atrapalham; não há forças neutras. Entre as naturais, visíveis, talvez a mais influente seja a maternidade/paternidade, pela autoridade que representa sobre a nossa vida. Já entre as sobrenaturais, invisíveis, certamente nenhuma é comparável a Deus.

O poder divino é tão extenso que é incriado; ele simplesmente é. No princípio, ele já estava lá, não com Deus, mas era Deus. Refiro-me a Jesus, apresentado no evangelho do apóstolo João como "aquele que é a Palavra". Por intermédio dele, todas as coisas foram criadas: planeta, céu, mar, continentes, alimentos, plantas, animais e nós, humanos.

A natureza e toda a criação revelam a glória do Pai. Os animais tornam nosso planeta um lindo lugar. Como é belo poder ver um tucano voando e um tamanduá caminhando. Os animais de estimação trazem alegria e ajudam a ensinar responsabilidade às crianças. Um nascer do sol numa estrada ou um pôr do sol numa praia nos lembram de que as misericórdias do Senhor se renovam a cada manhã.

Todas as coisas foram criadas pela e para a Palavra. Que toda a criação louve ao Senhor.

Minhas anotações

Ore comigo

"Deus amado, eu te agradeço pela Palavra e pela criação. Tudo o que fazes é bom e toda a natureza que posso ver me lembra do teu cuidado. Que eu possa louvar a ti diariamente por tudo que criaste. Amém."

LEITURA BÍBLICA
Romanos 7:7-25

15 MARÇO

Sua responsabilidade

A pessoa que tem a maior capacidade de causar-lhe dano é você. Desde a Criação, foi a humanidade quem desobedeceu e caiu em pecado. O erro do primeiro casal causou um impacto para todos os que vieram depois e somente pelo sacrifício de Jesus na cruz foi anulado.

Adão e Eva tiveram dificuldade em assumir a responsabilidade pelo pecado original. Em vez de contarem ao Criador no final do dia, acharam que poderiam se esconder dele e omitir-se da responsabilidade. O Senhor, porém, sabe de todas as coisas, e eles tiveram de arcar com aquilo que fizeram: perderam o acesso ao Éden e a vida que ali desfrutavam, além de terem de trabalhar arduamente e passarem a sofrer dores.

Talvez você também tenha errado e tente esconder. Lei e pecado, justiça e iniquidade, caminho certo e vontade da carne — essas guerras podem estar sendo travadas na sua vida neste exato momento. Existem vários caminhos mentirosos mundo afora. Muitas pessoas prometem ter o atalho que conduz a uma vida feliz e abençoada.

Entretanto, somente podemos alcançar a plenitude e a verdadeira liberdade ao abrir mão da nossa vontade em busca da vontade divina, pois apenas ela é boa, perfeita e agradável. Entregue o seu caminho ao Senhor, confie nele e tenha certeza de que nada impedirá o agir de Deus na sua vida.

Minhas anotações

Ore comigo

"Deus, eu te peço perdão pelos meus erros. Assumo a responsabilidade por eles, mas imploro pela tua misericórdia. Que eu viva o restante dos meus dias para seguir o teu direcionamento. Amém."

16 MARÇO

LEITURA BÍBLICA
Apocalipse 19:16

Médico dos médicos

O avanço da ciência tem facilitado o diagnóstico de muitas doenças. Há muitas enfermidades das quais falamos atualmente, mas nunca tínhamos ouvido dizer nada a respeito delas até dez anos atrás.

Hoje é possível fazer exames minuciosos e criteriosos, tanto com amostras de DNA como com sangue em máquinas potentes desenvolvidas há pouco tempo. Existem até mesmo pesquisas genéticas para indicar não somente se a pessoa tem uma enfermidade, mas também se tem propensão para desenvolvê-la. Antigamente, ouvia-se dizer que uma pessoa, de repente, começou a ficar acamada e morreu. Ficávamos sabendo que aquele que parecia estar bem começou a ficar prostrado, com quadro febril, foi levado ao hospital e faleceu.

Sou grato a Deus pela ciência como um todo e pela medicina, pois entendo que são braços da misericórdia divina para abençoar o ser humano. Creio na cura divina e na cura recebida pela medicina. Conheço muitos testemunhos de casos em que houve um diagnóstico e a pessoa recebeu de Deus remédio, vacina, tratamento ou o livramento de uma enfermidade que antes era fatal e, para tanto, teve como intermediário um médico. Tenhamos em mente que toda boa dádiva vem de Deus e o louvemos por isso!

Minhas anotações

Ore comigo

"Deus querido, eu te agradeço pela medicina e por todos aqueles que se dedicam a cuidar da saúde. Peço que tu os abençoes e que eles possam trilhar sua jornada confiantes no Senhor dos senhores e Médico dos médicos. Em nome de Jesus. Amém."

LEITURA BÍBLICA
Salmos 23

17 MARÇO

Descanso em Deus

Deus é o Senhor do Universo e nunca falha. Essa afirmação não é utópica, mas uma promessa divina registrada no salmo mais famoso da Bíblia, o de número 23: nada nos faltará, porque ele é o nosso pastor. Podemos viver em paz e descansar, firmados na expectativa da provisão e proteção divinas, que são diárias.

Deus cuida de nós como filhos ao nos dar suprimentos e prover tudo de que precisamos. Entretanto, há muitas coisas que não nos são necessárias, mas que desejamos, como se fôssemos crianças mimadas. O Senhor não nos concede aquilo que considera serem caprichos nocivos da vontade humana. Ele é tão generoso que nos nega o que sabe que nos fará mal no futuro.

O Pai nos concede descanso e paz quando confiamos que jamais passaremos necessidade, pois estamos cientes de que tudo nos é acessível em Cristo Jesus. Devemos, então, viver conforme a única maneira de realmente alcançar as promessas desse salmo: certos de que Jesus é poderoso e capaz de fazer infinitamente mais do que pedimos ou pensamos. Ao orarmos invocando o nome dele, como nosso único mediador e advogado, a porta de acesso à provisão se abre em nosso favor e desfrutamos, em intimidade, todas as suas benesses.

Minhas anotações

Ore comigo

"Obrigado, Senhor, por me proveres alimento, paz e descanso. Tu és o Senhor de tudo, e posso confiar que, por teu amor, nada me faltará. Tu estás comigo, me guardas e preparas um banquete para mim. Eu te agradeço por tudo. Em nome de Jesus. Amém."

LEITURA BÍBLICA
Êxodo 4:28-31

A obediência é o segredo

Diversos textos bíblicos apresentam preceitos para uma vida abundante. Quero resumir o segredo da abundância de forma simples: viver em obediência incondicional a Deus. A melhor decisão que uma pessoa pode tomar é andar em submissão às ordenanças divinas, pois obedecer-lhe diferencia os que têm vida abastada dos que têm vida escassa.

Moisés foi um dos maiores líderes de todos os tempos, mas não deixou de errar. Certo dia, ao perceber a dificuldade em que seu povo vivia, quis resolver a situação por conta própria; então, matou um egípcio e escondeu o corpo. Pouco tempo depois, o pecado o reencontrou: havia uma testemunha. Existe apenas um meio de superar o pecado: confissão e abandono. Quando Moisés foi confrontado, em vez de assumir seu erro, fugiu e passou quarenta anos no deserto.

Quando o Senhor o chamou e lhe ordenou ir ao faraó para libertar os israelitas com sinais espetaculares, Moisés teve medo. Por fim, conforme Êxodo 4, ele acaba por obedecer, e o povo compreendeu que o Senhor estava com ele.

Andar em obediência a Deus transforma a vida. Sempre que alguém escolhe a submissão às ordenanças divinas, decide em favor da própria felicidade. Escolher obedecer é optar por ser feliz, e escolher desobedecer é optar pela infelicidade.

Minhas anotações

Ore comigo

"Deus, quero viver em obediência. Peço que me mostres os meus pecados para que eu os confesse e abandone. Assim, poderei alcançar a plena felicidade que vem de ti. Em nome de Jesus. Amém."

LEITURA BÍBLICA
Jeremias 6:16-17

19 MARÇO

Sabedoria para tomar decisões

Todos sabemos que a vida é feita de escolhas. A realidade de hoje é resultado das escolhas feitas dias e anos atrás. Precisamos, então, tomar boas decisões neste dia para colhermos bons resultados futuros.

Muitas vezes, ficamos divididos em relação ao que fazer, mesmo estando cientes da vontade de Deus para nossa vida, porque vivemos uma luta da carne contra o espírito. Nossa natureza pecaminosa vai contra o direcionamento divino, e podemos sofrer consequências terríveis. Achamos que os efeitos das escolhas ruins serão amenizados ou inexistentes pelo fato de o Criador ser cheio de misericórdia e graça, mas estamos errados. Plantio gera colheita, e a insensatez origina frutos pesados.

Temos uma jornada pela frente e não podemos nos distrair nem nos desviar do percurso. Somente com fidelidade, santidade e obediência à Palavra do Senhor escolheremos assertivamente. A vida espiritual não é como um aplicativo de GPS com diversas rotas que podem ser mudadas no decorrer do trajeto. Apenas o Caminho, a Verdade e a Vida, que é Jesus, nos leva ao Pai.

O que pode mudar nossa história é decidir entrar e permanecer no Caminho. Para tanto, temos de andar diariamente na presença do Senhor, seguindo suas leis e seus mandamentos.

Minhas anotações

Ore comigo

"Pai eterno, não é sempre que tomo a decisão certa. Meu espírito vive em luta contra a minha carne, e o bem que desejo fazer, esse nem sempre faço. Preciso da tua ajuda para me firmar na Palavra. Amém."

20 MARÇO

LEITURA BÍBLICA
Salmos 34:1-10

Aprendi a ser feliz

Quando Deus nos concedeu vida, planejava para nós a plenitude do Éden. O Senhor nos quer ver felizes e abençoados. O problema é que o pecado nos faz viver rodeados por situações que tentam nos impor o medo, assim como quando Davi compôs o salmo 34. O título do salmo diz que Davi se fingiu de louco, tamanhas as crises enfrentadas. Observe que ele não estava doido, apenas fingiu, e, tendo saído dali, bendisse ao Senhor.

É fácil adorar quando a vida vai bem. Difícil é louvar quando tudo dá errado: filho doente, casamento em crise, desemprego, dívidas, problemas de saúde. O medo tenta nos colocar contra a parede e nos fazer desistir. O salmo nos ensina a bendizer em todo tempo, embora nossa reação natural seja render graças somente na bonança.

Não é possível escolher as circunstâncias da vida, mas podemos determinar nossa atitude diante das conjunturas, porque ela tem o poder de mudar ambientes. Como Jó, temos de louvar quando Deus nos dá e quando ele tira. Devemos escolher adorar em todo tempo, pois, mesmo que não faça sentido o que nossos olhos veem, nossa fé sabe que, em todas as coisas, Deus está agindo em nosso favor e podemos nos alegrar pelo que ainda contemplaremos.

Minhas anotações

Ore comigo

"Pai querido, é verdade que é muito mais fácil te adorar quando os ventos sopram a meu favor, mas te peço que me enchas da verdadeira felicidade e que eu possa viver pela fé de que tu estás agindo o tempo todo para o meu bem. Em nome de Jesus. Amém."

LEITURA BÍBLICA
Filipenses 4:18-20

21 MARÇO

Suprimento agradável

Nenhum relacionamento se compara com aquele que podemos ter com Deus. Quando nos disponibilizamos para viver em intimidade com ele, o Senhor se revela a nós todos os dias.

Paulo teve um relacionamento pessoal diário e constante com Jesus. Conforme o apóstolo o buscava com maior determinação, mais Cristo se revelava a ele, e mais apaixonado por seguir o Senhor Paulo ficava. Para saber quem é Jesus, precisamos conviver com ele, assim como aconteceu com Pedro, que recebeu o discernimento espiritual de que Jesus é o Cristo.

Apesar de passar por necessidade na vida pessoal por estar preso e ter de arcar com as despesas do cárcere, conforme a determinação romana, Paulo ministrava às igrejas e lhes pedia ajuda. Quanto mais uma pessoa conhece a Cristo, mais segura caminha. Com o apóstolo não foi diferente: a provisão chegou com sobra, assim como as chuvas de outono citadas na Bíblia chegavam para garantir as colheitas.

Tudo que recebia, Paulo sabia ter vindo do Senhor, que se revelava com cuidado, provisão, sustento e libertação. A intimidade com Deus nos dá a certeza de que seu caráter é imutável e, por isso, infalível. Jesus prometeu estar conosco todos os dias e está; ele afirmou que supriria as nossas necessidades e o faz.

Ore comigo

"Senhor amado, obrigado por teu amor incomparável. Que todos os dias eu possa caminhar perto de ti e te conhecer em intimidade, a tal ponto que tenha a certeza da tua provisão amorosa. Em nome de Jesus. Amém."

Minhas anotações

22 MARÇO

LEITURA BÍBLICA
2Coríntios 4:7-18

Vasos de barro

Ao final de um longo dia, queremos encontrar a família perfeita — marido sóbrio, esposa amorosa, filhos salvos —, mas cada pessoa lida com problemas diversos. Nosso grande desafio é aprender a lutar sem perder a esperança de mudança, conscientes de que, como vasos de barro, qualquer esbarrão pode nos derrubar e quebrar.

O apóstolo Paulo nos orienta a enfrentar as batalhas reais da vida sob a perspectiva da fé mencionada nas Escrituras, certos de que o que esperamos acontecer se tornará real; sem utopia, apenas crentes de que o amanhã pode ser melhor. Para isso, precisamos verbalizar conforme nossa esperança. Fale aquilo que você crê que acontecerá. Não podemos desistir nem desanimar, uma vez que a determinação nos faz avançar. Nossa maior vitória é a perseverança. Ainda que haja muitos motivos para desanimar, escolhemos insistir, lembrando que todas as pessoas, até as mais espirituais, enfrentam dias ruins.

Para vencer as batalhas, precisamos manter o foco correto. As distrações e os problemas tentarão nos fazer perder o alvo; temos de fixar o olhar no que ainda não se pode ver, no invisível. Há uma promessa de Deus para a nossa casa. Que nos lembremos de que as lutas que vemos são passageiras e, mesmo que durem muito tempo, passarão, mas o que Deus prometeu realizar durará para sempre.

Minhas anotações

Ore comigo

"Deus amado, que eu viva com a certeza de que sou um vaso de barro, mas estou nas mãos do Oleiro, que tem o melhor preparado para mim, ainda que eu não enxergue hoje. Em nome de Jesus. Amém."

LEITURA BÍBLICA
Êxodo 1:8-12

23 MARÇO

A frustração e a soberania divina

Quando nossas expectativas são frustradas, questionamos o motivo de aquilo nos acontecer. Se estivermos certos de que cumprimos a vontade divina e fazemos o que é esperado de nós, indagamos o porquê do inesperado, das lutas e das dificuldades. Não nos sentimos preparados para enfrentar o dia mau.

Algumas situações nos surpreendem tanto que ficamos perplexos e temerosos, como é o caso de pais de crianças especiais, seja pela síndrome de Down, seja por transtornos como os do espectro autista ou do déficit de atenção e hiperatividade, seja também pelas deficiências físicas. Muitas são as dificuldades que essas famílias enfrentam.

Não costuma ser fácil para pastores e líderes responderem às perguntas que as famílias apresentam. Nosso dever, como igreja, é proporcionar acolhimento, prover indicações terapêuticas e ajudar a ter em mente que nada sai do controle do nosso Pai celestial.

Como aconteceu com os hebreus enquanto eram submetidos a duros trabalhos pelo faraó, precisamos nos lembrar de que até mesmo o dia da luta e da adversidade é usado por Deus para sua glória e para nosso crescimento. Que as dores de frustrações nos tornem mais fortes e resilientes, crentes de que a soberania divina nos guiará.

Minhas anotações

Ore comigo

"Senhor Deus, acredito na tua soberania e no teu amor, mas, ao ser pego pelas intempéries da vida, questiono e sinto medo. Peço que tu me tornes forte e resiliente para enfrentar meu desafios. Em nome de Jesus. Amém."

LEITURA BÍBLICA
Jeremias 17:1-11

Árvore ou arbusto?

A natureza nos ensina muito pela observação. Se atentarmos, veremos em alguns lugares abundância de vida natural, enquanto em outros a vida não prospera. O que determina tanto um quanto outro é o plantio. O ser humano é como uma planta, e o resultado da semente é determinado pela voz que segue.

Quando escolhe ser senhor de si e viver pelos próprios desejos, a pessoa se torna como um arbusto no deserto árido. Vive solitário e não gera nada, pois está em solo improdutivo e não tem a água necessária. Ao fazer más escolhas, colhe resultados ruins.

Já a vida de quem é controlado por Deus é transformada. Nas mãos de Jesus, há tratamento, cujo resultado é o favor divino. É assim que nos tornamos árvores frondosas. Para produzir, as árvores precisam da soma gerada por solo, água e sol. O solo é o Pai, a água é a presença do Espírito Santo e o Sol da Justiça é Jesus, que ilumina seus passos.

Quando você recebe os nutrientes da terra e da água e a luz solar, tem o que é necessário para crescer, florescer e frutificar. Ainda que venham tempestades e dificuldades, sua folhagem fica verde e saudável, nada é capaz de perturbá-lo, pois Deus está cuidando de você. O Senhor não o chamou para ser arbusto; ele o criou para ser árvore de frutos doces e sombra refrescante, para a vida plena e abundante.

Minhas anotações

Ore comigo

"Pai, eu te agradeço por me ensinares com a natureza que posso ser uma árvore. Sê meu solo, minha água e meu Sol. Amém."

LEITURA BÍBLICA
João 4:1-30

25 MARÇO

Fonte de águas vivas

Certo dia, Jesus sentou-se à beira de um poço e pediu água a uma mulher que chegou logo em seguida. Na verdade, porém, quem realmente estava sedento naquele lugar era a mulher samaritana, não Cristo. Sem saber como saciar a sede de sua alma, ela se entregava a seguidos relacionamentos amorosos que foram revelados pelo Senhor.

O pequeno diálogo registrado nas Escrituras nos mostra que a vida dela não lhe garantia saciedade. Quando Jesus revelou ser a fonte de águas vivas, da qual, ao bebermos, jamais temos sede, ela correu na direção da cidade e contou a todos que havia conhecido o Messias. Muitos cidadãos de Samaria foram, então, na direção do poço para falar com o Senhor e ouvi-lo.

As pessoas estão atrás de um fio de esperança no qual possam se agarrar. Basta que falemos um pouquinho acerca do Deus que transforma realidades para a sede vir à tona. Como cristãos, temos essa fonte inesgotável dentro de nós e podemos distribuí-la no trabalho, na faculdade, na fila do supermercado, tomando café na padaria. Basta dizer às pessoas: "Eu creio em um Deus que pode transformar realidades". A sua vida é a Bíblia que os descrentes vão ler. Conte como é viver saciado, independentemente das circunstâncias, e veja o Espírito Santo agir.

Minhas anotações

Ore comigo

"Obrigado, Senhor, por seres a fonte de águas vivas que fluem dentro de mim. Que eu possa transbordar daquilo que tu tens me dado e alcançar muitas pessoas com o teu amor. Em nome de Jesus. Amém."

26 MARÇO

LEITURA BÍBLICA
Mateus 8:23-27

O Senhor transforma

A maior parte do ministério público de Jesus foi investida no ensino da Palavra, tanto para os discípulos como para os seguidores e curiosos. O Senhor sabe que, fundamentados na Palavra, somos cuidados, confortados e confrontados. Cristo, quando fala, muda realidades, transforma o que é natural em inexplicável e perdoa pecados.

Talvez a sua vida tenha sido uma tempestade e você viva atormentado e lamente o tempo todo acerca das circunstâncias. Se Jesus estiver no barco, porém, você sairá do comum e entrará no terreno do sobrenatural; começarão a acontecer coisas inconcebíveis. O vento se acalmará, e a tempestade cessará com apenas uma palavra.

Com Jesus no barco, de vez em quando você questionará se tudo que vive é mesmo verdade, até concluir que o poder de Deus de fato faz coisas surpreendentes. Jesus muda cenários, situações, relações, casamentos, destinos e corações. No texto de hoje, os discípulos, perplexos, perguntaram quem é o homem que até os ventos e o mar obedecem. Jesus não os chamou, nem a mim e a você, para uma vida medíocre, mas para sermos instrumentos de transformação. Ele está intencionalmente à sua procura. Ele escolheu você! Receba sua palavra e viva o incrível.

Minhas anotações

Ore comigo

"Senhor, eu te agradeço por transformares realidades e acalmares ventos e tempestades. Quando estou no meio do caos, a certeza da tua companhia é o que me traz paz e segurança. Faz de mim um agente da tua transformação, para a tua glória. Amém."

LEITURA BÍBLICA
Lucas 11:11-13

O meu Pai

Uma coisa é certa: todos querem ser abençoados, mas nem todos querem pagar o preço de se render completamente a Deus, dizer não a si mesmos e negar seus desejos humanos. Para ter vida abundante e ser feliz genuinamente sem depender das circunstâncias, é necessário compreender que, mais do que qualquer outra coisa, somos filhos amados do Pai celestial e devemos ser submissos a ele em relação a tudo.

Confiar no amor divino e esperar nele, uma vez que sabemos que nada se compara à vontade perfeita do Criador, é uma tarefa árdua, pois filhos são impacientes — e quem é pai sabe disso. Esperar não é fácil, ouvir "Não" é complicado e lidar com o incompreendido é difícil, mas temos de entender que o Pai sabe as consequências exatas de todas as situações e, por isso, sua vontade é boa, perfeita e agradável.

Quando nos entregamos por completo ao senhorio de Deus, não ficamos mais presos ao passado, a pessoas, a empregos, a nada. Conhecer a vontade divina nos leva a nos jogar nos braços do Pai, como uma criança, sem medo nem preocupações, porque a vida está nas mãos de quem mais nos ama. Como é bom e poderoso poder confiar no cuidado generoso daquele que entregou seu Filho unigênito para que pudéssemos viver a vida eterna com ele.

Minhas anotações

Ore comigo

"Pai de amor, eu te agradeço por ser teu filho. Obrigado por entregares Jesus em meu lugar, para que eu pudesse crer e ter a vida eterna. Confio em tua vontade boa, perfeita e agradável. Amém."

28 MARÇO

LEITURA BÍBLICA
Efésios 6:1-4

Paternidade

Modelo, mestre, inspiração. Quando penso em meu pai, essas são as palavras que o descrevem. Sei, porém, que nem todas as pessoas foram abençoadas com uma figura paterna que lhes traga boas lembranças. Tenho consciência de que há milhões de brasileiros que nem sequer têm um nome de registro paterno. Acredito, porém, que essas pessoas escolham, mesmo que inconscientemente, alguém que passa a lhes servir de influência como um todo, inclusive sobre como lidam com o Pai celeste.

O texto bíblico da leitura de hoje aborda a relação entre pais e filhos e enfatiza a importância de cumprir o mandamento do Antigo Testamento acerca da honra que devemos dar aos nossos genitores.

Compreendo a dificuldade de honrar uma figura que não é presente ou que representa dor. Minha gota de fé e esperança para sua vida neste dia, então, é a indicação de que, se esse for o seu caso, você se aproxime de duas pessoas: de um homem piedoso que possa lhe servir de exemplo e o qual você possa honrar; e do Pai celestial, que está de braços abertos para mostrar na prática todo o amor que existe disponível para a sua vida na paternidade divina. O Senhor deseja curar a sua vida e prover-lhe transformação de realidade ainda hoje.

Ore comigo

"Deus amado, eu te agradeço pelos pais biológicos que são bons exemplos, mestres e uma inspiração para os seus filhos. Peço que provenhas um homem honrado àqueles que não têm esse exemplo e, acima de tudo, lhes mostre que tu és um Pai amoroso para todo aquele que em ti confia. Amém."

Minhas anotações

LEITURA BÍBLICA
Isaías 53:5-7

29 MARÇO

Foi por nós

Jesus Cristo é o mesmo ontem, hoje e eternamente, e esse é o motivo de existirem tantos textos no Antigo Testamento que falam sobre a vida terrena dele antes mesmo da sua concepção virginal. Nosso Senhor cumpriu todas as profecias messiânicas escritas, inclusive aquelas vinculadas aos sofrimentos que ele viveria em nosso lugar — o ápice de seu ministério.

Foi por escolha própria, em harmonia com o Pai e o Espírito Santo, que ele sofreu para nos permitir ter a vida eterna. Quando vejo o filme *A paixão de Cristo*, dirigido por Mel Gibson, bastante realista acerca da tortura infligida a Jesus, agradeço a Deus pelo amor e a entrega generosa do Filho unigênito em prol de mim e de você.

Sei que eu seria capaz de dar a minha vida em favor da minha esposa e das minhas filhas, mas sou plenamente ciente de que aquilo que Deus fez em favor da humanidade, até mesmo daqueles que o rejeitam, está anos-luz à frente do que eu suportaria. Ele carregou sobre si todos os pecados já cometidos e aqueles que ainda o serão; esse fardo é de tamanho inconcebível. Tudo que posso fazer, e convidar você a fazer também, em resposta a essa extrema bondade é me render a ele em gratidão.

Ore comigo

"Pai amado, eu te agradeço por teres entregado teu Filho unigênito em nosso lugar, mediante a morte dele na cruz, para redimir a humanidade. Eu me rendo a ti em gratidão e amor. Desejo viver para honrar o sacrifício de Cristo e tornar cada pessoa ciente dele para a tua glória. Amém."

Minhas anotações

30 MARÇO

LEITURA BÍBLICA
1João 2:25

A espera

Quando penso na palavra "espera", logo me lembro do tempo em que minha esposa, Ana Paula, estava gestante tanto da Laura quanto da Giovanna. A gravidez é um tempo de espera. Passamos os meses aguardando para ver pessoalmente o rostinho do bebê, poder acolhê-lo no colo, tocá-lo e sentir o seu cheiro. Tudo isso em plena confiança de que Deus proveria o melhor para nossa família.

Logo depois da morte de Jesus na cruz, os discípulos passaram um tempo de espera que não foi agradável como os que citei. Os homens e mulheres que seguiam o Mestre ficaram perdidos por não compreenderem que seu Senhor ressuscitaria no domingo. Pedro ficou tão amedrontado que negou até mesmo conhecê-lo.

Tempos de espera nem sempre são fáceis e doces. Uma hora na sala de espera de um médico aguardando o resultado de um exame crucial pode parecer uma eternidade. Esperar pelo casamento agendado com um ano de antecedência, por sua vez, pode parecer poucos dias. Já a nossa espera pela vida eterna com o Pai celeste deve ser um tempo de dedicação evangelística para que chegue logo, pois ele nos prometeu que acontecerá, e estamos firmados nessa confiança.

Minhas anotações

Ore comigo

"Senhor, eu te agradeço por tua promessa de vida eterna. Confio na tua Palavra e no teu amor. Desejo levá-los a todos que ainda não te reconhecem como Senhor, enquanto aguardo o dia do nosso encontro, desejoso de que aconteça em breve. Amém."

LEITURA BÍBLICA
Romanos 6:8-11

31 MARÇO

Com ele viveremos

O nascimento, o ministério e a morte de Jesus teriam sido em vão se ele não tivesse ressuscitado na Páscoa para garantir a nossa ressurreição. Cristo venceu a morte e, assim, nos garantiu que viveremos a eternidade a seu lado.

A Páscoa deve ser, então, uma comemoração diária de todo cristão, pois é uma representação de que a esperança que carregamos está firmada naquele que ressuscitou dentre os mortos em glória e resplendor. Ele está assentado à direita de Deus Pai e voltará para buscar sua igreja. Não nos relacionamos com um Deus morto. Jesus está vivo e é o único mediador entre Deus e os homens. Naquele domingo, o túmulo amanheceu vazio, e o corpo de Cristo não foi dali retirado por mãos humanas, mas ressuscitado pelo Pai celeste, em retumbante vitória sobre a morte.

Cada um daqueles que confiam no Filho deve se considerar morto para o pecado e vivo para honrar o Senhor. O pecado e a morte não têm poder sobre você nem sobre mim, pois a vida, a morte e a ressureição de Jesus nos garantiram a liberdade e a justificação. Chegará o dia em que, juntos, celebraremos essa tão grandiosa vitória. Até que ele retorne, porém, a cada domingo, celebramos o sentido da Páscoa, a proclamação da esperança de que com ele viveremos.

Minhas anotações

Ore comigo

"Pai querido, eu te agradeço por teu amor imensurável e por tua grandiosa misericórdia. Glorifico o nome do teu Filho, que venceu a morte e o pecado em nosso lugar e nos garantiu a vida eterna. Em nome de Jesus. Amém."

VITÓRIA

Abril

Meu planejamento

Meta

Plano

Leitura bíblica do livro

Atividade em família

Refeição especial

Avaliação alimentar

Tempo de qualidade com amigos

Um filme/série

Um livro/*podcast*

Um médico a agendar

Nota da minha saúde emocional

Atividade física pelo menos três vezes por semana

Participação semanal na comunidade espiritual

Ingestão diária de água

Gestão das finanças pessoais

LEITURA BÍBLICA
Provérbios 12:22

01
ABRIL

Verdade e integridade

A Palavra de Deus nos ensina uma lição valiosa sobre a importância da verdade e da integridade na vida do cristão. Em um mundo onde a verdade muitas vezes é flexível e a honestidade é vista como opcional, somos chamados a ser diferentes.

A verdade, no contexto bíblico, vai além de simplesmente não mentir. Ela abraça a autenticidade, a transparência e a confiabilidade. Quando falamos a verdade, refletimos a natureza de Deus, que é a verdade absoluta. Nosso compromisso com a verdade demonstra nossa fidelidade ao Senhor e fortalece nossas relações com as pessoas. A verdade, como um pilar da vida cristã, nos liberta das amarras da decepção e nos leva a um caminho de paz e confiança.

Contudo, viver em verdade não é um caminho fácil. Frequentemente, somos confrontados com situações em que a mentira parece mais simples ou menos dolorosa. Nesses momentos nossa fé e nosso caráter são verdadeiramente testados. Busque a sabedoria e a força em Deus para viver segundo a verdade. Que possamos ser luz em um mundo ofuscado pela falsidade, espelhando a integridade e a fidelidade de nosso Senhor.

Minhas anotações

Ore comigo

"Senhor Deus, concede-me sabedoria para viver segundo a tua verdade. Ajuda-me a ser íntegro em minhas palavras e ações, refletindo tua natureza em tudo o que fizer. Que eu possa refletir luz e verdade em meio a um mundo perdido na escuridão da mentira. Em nome de Jesus. Amém."

02 ABRIL

LEITURA BÍBLICA
Lucas 10:1-2

Trabalhadores da colheita

Na jornada cristã, um dos aspectos mais essenciais e gratificantes é o envolvimento na colheita espiritual. Esse conceito, muitas vezes metaforicamente apresentado nas Escrituras, refere-se à nossa participação ativa na expansão do Reino de Deus. Como seguidores de Cristo, não podemos apenas ser receptores das boas-novas, mas devemos semeá-las no campo fértil de corações e vidas que estão prontos para receber a mensagem de salvação e esperança.

Estar engajado nessa colheita significa reconhecer a oportunidade e a responsabilidade de compartilhar o amor e a verdade de Deus com o mundo. Isso pode se manifestar de diversas maneiras: por meio de conversas significativas, atos de serviço, apoio e encorajamento, ou simplesmente vivendo uma vida que exemplifica o caráter de Cristo.

No entanto, fazer parte da colheita traz alguns desafios. Pode exigir sacrifícios, sair da nossa zona de conforto, enfrentar rejeição ou incompreensão. Mas a alegria de ver vidas transformadas pelo amor de Cristo supera qualquer dificuldade. Temos, portanto, o dever de abraçar este chamado com entusiasmo e dedicação. Que possamos ser diligentes, corajosos e cheios de amor para trabalhar na colheita do Reino.

Minhas anotações

Ore comigo

"Amado Deus, inspira-me a ser um trabalhador dedicado na tua colheita. Dá-me sabedoria para semear com gentileza, coragem para falar com ousadia e paciência para superar os desafios. Em nome de Jesus. Amém."

LEITURA BÍBLICA
1Pedro 2:21

03 ABRIL

Caminho de compromisso

Como cristãos, nosso caminho é marcado por um compromisso profundo com os ensinamentos e o exemplo de Cristo. Esse caminho, porém, não é fácil, pois muitas vezes nos leva a enfrentar desafios e a fazer escolhas difíceis. Contudo, é seguindo-o que encontramos o verdadeiro propósito e alegria, pois nele somos moldados à imagem de Cristo, que é o exemplo supremo de amor, sacrifício e fidelidade.

O compromisso de todo cristão envolve a prática constante do amor, da misericórdia e da humildade. Isso significa perdoar quando é difícil perdoar, oferecer graça quando menos merecida e buscar a paz em meio ao conflito. É um compromisso que se estende a todas as nossas relações — com a família, amigos, colegas de trabalho e até mesmo com aqueles que nos veem como adversários.

Ao nos apegarmos firmemente aos princípios bíblicos e ao exemplo de Jesus, encontramos força para superar os obstáculos e viver de maneira digna o chamado que recebemos. Que cada um de nós se esforce para honrar esse compromisso, vivendo uma vida que testemunhe o poder transformador do amor de Cristo.

Minhas anotações

Ore comigo

"Senhor, fortalece meu compromisso contigo. Ajuda-me a seguir o exemplo de Cristo em amor, paciência e humildade. Que minha vida seja um reflexo da tua graça e misericórdia. Em nome de Jesus. Amém."

04 ABRIL

LEITURA BÍBLICA
Tito 2:7

Que meu exemplo fale mais que minhas palavras

Todas as pessoas desejam ser exemplo para alguém, seja na forma de falar, no trato ou até mesmo no vestir. Mas ser um cristão exemplar não se limita a seguir regras ou manter aparências; trata-se de uma transformação interna que se manifesta externamente. Isso significa viver com integridade, mostrando bondade e amor genuínos em quaisquer circunstâncias.

Ser um exemplo cristão implica consistência entre o que pregamos e o que praticamos. Isso envolve paciência, compaixão e disposição para servir aos outros. Em um mundo em que as pessoas são frequentemente julgadas por sua capacidade de alcançar sucesso e poder, ser um cristão exemplar significa valorizar as pessoas, independentemente de seu *status* ou do que elas podem oferecer. É demonstrar por meio da nossa vida que cada pessoa é valiosa aos olhos de Deus e merece ser tratada com dignidade e respeito.

Além disso, ser um exemplo envolve a capacidade de admitir falhas e buscar o crescimento pessoal. Isso mostra humildade e autenticidade, qualidades essenciais para quem deseja influenciar positivamente os outros. Que possamos nos esforçar diariamente para viver de maneira que honre a Deus e inspire aqueles ao nosso redor a buscar uma relação mais profunda com ele.

Minhas anotações

Ore comigo

"Pai, que minhas ações e palavras sejam um testemunho da tua bondade e conduzam outros ao teu amor. Em nome de Jesus. Amém."

LEITURA BÍBLICA
Salmos 127:3-5

05 ABRIL

Família: bênção e legado

A família é um dos maiores presentes que Deus nos deu, um verdadeiro tesouro que reflete o amor do Pai. Dentro do lar, aprendemos sobre amor, respeito, responsabilidade e a importância de cuidarmos uns dos outros. As crianças, em particular, são uma bênção especial, trazendo alegria, esperança e um sentido de continuidade à vida. Como pais, avós, tios e tias, somos chamados a nutri-las, orientá-las e protegê-las, reconhecendo nelas um sinal da confiança e do favor de Deus.

Criar filhos é uma responsabilidade imensa, mas também uma oportunidade incrível de moldar o futuro. Por meio de nossas palavras, ações e exemplos, ensinamos valores, plantamos sementes de fé e ajudamos a formar o caráter de uma nova geração. A família é como um jardim que deve ser cultivado com amor, paciência e sabedoria, para que possa florescer plenamente.

Ao contemplarmos nossa família, seja ela formada por laços de sangue ou laços de amor, somos lembrados do amor de Deus para conosco. Cada sorriso, cada abraço, cada momento compartilhado é uma dádiva preciosa. Que nos esforcemos para construir lares cheios de amor, alegria e paz, fortalecendo os laços que nos unem e celebrando a maravilhosa graça que é ter uma família.

Minhas anotações

Ore comigo

"Senhor, eu te agradeço pela família que me deste. Ajuda-me a cuidar dela com amor, sabedoria e paciência. Abençoa meu lar, para que seja um lugar de paz, alegria e crescimento. Em nome de Jesus. Amém."

06 ABRIL

LEITURA BÍBLICA
Romanos 14:12

Sejamos responsáveis

Assumir responsabilidade por nossas ações e decisões é um princípio fundamental. As escolhas que fazemos, as palavras que proferimos e as ações que praticamos — cada uma delas — têm um impacto não apenas em nossa vida, mas também na vida daqueles que nos cercam. Reconhecer essa responsabilidade é compreender que somos agentes de nossa própria jornada, capazes de influenciar o mundo ao nosso redor de maneira positiva ou negativa.

Isso se estende a todos os aspectos de nossa vida, incluindo relações, trabalho, fé e até mesmo palavras e pensamentos. É um convite para vivermos de forma íntegra e consciente, buscando sempre o que é justo e bom. Ao assumirmos responsabilidade por nossas ações, abrimos caminho para um crescimento pessoal genuíno e para a construção de relações mais saudáveis e autênticas.

Ser responsável é também um ato de maturidade espiritual. Significa reconhecer que nossas ações refletem nossos valores e crenças e que devemos estar alinhados com os princípios que professamos. É entender que, no final, cada um de nós prestará contas de suas próprias ações. Que esta consciência nos motive a viver de maneira que honre a Deus, que inspire os outros e que contribua para um mundo mais justo e amoroso.

Minhas anotações

Ore comigo

"Senhor Deus, concede-me sabedoria e coragem para assumir responsabilidade por minhas ações. Ajuda-me a viver de maneira que reflita tua bondade e amor. Em nome de Jesus. Amém."

LEITURA BÍBLICA
Eclesiastes 7:20

07
ABRIL

Força na falibilidade

Na jornada da vida, enfrentamos muitos desafios e, inevitavelmente, falhamos. Os momentos de falhas, embora sejam difíceis de superar, são lembretes de nossa humanidade. Aceitar nossa falibilidade não significa nos conformar com os erros, mas reconhecer que o crescimento e o aprendizado muitas vezes vêm por meio deles.

Ao nos depararmos com nossas falhas, é fundamental não nos deixar ser levados pelo desânimo. Cada erro tem o potencial de nos ensinar uma preciosa lição. Em vez de nos castigarmos por nossas falhas, devemos usá-las como degraus para alcançar a melhoria. Abraçar nossa imperfeição é também uma forma de exercitar a graça dada por Deus a nós.

A aceitação de nossa falibilidade também pode fortalecer nossa fé e dependência do Pai. Reconhecer que não somos perfeitos nos leva a buscar orientação e força em algo maior do que nós mesmos. Isso nos incentiva a confiar mais profundamente na graça e misericórdia de Deus, sabendo que somos amados e valorizados por ele, apesar de nossas imperfeições. Portanto, vivamos cada dia com esperança e determinação, cientes de que, mesmo em nossas falhas, podemos encontrar propósito e crescimento.

Minhas anotações

Ore comigo

"Pai celestial, ajuda-me a aceitar minha humanidade imperfeita e dá-me força para aprender com minhas falhas e não desanimar diante delas. Que eu possa sempre me lembrar da tua infinita graça, encontrando nela a coragem para seguir em frente. Em nome de Jesus. Amém."

08 ABRIL

LEITURA BÍBLICA
João 7:43

Jesus é sempre mais do que pensamos

Minhas anotações

A figura de Jesus sempre provocou uma variedade de reações entre as pessoas. Ele é uma personalidade que não deixa ninguém indiferente; suas palavras, ações e o próprio ministério desafiam percepções. Ao longo da história, e ainda hoje, as opiniões sobre Jesus variam amplamente — para alguns, ele é o Salvador, o Messias prometido; para outros, um grande mestre ou um líder revolucionário; ou, até mesmo, um enigma, uma figura controversa.

A diversidade de opiniões a respeito de Jesus nos convida a refletir sobre a natureza de nossa fé e sobre como nos relacionamos com aqueles que pensam de maneira diferente. O diálogo respeitoso e a abertura para entender outras perspectivas são essenciais na caminhada cristã. Isso não significa abandonar convicções, mas reconhecer que nossa percepção pode ser enriquecida e aprofundada por simples conversas. É importante lembrar que a fé não é apenas uma questão de aceitar certos fatos sobre Jesus, mas de se relacionar com ele de maneira pessoal e transformadora.

Nosso testemunho sobre Cristo deve refletir o amor, a graça e a compaixão que ele exemplificou em seu ministério. Devemos, portanto, ser instrumentos que mostram ao mundo não apenas quem é Jesus, mas também o impacto transformador que ele pode ter na vida de cada um.

Ore comigo

"Bondoso Deus, ensina-me a compreender os diferentes modos de pensar das pessoas. Que eu possa respeitá-las e aprender com elas. Em nome de Jesus. Amém."

LEITURA BÍBLICA
Salmos 90:17

09 ABRIL

Abrace novos desafios

Enfrentar um novo desafio de trabalho é uma experiência que pode ser ao mesmo tempo emocionante e intimidadora. Para um cristão, é uma oportunidade de não apenas crescer profissionalmente, mas também de viver sua fé de maneira prática e impactante. Encarar novos desafios é reconhecer que Deus atua em todas as áreas da nossa vida, incluindo nossa vida profissional.

Precisamos dar o melhor de nós no trabalho, enquanto nos mantemos fiéis aos valores e princípios cristãos. Ser um exemplo de integridade, ética e compaixão não apenas reflete bem nossa fé, mas também pode ser uma poderosa forma de testemunho. Além disso, enfrentar desafios com uma atitude positiva e esperançosa pode inspirar e encorajar colegas e lideranças, demonstrando a força e a serenidade que vêm da nossa confiança no Senhor.

Ao mesmo tempo, é essencial buscar um equilíbrio entre o trabalho e outras áreas da vida, como a família, a vida social e a própria saúde espiritual e emocional. Reconhecer a importância de cada uma dessas áreas e procurar manter um equilíbrio saudável é uma maneira de honrar a Deus com todo o nosso ser. Que cada novo desafio no trabalho seja visto como uma bênção, uma oportunidade para crescer e um meio pelo qual podemos glorificar a Deus por meio do nosso empenho, talento e dedicação.

Minhas anotações

Ore comigo

"Amado Senhor, que meu trabalho reflita teu amor e tua glória e que em cada oportunidade eu possa crescer. Em nome de Jesus. Amém."

10 ABRIL

LEITURA BÍBLICA
Tiago 1:5

Decisões sábias

Tomar decisões é uma parte natural da vida, e cada escolha que fazemos tem o potencial de moldar nosso futuro. Para um cristão, buscar sabedoria ao tomar decisões é fundamental. A sabedoria não se resume apenas a ter conhecimento ou a ser inteligente; trata-se de uma compreensão profunda que alinha nossas decisões com os valores e princípios que Deus estabeleceu.

Buscar sabedoria é um ato de humildade e confiança. Humildade, porque reconhecemos que não temos todas as respostas e precisamos da orientação de Deus. Confiança, porque acreditamos que o Senhor nos ama e quer o melhor para nós. Essa busca por sabedoria envolve oração, reflexão e, muitas vezes, aconselhamento com pessoas de confiança que possam oferecer perspectivas e conhecimentos valiosos.

Além disso, a busca por sabedoria deve ser acompanhada por uma disposição para agir de acordo com a orientação recebida. Isso pode significar tomar decisões difíceis ou seguir um caminho que inicialmente pode não parecer o mais fácil. No entanto, as decisões tomadas com sabedoria trazem paz e alinhamento com os propósitos de Deus para nossa vida. Desse modo, a tomada de decisão de um servo de Deus deve ser acompanhada da sabedoria guiada por ele. Busquemos sempre estar atentos à voz do Pai.

Minhas anotações

Ore comigo

"Soberano Deus, ajuda-me a discernir tua vontade e seguir o caminho que tu tens para mim. Dá-me clareza e paz em cada decisão. Em nome de Jesus. Amém."

LEITURA BÍBLICA
1Coríntios 10:31

11 ABRIL

Equilíbrio na alimentação

O desafio do desequilíbrio alimentar é uma realidade para muitas pessoas, inclusive para cristãos. Em nossa caminhada de fé, somos chamados a considerar todos os aspectos da nossa vida à luz dos princípios bíblicos, incluindo a maneira de nos alimentarmos. A alimentação, embora pareça um aspecto mundano, é, na verdade, uma área importante de disciplina espiritual e do cuidado com o templo do Espírito Santo, que é o nosso corpo.

Muitas vezes, enfrentar a compulsão alimentar exige mais do que simplesmente mudar hábitos. É importante buscar um equilíbrio saudável, no qual a comida é apreciada e utilizada para a nutrição e o bem-estar do corpo, não como uma fonte de conforto emocional ou escape. Isso pode envolver aprender a identificar e lidar com emoções e situações que nos levam a comer de forma descontrolada, buscando em Deus a força e o amparo para esses momentos.

Além disso, buscar ajuda profissional pode ser um recurso valioso. Compartilhar nossas lutas e buscar sabedoria e encorajamento pode fortalecer nossa jornada rumo a uma vida mais equilibrada e saudável. Que nossa forma de nos alimentar e os cuidados com nosso corpo reflitam nossa gratidão a Deus pela vida que ele nos deu e nosso desejo de viver plenamente, de acordo com seus propósitos.

Minhas anotações

Ore comigo

"Querido Deus, ajuda-me a ter disciplina na maneira de me alimentar e cuidar do meu corpo. Dá-me força para viver de maneira saudável e equilibrada. Em nome de Jesus. Amém."

12 ABRIL

LEITURA BÍBLICA
Atos 3:19

Arrependimento verdadeiro

O arrependimento é um conceito fundamental na vida de um cristão. Ele vai além do simples remorso ou do sentimento de culpa por ações erradas; trata-se de uma transformação profunda do coração e da mente. O arrependimento verdadeiro envolve reconhecer nossos erros, compreender o impacto de nossas ações e ter a disposição genuína de mudar. É um processo que reflete nossa humildade e nossa necessidade da graça e do perdão do Senhor. Ao nos arrependermos sinceramente, abrimos as portas para uma restauração genuína em nossa vida e em nosso relacionamento com o Pai.

O arrependimento não é apenas uma experiência emocional passageira, mas um compromisso contínuo de viver de uma maneira que seja agradável a Deus. Ele é acompanhado por uma mudança de atitude que se manifesta em nossas ações e decisões diárias, demonstrando que a transformação é real e profunda.

Arrepender-se verdadeiramente traz consigo uma sensação de libertação e renovação. Este processo nos permite crescer espiritualmente, fortalecendo nossa fé e nosso caráter. Que nos esforcemos para cultivar um coração arrependido, sempre aberto à correção e ao crescimento, e que encontremos na jornada do arrependimento a graça e a paz que somente Deus pode oferecer.

Minhas anotações

Ore comigo

"Pai santo, guia-me no caminho do arrependimento verdadeiro. Ajuda-me a reconhecer meus erros, a buscar o teu perdão e a transformar minha vida de acordo com tua vontade. Em nome de Jesus. Amém."

LEITURA BÍBLICA
Salmos 42:11

13 ABRIL

Vencendo a depressão

Enfrentar a depressão é uma jornada desafiadora, que muitos encaram em diferentes momentos da vida. A luta contra a depressão muitas vezes pode parecer solitária, mas na fé encontramos um lembrete de que não estamos sozinhos. Deus nos conhece intimamente e está conosco em cada passo dessa jornada, oferecendo seu amor, sua paz e sua presença reconfortante.

Esperar em Deus não significa simplesmente aguardar passivamente que as circunstâncias mudem. Trata-se de uma busca de refúgio e força na presença do Pai, enquanto tomamos medidas práticas para lidar com a situação. Isso pode incluir procurar ajuda profissional e se cercar de uma rede de apoio. Enquanto fazemos nossa parte, confiamos que Deus está trabalhando em nós e por meio de nós, guiando-nos em direção à cura e ao bem-estar.

Nesta caminhada, é importante lembrar-nos da fidelidade e do amor de Deus, mesmo nos momentos de maior desânimo. A fé pode nos oferecer uma perspectiva de esperança, um lembrete de que a dor e o sofrimento são temporários, e que a graça e o amor de Deus são eternos. Que possamos nos agarrar a essa esperança, permitindo que ela ilumine nossos dias mais sombrios e nos leve a um caminho de cura e paz.

Minhas anotações

Ore comigo

"Senhor, dá-me força para buscar a ajuda necessária quando precisar e a esperança para confiar em teu amor e cuidado. Que eu encontre em ti a paz e a cura para minha alma. Em nome de Jesus. Amém."

LEITURA BÍBLICA
João 15:10-11

A verdadeira fonte de alegria

A busca pela alegria é uma jornada constante em nossa vida, mas muitas vezes nos encontramos buscando-a em fontes temporárias ou superficiais. No entanto, a verdadeira e duradoura alegria pode ser encontrada em um relacionamento profundo e íntimo com Deus. Quando nos conectamos a ele, descobrimos uma fonte de alegria que é constante e que renova nossa alma. Essa alegria não se baseia em posses ou conquistas, mas no amor, na paz e na presença do Senhor em nossa vida.

Viver de acordo com os ensinamentos e o amor de Deus é um caminho para alcançar o verdadeiro regozijo. Estar em harmonia com a vontade do Senhor nos traz paz e segurança, pois sabemos que estamos seguindo um caminho de bondade e verdade. O que vem de Deus traz conforto e esperança mesmo nos momentos mais desafiadores.

Além disso, essa alegria se manifesta em nossos relacionamentos e em como interagimos com o mundo. Ela nos inspira a viver com gratidão, generosidade e amor. Busquemos, portanto, diariamente estar em conexão com o Pai, permitindo que a fonte de alegria permeie todos os aspectos de nossa vida.

Ore comigo

"Amado Pai, guia-me à verdadeira fonte de alegria que se encontra em ti. Que minha vida reflita a alegria que vem de ti, espalhando esperança e amor a todos ao meu redor. Em nome de Jesus. Amém."

LEITURA BÍBLICA
2Tessalonicenses 2:15

15 ABRIL

Legado de fé

Em nossa caminhada de fé, um dos aspectos mais significativos é a oportunidade de transmitir o que aprendemos com os ensinamentos de Jesus. Isso vai além de simplesmente propagar o que fomos ensinados; é o compartilhamento de uma experiência de vida transformada pelo amor e pela verdade de Cristo. Ao ensinar aos outros o que aprendemos, não estamos apenas disseminando informações, mas plantando sementes de fé, esperança e amor que podem crescer e florescer em muitas outras vidas.

Partilhar os ensinos de Jesus é uma forma poderosa de deixar um legado duradouro. Quando vivemos e compartilhamos os princípios do amor, do perdão, da misericórdia e da justiça que Jesus ensinou, influenciamos as gerações futuras de maneira profunda e significativa.

O desafio, então, é viver de uma maneira que reflita fielmente os ensinos de Jesus e ter a disposição e a coragem de compartilhar esses ensinos com os outros. Isso pode ser feito em nossas famílias, comunidades, locais de trabalho ou onde quer que estejamos. Ao fazer isso, não apenas cumprimos o chamado para sermos discípulos de Cristo, mas também ajudamos a construir uma fundação espiritual sólida para aqueles que nos seguem.

Minhas anotações

Ore comigo

"Deus maravilhoso, que a minha vida seja um reflexo do teu amor e da tua sabedoria, deixando um legado de fé que abençoe e inspire a todos os que me cercam. Em nome de Jesus. Amém."

16 ABRIL

LEITURA BÍBLICA
Hebreus 13:15

Simplesmente louve

O louvor é uma expressão fundamental da vida do cristão. Não se trata apenas de cantar músicas ou recitar palavras de adoração; é uma manifestação profunda de gratidão, fé e reconhecimento da soberania e bondade de Deus. Ao louvar, elevamos nosso coração e nossa mente acima das circunstâncias do cotidiano, focando a grandeza e a misericórdia de Deus.

Louvar a Deus transforma o nosso coração, renova a nossa mente e fortalece a nossa fé, mesmo nos momentos mais desafiadores. O louvor nos conecta com o Pai de uma maneira profunda e pessoal, permitindo-nos expressar nossa alegria, gratidão e até mesmo lutas e dores. Além disso, o louvor tem o poder de mudar a atmosfera ao nosso redor, trazendo paz, esperança e a presença do Espírito Santo.

Além disso, quando nos juntamos aos nossos irmãos em Cristo para expressar adoração em louvor ao Senhor, fortalecemos nossa unidade e encorajamos uns aos outros na fé. Cultivemos, portanto, uma vida de louvor, reconhecendo constantemente a bondade de Deus e compartilhando essa expressão de fé com todos aqueles que estão ao nosso redor.

Minhas anotações

Ore comigo

"Senhor, enche meu coração com o espírito de louvor. Que eu possa reconhecer sempre tuas bênçãos e tua presença em minha vida, expressando minha gratidão e adoração por meio do louvor. Que minha adoração a ti traga renovação, força e alegria, e que ela seja um testemunho de tua grandeza. Em nome de Jesus. Amém."

LEITURA BÍBLICA
Filipenses 1:27

17 ABRIL

Uma vida de princípios

Viver por princípios é um dos aspectos mais marcantes da vida de um cristão. Esses princípios, enraizados nos ensinamentos de Cristo, servem como uma bússola que nos orienta em todas as áreas da vida. Eles nos ajudam a tomar decisões alinhadas com a vontade de Deus e a viver de uma maneira que reflita o caráter e a integridade de Cristo. Isso não é apenas uma questão de seguir regras; é uma expressão de nossa fé e nosso compromisso com um estilo de vida que honra a Deus e serve de exemplo para os outros.

Adotar e viver esses princípios significa que nossas ações, palavras e pensamentos são consistentemente guiados por valores como amor, justiça, verdade, bondade e misericórdia. Uma vida firmada nos princípios da Palavra de Deus também nos dá uma base sólida para enfrentar os desafios e incertezas da vida, pois sabemos que nossas decisões estão alicerçadas em algo firme e verdadeiro.

Além disso, ao vivermos de acordo com princípios cristãos, oferecemos um testemunho poderoso do impacto transformador da fé em Cristo. Devemos, pois, nos esforçar diariamente para alinhar nossa vida a esses princípios e valores, confiando que estamos caminhando no trajeto que Deus estabeleceu para nós.

Minhas anotações

Ore comigo

"Pai, ajuda-me a viver de acordo com os princípios ensinados por Cristo. Que minha vida seja um exemplo de tua verdade e bondade.
Em nome de Jesus. Amém."

18 ABRIL

LEITURA BÍBLICA
Deuteronômio 31:7-8

Prossigamos com coragem

Na grande jornada da vida e de fé, como cristãos, frequentemente somos confrontados com desafios e obstáculos que testam nossa coragem. Ter coragem para prosseguir, mesmo diante de incertezas e medos, é um aspecto essencial da força de caráter e da confiança em Deus.

A coragem vem do entendimento de que não estamos sozinhos em nossa caminhada. Deus prometeu estar conosco e nos oferece orientação e apoio incondicionais. Quando nos sentimos desanimados ou temerosos, podemos nos voltar para o Pai em busca de força e sabedoria. Além disso, a coragem pode ser cultivada por meio da oração, do estudo da Palavra de Deus e da comunhão com nossos irmãos na fé. Ao compartilhar nossas lutas e encorajar uns aos outros, fortalecemos nossa capacidade de enfrentar os desafios com um espírito de coragem e esperança.

Ter coragem para prosseguir também significa reconhecer que cada desafio é uma oportunidade para crescer e aprender. Deus usa essas situações para moldar nosso caráter e nos preparar para os planos que tem para nós. Encarar as adversidades com coragem nos permite experimentar o pleno potencial do que Deus pode fazer em nossa vida. Que possamos abraçar cada novo desafio com um coração corajoso, sabendo que Deus está conosco, guiando-nos a cada passo do caminho.

Minhas anotações

Ore comigo

"Senhor, concede-me a coragem para enfrentar com fé e confiança em ti os desafios da vida. Dá-me força e sabedoria para seguir em frente, mesmo quando o caminho é incerto. Em nome de Jesus. Amém."

LEITURA BÍBLICA
Provérbios 17:17

19 ABRIL

Amizade: um tesouro na vida

A amizade é um dos maiores tesouros que podemos ter na vida. Ela oferece conforto, alegria, companheirismo e um apoio nos momentos de necessidade. Uma verdadeira amizade se baseia em amor, lealdade e confiança mútua, resistindo às provações do tempo e às mudanças da vida. Amigos verdadeiros estão presentes tanto nos momentos de celebração quanto nos de adversidade, oferecendo um ombro amigo, uma palavra de encorajamento e um coração compreensivo.

Essa qualidade de amizade reflete muitos dos princípios ensinados na fé cristã: o amor altruísta, a disposição para servir e a importância de cuidar uns dos outros. Na amizade, aprendemos a importância do dar e receber, do perdoar e ser perdoado, e do compartilhar da vida com honestidade. Amigos verdadeiros nos ajudam a crescer, desafiam-nos a ser melhor.

Cultivar e manter amizades verdadeiras requer esforço e dedicação. Isso envolve investir tempo, ser ouvinte atento e mostrar empatia e compreensão. Também é fundamental ser um amigo confiável, alguém que outros podem contar em todas as circunstâncias. Que possamos valorizar e nutrir as amizades que temos, reconhecendo-as como dádivas de Deus e esforçando-nos para ser amigos leais e amorosos.

Minhas anotações

Ore comigo

"Pai celestial, agradeço pelas amizades que colocaste em minha vida. Ajuda-me a ser um amigo verdadeiro, leal e amoroso. Em nome de Jesus. Amém."

20 ABRIL

LEITURA BÍBLICA
João 3:12

Firme na verdade eterna

Acreditar na verdade eterna da Palavra de Deus é um pilar central da fé cristã. Em um mundo onde as verdades são frequentemente relativas e as informações mudam constantemente, a Palavra de Deus permanece imutável e confiável. Acreditar nesta verdade não é apenas aceitar um conjunto de doutrinas; é confiar em Deus e na sua promessa, é encontrar solidez em um alicerce que não se abala com as circunstâncias da vida.

A Palavra nos orienta em nosso caminhar diário, fornecendo princípios e direcionamentos que nos ajudam a viver de maneira justa e amorosa. Ela nos ensina sobre o caráter de Deus, sobre seu amor incondicional e sua justiça, e nos revela o caminho para a salvação por meio de Jesus Cristo. Além disso, a Palavra de Deus é uma fonte constante de renovação espiritual e força, especialmente nos momentos de dúvida, medo ou desafio.

Estar firme na verdade eterna também implica compartilhá-la com amor e respeito, consciente de sua relevância e poder transformador. Ao fazer isso, somos chamados a viver de acordo com seus ensinamentos. Que nos aprofundemos constantemente no estudo e na compreensão da Palavra de Deus, permitindo que ela molde nossos pensamentos, atitudes e escolhas.

Minhas anotações

Ore comigo

"Senhor Deus, fortalece minha fé na verdade eterna da tua Palavra. Que ela seja a luz para o meu caminho e o alicerce de minha vida. Ajuda-me a compreendê-la profundamente e a vivê-la fielmente, refletindo tua verdade e teu amor em tudo que faço. Em nome de Jesus. Amém."

LEITURA BÍBLICA
1Reis 8:56

21 ABRIL

Confiando nas promessas

As Escrituras estão repletas de promessas feitas por Deus, que abrangem desde a provisão e proteção até a salvação e a vida eterna. Confiar nessas promessas significa ter fé na fidelidade e no caráter imutável do Pai. É acreditar que, apesar das circunstâncias da vida e das incertezas do mundo, Deus é fiel em cumprir sua palavra. Essa confiança oferece esperança e paz, mesmo nos momentos mais desafiadores.

As promessas de Deus não são apenas palavras consoladoras; elas são garantias do amor e cuidado dele por nós. Ao acreditar nessas promessas, somos encorajados a viver com determinação e otimismo, sabendo que não estamos sozinhos ou desamparados. Essa fé nos incentiva a olhar além das dificuldades imediatas e a fixar nossos olhos na eternidade.

Confiar nas promessas do Pai também nos motiva a agir de acordo com a vontade dele, sabendo que ele é fiel e justo. Isso significa seguir os seus mandamentos e viver de uma maneira que reflita o seu amor e a sua justiça. Ao fazer isso, somos testemunhas do poder e da fidelidade de Deus, incentivando outros a também colocarem sua confiança nele. Que possamos nos apegar firmemente às promessas de Deus, permitindo que elas sejam a base da nossa esperança e a força por trás de nossas ações.

Minhas anotações

Ore comigo

"Querido Deus, ajuda-me a confiar plenamente nas tuas promessas. Que a minha fé em tua fidelidade me dê força e esperança em todas as circunstâncias. Em nome de Jesus. Amém."

22 ABRIL

LEITURA BÍBLICA
1Timóteo 2:1-2

Oremos pela nossa nação

Orar pela nossa nação e por todos os governantes é um chamado importante para cada cristão. Os desafios políticos e sociais são complexos, por isso a oração se torna uma ferramenta poderosa para buscar sabedoria, orientação e paz para nosso país e seus líderes.

Orar pela nação envolve pedir por justiça, paz e prosperidade para todas as pessoas. É buscar o bem-estar da sociedade como um todo, independentemente de diferenças políticas ou ideológicas. Essa oração transcende as fronteiras partidárias e une os cristãos em um propósito comum de buscar o melhor para a nação sob a orientação do Senhor. Além disso, orar pelos governantes é um ato de humildade e respeito pela autoridade estabelecida, como parte do plano de Deus para a ordem e a governança das sociedades.

Essa prática de oração não nos isenta da responsabilidade de participar ativamente na sociedade e na política de maneira construtiva e ética. Pelo contrário, ela nos fortalece e nos orienta em nosso engajamento cívico, ajudando-nos a agir com sabedoria e compaixão. Oremos, pois, constantemente com sinceridade e fé pela nossa nação e pelos nossos líderes, acreditando que Deus pode realizar mudanças e trazer cura e renovação para nossa terra.

Minhas anotações

Ore comigo

"Soberano Senhor, intercedo pela minha nação e por todos os governantes. Dá-lhes sabedoria, justiça e compaixão em suas decisões. Abençoa meu país com paz, justiça e prosperidade. Em nome de Jesus. Amém."

LEITURA BÍBLICA
2Samuel 22:32

23 ABRIL

Firmado na rocha

Vivemos em um mundo cheio de incertezas e mudanças constantes, mas, mesmo diante disso, Deus permanece como uma fonte inabalável de força, estabilidade e segurança. Comparar Deus a uma rocha é reconhecer sua imutabilidade, força e capacidade de nos sustentar em meio às tempestades da vida. Quando nos firmamos nele, encontramos um refúgio seguro, um lugar onde podemos depositar nossa confiança e esperança, independentemente das circunstâncias ao nosso redor.

Estar firmado em Deus é confiar que ele nos guiará e nos protegerá, mesmo quando o caminho à frente parecer incerto. Essa confiança não é uma negação dos desafios ou dificuldades que enfrentamos, mas sim um reconhecimento de que, com Deus, somos mais do que capazes de superá-los.

Além disso, estar firmado na Rocha que é Deus nos permite enfrentar a vida com uma perspectiva de fé e esperança. Nos momentos de medo, dúvida ou desespero, podemos nos lembrar de que Deus é nosso alicerce firme, que nunca nos deixa ou nos abandona. Busquemos sempre fortalecer nossa relação com Deus, aprendendo mais sobre ele e crescendo em nossa fé, para que, em todas as circunstâncias, permaneçamos firmados na Rocha eterna e confiável.

Minhas anotações

Ore comigo

"Senhor, ajuda-me a estar sempre firmado em ti, a Rocha eterna. Dá-me a coragem e a fé para enfrentar os desafios, sabendo que estás comigo, sustentando-me e guiando-me. Em nome de Jesus. Amém."

24 ABRIL

LEITURA BÍBLICA
Deuteronômio 10:17

Deus é soberano

Deus é supremo sobre todas as coisas. Reconhecer sua soberania significa entender que ele é o governante supremo, cuja autoridade é absoluta e cujo poder é incomparável. Esse entendimento traz uma profunda sensação de segurança e paz, pois sabemos que, não importa o que aconteça, Deus está no controle e os planos dele são perfeitos e bons.

A soberania do Senhor não nega a existência do sofrimento ou das dificuldades na vida, mas oferece uma perspectiva que transcende as circunstâncias imediatas. Mesmo nos momentos de incerteza ou dor, podemos ter a confiança de que Deus está trabalhando para o bem maior, mesmo quando não podemos ver claramente o seu plano.

Viver à luz da soberania de Deus nos encoraja a confiar nele com todo o nosso coração, a render nossos planos e sonhos a ele, e a descansar na certeza de sua bondade e misericórdia. Isso nos leva a uma adoração sincera e a um compromisso de seguir sua vontade, sabendo que ele é digno de nossa total confiança e devoção. Que a compreensão da soberania de Deus nos inspire a viver com fé e esperança, confiando em sua liderança em cada passo de nossa jornada.

Minhas anotações

Ore comigo

"Deus todo-poderoso, reconheço tua soberania sobre todas as coisas. Ajuda-me a confiar em teu governo perfeito e a descansar na segurança do teu plano divino. Que minha vida reflita minha fé em tua autoridade e bondade supremas. Em nome de Jesus. Amém."

LEITURA BÍBLICA
Números 6:24-26

25 ABRIL

O poder das palavras

As palavras têm um poder extraordinário na vida de uma pessoa. Abençoar alguém vai além de simplesmente desejar o bem; é pedir a bondade e a graça de Deus sobre a vida da pessoa, seja em momentos de celebração, seja em tempos de desafio.

Falar palavras de bênção não é apenas um ato de amor e carinho, mas também uma forma de fortalecer nossa fé e a dos outros. Essas palavras têm o poder de encorajar, confortar e dar esperança, lembrando a todos da presença constante e do cuidado de Deus.

No contexto familiar, no trabalho, na igreja ou em qualquer ambiente, as palavras de bênção podem criar uma atmosfera de positividade e fé, contribuindo para o fortalecimento dos laços de unidade e amizade. Elas são um lembrete de que Deus está sempre envolvido em nossa vida, cuidando de nós e guiando nossos caminhos.

Além disso, abençoar os outros é uma forma de viver os princípios do Evangelho, praticando a generosidade, a gentileza e a compaixão. Ao escolhermos palavras que edificam e abençoam, estamos demonstrando o amor de Cristo e semeando bondade no mundo. Devemos estar conscientes do poder das nossas palavras e escolher usá--las para abençoar a vida daqueles ao nosso redor, contribuindo para a disseminação da graça e do amor de Deus.

Ore comigo

"Amado Deus, que minhas palavras sejam sempre fonte de bênção para os outros. Ajuda-me a falar com amor, gentileza e fé para aqueles ao meu redor. Que eu possa ser um instrumento do teu amor e da tua graça por meio das minhas palavras. Em nome de Jesus. Amém."

Minhas anotações

26 ABRIL

LEITURA BÍBLICA
Mateus 18:21-22

Coração perdoador

Estar sempre pronto a perdoar é um dos ensinamentos mais desafiadores e transformadores da vida de um cristão. O perdão é uma decisão, uma disposição constante de liberar o ressentimento e a amargura, independentemente da situação. Perdoar repetidas vezes, sem limites, reflete a natureza do amor de Deus, que nos perdoa infinitamente. Adotar essa atitude de perdão nos liberta das cadeias do rancor e nos permite viver em paz e harmonia.

Perdoar não significa ignorar a dor ou justificar o erro. É reconhecer que todos somos falhos e necessitamos de misericórdia. Ao escolher perdoar, estamos praticando a empatia e a compreensão, seguindo o exemplo de Jesus, que perdoou até mesmo na cruz. O ato de perdoar também traz cura para o nosso coração, pois, ao liberar o outro, liberamos a nós mesmos do peso da mágoa.

O perdão é um ato de força e coragem, um testemunho do poder transformador do amor e da graça. É um lembrete constante de que a graça e o perdão são presentes preciosos que recebemos de Deus e que somos chamados a compartilhar com os outros. Cultivemos, portanto, um coração que está sempre pronto a perdoar, refletindo o amor incondicional de Deus em cada aspecto de nossa vida.

Minhas anotações

Ore comigo

"Senhor, dá-me um coração que esteja sempre pronto a perdoar. Que eu possa refletir teu amor e tua graça por meio do meu perdão, seguindo o exemplo de Cristo. Em nome de Jesus. Amém."

LEITURA BÍBLICA
Oseias 6:3

27 ABRIL

Prossigamos em conhecer o Pai

Prosseguir em conhecer a Deus é uma jornada marcada por crescimento e descoberta. Essa busca envolve um relacionamento constante, dedicado e pessoal, que se aprofunda ao longo do tempo. Conhecer a Deus é explorar a imensidão de seu amor, compreender sua natureza e caráter, e experimentar sua presença em nossa vida diária.

O caminho para conhecer o Senhor passa pelo estudo das Escrituras, pela oração, pela adoração e pela comunhão com nossos irmãos em Cristo. A Bíblia, como a Palavra de Deus, é uma fonte inesgotável de sabedoria e revelação. Na oração, dialogamos com Deus, expressando nossos pensamentos, sentimentos e desejos, ao mesmo tempo que aprendemos a ouvir sua voz. A adoração, tanto individual quanto coletiva, nos conecta com Deus de uma maneira profunda e emocional, permitindo que o Espírito Santo fale ao nosso coração.

Ao vivermos os ensinamentos de Cristo, ao servirmos aos outros e ao promovermos justiça e amor, descobrimos mais sobre o coração de Deus e sua vontade para nós e para o mundo. Que nossa busca em conhecer a Deus seja incessante e que cada novo dia seja uma oportunidade para descobrir mais sobre ele, para, assim, experimentarmos sua presença transformadora em nossa vida.

Minhas anotações

Ore comigo

"Deus eterno, abre o meu coração e minha mente para compreender mais sobre ti e ajuda-me a viver de acordo com os teus caminhos. Em nome de Jesus. Amém."

28 ABRIL

LEITURA BÍBLICA
João 6:35

Jesus, o pão da vida

Em um mundo cheio de fome espiritual, onde as pessoas buscam saciar-se com prazeres temporários e soluções passageiras, Jesus se apresenta como a única fonte de nutrição verdadeira e duradoura: o pão da vida. Ele promete saciar a fome mais profunda da alma humana — a fome de sentido, propósito e conexão com o Pai.

Apenas Cristo pode preencher o vazio existencial que muitas vezes experimentamos. Ele oferece uma relação que transcende as circunstâncias da vida, um amor que nunca falha e uma esperança que nunca acaba. Quando nos alimentamos da sua Palavra, presença e ensino, somos nutridos e fortalecidos espiritualmente. Isso nos traz uma paz e uma alegria que não são afetadas pelas turbulências e incertezas da vida.

Além disso, receber Jesus como o pão da vida nos desafia a compartilhar esse alimento com outros. Isso implica viver e expressar os ensinamentos de Cristo de maneira que aqueles que nos cercam possam também experimentar a plenitude que vem de um relacionamento com ele. Que possamos nos aproximar diariamente da fonte inesgotável de vida que é Jesus e convidar outros a participar desse banquete espiritual.

Minhas anotações

Ore comigo

"Senhor Jesus, tu és o pão da vida. Peço que alimentes a minha alma com a tua presença e a tua palavra. Que eu encontre em ti a satisfação plena para todas as minhas necessidades espirituais e que possa compartilhar essa fonte de vida com aqueles ao meu redor. Em nome de Jesus. Amém."

LEITURA BÍBLICA
Deuteronômio 5:29

29 ABRIL

A virtude da obediência

A obediência a Deus é um dos pilares da fé cristã e um elemento fundamental para uma vida espiritual saudável e gratificante. Obedecer a Deus não é meramente seguir um conjunto de regras; é uma expressão de amor, respeito e reconhecimento da sua soberania.

Por meio da obediência, demonstramos nossa confiança no Pai e em seus planos para nossa vida. Ela reflete nossa compreensão de que ele, em sua sabedoria e amor, deseja o melhor para nós e que seus mandamentos são direcionados para o nosso bem-estar e crescimento.

Obedecer a Deus muitas vezes requer fé e coragem, especialmente quando suas orientações parecem contrariar nossas vontades. No entanto, a obediência traz consigo bênçãos e uma sensação de paz que só podem ser experimentadas quando estamos alinhados com a vontade do Senhor.

Além disso, a obediência a Deus é um testemunho poderoso para aqueles ao nosso redor. Ela mostra que nossa fé é autêntica e que estamos comprometidos em seguir Cristo, não apenas com palavras, mas também com ações. Busquemos, pois, a obediência a Deus em todas as áreas de nossa vida, experimentando a alegria e a paz que vêm de viver de acordo com sua vontade, que é boa, perfeita e agradável (cf. Romanos 12:2).

Minhas anotações

Ore comigo

"Senhor, ajuda-me a obedecer a ti de todo o meu coração. Que eu possa compreender e abraçar teus mandamentos, vivendo de maneira que reflita meu amor e compromisso contigo. Em nome de Jesus. Amém."

LEITURA BÍBLICA
Gênesis 1:27

Identidade em Deus

A compreensão de nossa identidade em Deus é fundamental para uma vida de fé plena e significativa. Essa identidade se baseia na verdade de que somos criados à imagem e semelhança de Deus, uma verdade que define nosso valor intrínseco e nosso propósito. Reconhecer que somos feitos à imagem de Deus significa entender que cada um de nós tem dignidade, valor e um papel único na terra.

Viver de acordo com nossa identidade em Deus requer que rejeitemos as falsas identidades impostas pela sociedade, pelas expectativas culturais ou pelas nossas próprias inseguranças. Essa compreensão nos permite viver com autenticidade, buscando cumprir o propósito específico que Deus tem para cada um de nós.

Além disso, nossa identidade em Deus é a base para o desenvolvimento de relacionamentos saudáveis e para o exercício de nossos dons e talentos de maneira que honre a ele. Devemos, portanto, crescer diariamente em nossa compreensão de quem somos em Deus, e que essa compreensão nos inspire a viver de maneira que reflita sua glória e amor.

Minhas anotações

Ore comigo

"Pai de amor, ajuda-me a compreender e abraçar minha identidade como alguém criado à tua imagem. Que essa verdade guie minhas ações, pensamentos e relacionamentos. Dá-me a confiança para viver de acordo com o propósito que estabeleceste para mim, honrando-te em todos os aspectos da minha vida. Em nome de Jesus. Amém."

Um sonho íntimo

A Palavra de Deus, em Jeremias 29:11, diz:

> "Porque sou eu que conheço os planos que tenho para vocês", diz o SENHOR, "planos de fazê-los prosperar e não de causar dano, planos de dar a vocês esperança e um futuro."

Esse texto nos mostra que o Pai planejou nos prover prosperidade, esperança e futuro. Nenhum de nossos sonhos humanos pode se comparar a tudo que ele deseja nos entregar. Ele conhece nosso coração, as intenções que o permeiam e o que é capaz de corromper nossa intimidade com ele.

Desafio você a entregar a Deus o seu sonho mais íntimo, aquele que você deseja intensamente que se concretize. Expresse ao Criador o motivo de ele ser tão relevante e como o fato de alcançá-lo levará bênçãos a outras vidas além da sua. Peça também que ele revele o coração dele em relação a esse sonho e o ajude a buscar, em primeiro lugar, os sonhos que ele mesmo já preparou para você.

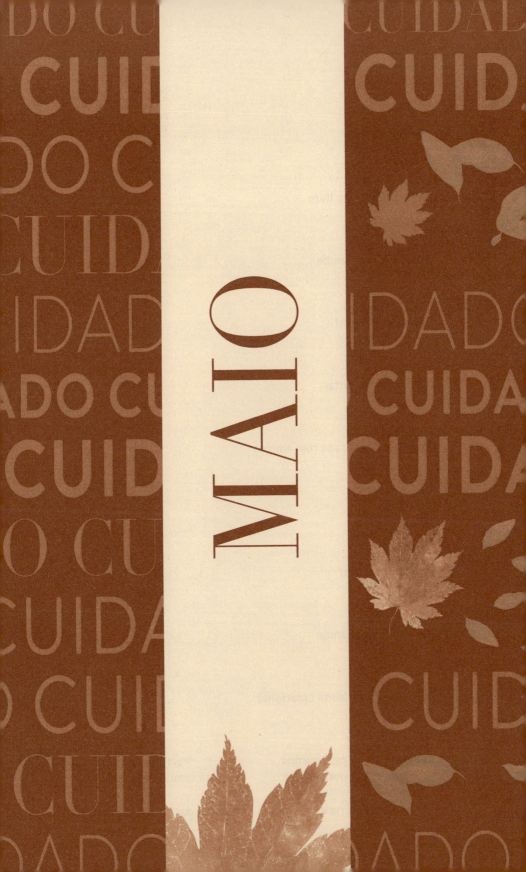

Meu planejamento

Meta

Plano

Leitura bíblica do livro

Atividade em família

Refeição especial

Avaliação alimentar

Tempo de qualidade com amigos

Um filme/série

Um livro/*podcast*

Um médico a agendar

Nota da minha saúde emocional

Atividade física pelo menos três vezes por semana

Participação semanal na comunidade espiritual

Ingestão diária de água

Gestão das finanças pessoais

LEITURA BÍBLICA
Colossenses 3:23

01 MAIO

Honrando a Deus no trabalho

Honrar a Deus no trabalho é uma maneira prática e significativa de viver nossa fé no dia a dia. Isso transforma nossas atividades cotidianas em um ato de adoração e serviço ao Senhor. Em vez de ver o trabalho como uma mera obrigação ou como um meio para alcançar fins pessoais, podemos enxergá-lo como uma oportunidade de glorificar a Deus por meio de nossa ética, dedicação e atitude.

Trabalhar honrando ao Senhor também envolve tratar colegas, clientes e líderes com respeito e bondade, refletindo o amor e a justiça de Deus. Isso significa ser honesto, justo, confiável e compassivo, buscando o bem-estar dos outros, além do nosso próprio. Ao adotarmos essa atitude, nosso trabalho não será apenas uma forma de sustento, mas se tornará em um meio de testemunhar nossa fé e de fazer a diferença.

Além disso, honrar a Deus em nosso trabalho nos desafia a buscar equilíbrio entre nossa vida profissional, pessoal e espiritual. Isso implica estabelecer prioridades que reflitam nossos valores cristãos, incluindo tempo para descanso, para a família e para a comunidade de fé. Que cada um de nós possa ver nosso trabalho como uma oportunidade de servir e honrar a Deus, trazendo excelência, paixão e um propósito maior para as tarefas diárias.

Minhas anotações

Ore comigo

"Senhor, ajuda-me a honrar-te em meu trabalho. Que eu possa realizar minhas tarefas com excelência, integridade e amor. Em nome de Jesus. Amém."

02 MAIO

LEITURA BÍBLICA
Hebreus 12:1

Perseverança para manter o foco no propósito

Perseverar em um propósito, especialmente em meio a dificuldades, pode ser, muitas vezes, um desafio. Todavia, a Palavra de Deus nos ensina que não devemos nos apavorar nem desanimar diante das circunstâncias, pois o Senhor estará conosco (cf. Josué 1:9); por isso, devemos perseverar.

Essa perseverança pode ser comparada a uma corrida de longa distância, na qual a resistência e a dedicação são fundamentais para alcançar a linha de chegada. Manter-se firme em um propósito requer foco, disciplina e uma visão clara do objetivo a ser alcançado.

Além disso, perseverar em um propósito também implica confiar em Deus e buscar sua orientação e força ao longo do caminho. Essa confiança fortalece nossa determinação e nos lembra de que não estamos sozinhos, mesmo nas etapas mais difíceis da jornada.

A perseverança é fruto da fé e do comprometimento com os valores e propósitos que Deus colocou em nosso coração. Devemos, assim, cultivar a perseverança em nosso coração, manter os olhos fixos no propósito que Deus estabeleceu para nós, e avançar com fé e confiança a cada passo.

Minhas anotações

Ore comigo

"Senhor, concede-me a perseverança para manter o foco no propósito que estabeleceste para minha vida. Ajuda-me a superar com fé e determinação os obstáculos, confiando em tua força e orientação. Que eu seja encorajado pela comunidade de fé e continue firme até alcançar o objetivo. Em nome de Jesus. Amém."

LEITURA BÍBLICA
Salmos 143:10

03
MAIO

O caminho da vontade de Deus

Seguir o caminho da vontade de Deus é uma escolha que molda toda a nossa existência e direciona nossa jornada de vida. Esse caminho nos leva a alinhar nossos desejos, ações e decisões aos propósitos e planos do Pai celestial. Optar por seguir a vontade de Deus significa buscar orientação e sabedoria nele, pondo nossa confiança em seu perfeito plano para nós. Essa escolha muitas vezes requer fé e coragem, especialmente quando a direção de Deus nos leva para fora de nossa zona de conforto.

Ao nos submetermos à vontade do Senhor, somos moldados e refinados, crescendo em caráter e maturidade espiritual. Isso muitas vezes envolve aprender a dizer "não" a nossos próprios planos e desejos e dizer "sim" aos caminhos que Deus estabelece para nós. A vontade dele nos guia para o verdadeiro propósito e significado da vida.

Além disso, ao seguir a vontade de Deus, somos chamados a ser luz no mundo. Isso nos permite impactar positivamente a vida ao nosso redor e contribuir para a expansão do Reino de Deus. Que possamos buscar diariamente a orientação do Senhor, orando por discernimento e disposição para seguir sua vontade, confiando que ele nos conduzirá pelos melhores caminhos.

Minhas anotações

Ore comigo

"Amado Pai, guia-me no caminho da tua vontade. Dá-me sabedoria para entender teus planos e coragem para segui-los. Que minha vida reflita teu amor e propósito, e que eu possa ser um instrumento do Senhor no mundo. Em nome de Jesus. Amém."

04 MAIO

LEITURA BÍBLICA
Lucas 19:10

Cumprindo a missão

Cumprir a principal missão, conforme exemplificado na vida e no ministério de Jesus, é essencial para todo cristão. Essa missão se traduz em um compromisso ativo de compartilhar as boas-novas do evangelho, demonstrando o amor e a misericórdia de Deus para com todas as pessoas.

Esse é um chamado para todos os seguidores de Cristo e implica viver uma vida que reflita os ensinamentos de Jesus, sendo exemplos de amor, bondade e compaixão em nosso cotidiano. Significa também estar preparado para compartilhar nossa fé e nosso testemunho, oferecendo esperança e orientação espiritual àqueles que buscam a verdade. Ao fazermos isso, estamos participando ativamente do propósito maior de Deus para a humanidade.

Além disso, cumprir nossa principal missão requer sensibilidade e sabedoria para entender as necessidades das pessoas ao nosso redor. Isso pode envolver atos de serviço, palavras de encorajamento ou simplesmente ouvir com empatia. Cada ação é uma oportunidade para refletir a luz de Cristo e influenciar positivamente a vida de alguém. Por isso, temos o dever de buscar constantemente a orientação de Deus em como melhor servir e cumprir a missão que ele nos confiou.

Minhas anotações

Ore comigo

"Senhor, inspira-me a cumprir a principal missão de buscar e salvar o perdido. Ajuda-me a ser um reflexo do teu amor e da tua graça no mundo. Dá-me sabedoria e oportunidades para compartilhar o evangelho e servir aos outros em teu nome. Em nome de Jesus. Amém."

LEITURA BÍBLICA
Salmos 126:2

05 MAIO

Deus transforma o choro em riso

Há momentos em nossa vida em que as situações de dificuldades parecem não ter fim. As circunstâncias nos fazem chorar. Mas a Bíblia nos diz que o Senhor tem o poder de transformar o pranto em dança (cf. Salmos 30:11) e a tristeza em alegria.

O poder de restaurar a alegria e a esperança mesmo nas situações mais difíceis vem apenas do Pai celestial. Deus, em sua infinita bondade e misericórdia, é capaz de reverter as circunstâncias, transformando momentos de dor em ocasiões de celebração e gratidão. Ele nos lembra de que nossa tristeza não é permanente e que a alegria está logo após as dificuldades.

A capacidade de Deus de transformar o choro em riso não significa que ele invalida ou ignora a nossa dor. Pelo contrário, ele compreende profundamente cada lágrima e cada coração quebrantado. A promessa de alegria futura não diminui a realidade do sofrimento presente, mas oferece uma perspectiva de esperança e renovação.

A experiência de ver Deus transformar nosso choro em riso fortalece nossa fé e nosso testemunho. Torna-se uma história de esperança e graça que podemos compartilhar com outros, encorajando-os em suas próprias lutas. Devemos sempre estar firmes em Deus e em sua Palavra, confiando que ele pode e vai transformar nosso choro em alegria.

Minhas anotações

Ore comigo

"Senhor, nos momentos de tristeza, lembra-me de tua presença. Que eu encontre conforto e alegria em ti e que minha vida seja um testemunho de tua graça transformadora. Em nome de Jesus. Amém."

LEITURA BÍBLICA
Apocalipse 22:12

Escolhas e consequências

Fazer escolhas não é uma tarefa fácil. A realidade de que nossas escolhas, sejam boas ou más, geram consequências é uma verdade incontestável. Cada decisão que tomamos abre caminhos e gera resultados que podem afetar nossa vida e a vida daqueles ao nosso redor. Essa compreensão nos chama a uma reflexão cuidadosa sobre nossas ações, incentivando-nos a buscar sabedoria e discernimento.

Reconhecer a responsabilidade que acompanha nossas escolhas é essencial para viver de maneira que honre a Deus e contribua positivamente para o nosso bem-estar e o dos outros. No contexto bíblico, somos lembrados de que Deus observa nossas escolhas e que seremos recompensados ou responsabilizados por elas. Isso não é motivo para medo, mas para uma consciência sobre a importância de viver segundo os princípios e valores que Deus estabeleceu.

Fazer escolhas alinhadas com a vontade de Deus não apenas nos traz paz e satisfação, mas também nos prepara para a eternidade. Compreender que nossas escolhas têm consequências nos encoraja a agir com compaixão, justiça e amor. Como cristãos, temos o dever de buscar a orientação de Deus em cada decisão para que não soframos com as consequências.

Ore comigo

"Pai, guia-me a fazer escolhas que honrem a ti. Dá-me sabedoria para discernir tua vontade e coragem para agir de acordo com ela. Ajuda-me a refletir teu amor e justiça em todas as minhas decisões. Em nome de Jesus. Amém."

Minhas anotações

LEITURA BÍBLICA
Gálatas 2:20

07 MAIO

Pronto para mudar

Mudar não é fácil. Todas as pessoas que decidem verdadeiramente seguir os caminhos de Cristo precisam deixar que o Espírito Santo mude o que for necessário na vida delas. A mudança promovida por Jesus, por meio do Espírito Santo, é a transformação profunda do coração e da mente, que reflete a obra redentora de Cristo em nós.

Quando permitimos que Jesus atue em nossa vida, ele remodela nossos valores, prioridades e até mesmo nossa compreensão de nós mesmos e do mundo ao nosso redor. Essas mudanças nem sempre são fáceis, pois frequentemente desafiam nossas crenças e nossos hábitos enraizados, mas são essenciais para nosso crescimento e maturidade espiritual.

Estar aberto às mudanças que Jesus faz em nossa vida nos capacita a impactar positivamente aqueles ao nosso redor. À medida que nos tornamos mais como Cristo, nossas ações, palavras e atitudes começam a refletir mais claramente o seu amor e compaixão. Que possamos compreender as mudanças que Jesus deseja realizar em nós, sabendo que elas são para o nosso bem e para a glória de Deus. Assim, viveremos plenamente os propósitos dele para a nossa vida.

Minhas anotações

Ore comigo

"Soberano Deus, estou aberto às mudanças que desejas fazer em minha vida. Torna-me mais parecido contigo. Transforma-me segundo a tua vontade e ajuda-me a viver uma vida que reflita o teu amor e a tua graça. Que eu possa morrer para o velho eu e viver plenamente em ti. Em nome de Jesus. Amém."

08 MAIO

LEITURA BÍBLICA
Provérbios 21:31

Aguarde a vitória

O dia da vitória é uma expectativa de todo cristão que passe por circunstâncias difíceis. Essa esperança se baseia em uma profunda fé na soberania e fidelidade de Deus. Aguardar o dia da vitória significa manter a fé e a esperança, mesmo diante de desafios e adversidades, sabendo que o Senhor tem um plano e um propósito para cada situação.

Esse aguardar não se trata de ficar de braços cruzados, mas de um envolvimento ativo na obra de Deus, enquanto confiamos em seu tempo e maneira de agir. Isso implica fazer a nossa parte, quer trabalhando ativamente, quer mantendo a fé, orando fervorosamente ou servindo aos outros, e depois confiar em Deus para trazer a conclusão. Embora façamos nossos planos, é Deus quem estabelece os passos e traz a vitória.

Além disso, aguardar o dia da vitória nos ensina paciência e resistência. Aprendemos a valorizar o processo tanto quanto o resultado, crescendo em caráter, fé e maturidade espiritual. Essa espera também nos dá uma perspectiva eterna, lembrando-nos de que nossa maior vitória já foi conquistada por Cristo na cruz e que, independentemente dos desafios, temos uma esperança eterna em Deus. Aguardemos, pois, com confiança o dia da vitória, celebrando cada pequeno triunfo ao longo do caminho e confiando no cumprimento da promessa de Deus.

Ore comigo

"Senhor, ajuda-me a aguardar com fé e esperança o dia da vitória. Dá-me paciência e força para perseverar durante os desafios, lembrando-me sempre da tua soberania e do teu amor. Em nome de Jesus. Amém."

Minhas anotações

LEITURA BÍBLICA
Mateus 17:20

09 MAIO

Eu vou caminhar na fé

Uma vida de fé, conforme ensinada nas Escrituras, é uma jornada de confiança e dependência contínua em Deus. A fé não é medida pela sua quantidade, mas pela sua genuinidade. Mesmo uma fé do tamanho de um grão de mostarda tem o potencial de mover montanhas, o que simboliza a capacidade de superar grandes desafios e realizar feitos extraordinários.

Isso significa acreditar no poder e na promessa de Deus, mesmo quando as circunstâncias parecem impossíveis ou quando as respostas parecem distantes. É uma confiança que se reflete em nossas ações e decisões. Viver pela fé requer coragem para dar passos em direção ao desconhecido, confiando que Deus está nos guiando.

Caminhar na fé traz crescimento e aprendizado contínuos. Cada experiência, seja de sucesso, seja de desafio, serve para fortalecer nossa fé e nos aproximar de Deus. Ela nos ensina a depender mais de Deus e menos de nós mesmos, a buscar orientação divina em todas as situações e a reconhecer que suas mãos estão estendidas sobre nossa vida. Temos de caminhar na certeza de que nossa fé é capaz de mover montanhas e que o nosso Deus pode todas as coisas.

Minhas anotações

Ore comigo

"Pai, fortalece minha fé para que eu possa viver uma vida que honre e glorifique a ti. Ajuda-me a confiar em ti em todas as circunstâncias e a ser um testemunho do teu poder e amor. Em nome de Jesus. Amém."

10 MAIO

LEITURA BÍBLICA
Daniel 10:1-13

Vencendo os conflitos

Agir em situações conflitantes, especialmente naquelas que desafiam nossa fé e nossos valores, requer sabedoria, discernimento e uma profunda confiança em Deus. A história de Daniel, que enfrentou desafios significativos enquanto se mantinha fiel a Deus, nos oferece uma perspectiva valiosa sobre como lidar com circunstâncias difíceis.

Em meio a conflitos, é fundamental buscarmos a orientação de Deus, mantendo-nos firmes em nossos princípios e convicções. Além disso, enfrentar situações conflitantes muitas vezes exige paciência e uma visão de longo prazo. Daniel demonstrou uma paciência exemplar; buscou a Deus e agiu com integridade, mesmo quando as respostas ou soluções não eram imediatas. Manter a calma, responder com sabedoria e agir com amor são atitudes essenciais para lidar com conflitos de maneira que honre a Deus.

Deus está atuando a nosso favor, mesmo quando não percebemos. Ele trabalha nos bastidores, respondendo às nossas orações e lutando em nosso favor. A confiança nessa verdade nos dá a coragem de enfrentar desafios, sabendo que não estamos sozinhos e que a vitória final pertence a Deus. Portanto, é fundamental buscarmos a orientação e a força de Deus em cada situação conflitante, confiando em seu perfeito tempo e plano.

Minhas anotações

Ore comigo

"Senhor, dá-me sabedoria e coragem para enfrentar situações conflitantes com fé e integridade. Ajuda-me a confiar em ti e a buscar tua orientação em cada desafio. Em nome de Jesus. Amém."

LEITURA BÍBLICA
Filipenses 3:13

Avançando para novas conquistas

Avançar para novas conquistas e não viver preso ao passado é uma atitude essencial para o crescimento e a realização pessoal e espiritual. Viver olhando para a frente significa reconhecer que, embora o passado tenha moldado quem somos, ele não define o que podemos nos tornar. Deus nos chama constantemente para novos começos, novos crescimentos e novas possibilidades.

Avançar requer fé e coragem para dar passos em direção ao desconhecido, confiando que Deus está conosco em cada nova jornada. A capacidade de abandonar o passado e avançar também envolve o perdão — tanto perdoar a nós mesmos, por erros cometidos, quanto perdoar aos outros, por ofensas passadas. Ao fazer isso, abrimos espaço em nosso coração e em nossa mente para o novo que Deus deseja fazer em nossa vida.

Além disso, avançar para novas conquistas é buscar sempre aprender, evoluir e expandir horizontes. Isso significa estar aberto a novas ideias, novas experiências e novas maneiras de servir a Deus e aos outros. Em vez de ficarmos presos à zona de conforto, somos chamados a explorar tudo o que Deus tem para nós. Por isso, devemos abraçar cada nova etapa com entusiasmo e confiança, avançando corajosamente para as conquistas que Deus preparou para nós.

Ore comigo

"Senhor, ajuda-me a avançar para novas conquistas, abandonando o que já passou. Guia-me em cada novo passo, abrindo meus olhos para as oportunidades que colocas diante de mim. Em nome de Jesus. Amém."

Minhas anotações

12 MAIO

LEITURA BÍBLICA
Isaías 49:15

Amor incondicional

A comparação do amor de uma mãe pelo seu filho com o amor de Deus é um tema profundo, que destaca a intensidade e a incondicionalidade do cuidado do Pai por nós. Enquanto o amor de uma mãe por seu filho é frequentemente considerado um dos mais fortes e puros tipos de amor humano, a Bíblia nos ensina que, mesmo esse amor poderoso pode falhar ou ser limitado. Em contraste, o amor de Deus por nós é inabalável e eterno.

O amor maternal, em sua forma mais pura, é um amor que se sacrifica, nutre e nunca desiste. Da mesma forma, o amor de Deus é sacrificial, demonstrado supremamente no sacrifício de Jesus Cristo na cruz. Assim como uma mãe não abandona seu filho, Deus promete nunca nos deixar nem nos desamparar. Ele nos ama incondicionalmente, mesmo em meio às nossas imperfeições e falhas.

Além disso, assim como uma mãe vê o potencial e a beleza em seu filho, Deus nos vê como somos e como podemos ser. Ele nos criou com um propósito único e nos dotou de dons e talentos especiais. O Pai nos conhece intimamente, até mesmo os aspectos que nós mesmos não compreendemos totalmente. Esse amor profundo e pessoal nos convida a confiar nele, a desenvolver um relacionamento mais próximo com ele e a viver de uma maneira que reflita a sua bondade e o seu amor.

Ore comigo

"Deus Pai, estou maravilhado com o teu amor, que supera até mesmo o mais profundo amor de uma mãe. Ajuda-me a entender mais a cada dia a magnitude desse amor e a viver em resposta a ele. Em nome de Jesus. Amém."

Minhas anotações

LEITURA BÍBLICA
Mateus 19:29-30

13 MAIO

Os últimos serão os primeiros

O conceito de que os últimos serão os primeiros é uma das mensagens mais transformadoras do ensino de Jesus. Ela desafia nossa noção convencional de sucesso, poder e importância, apresentando uma perspectiva do Reino de Deus no qual os valores são radicalmente diferentes dos do mundo.

Isso revela que, aos olhos de Deus, as posições de honra não são determinadas por *status*, riqueza ou poder, mas por humildade, serviço e fidelidade. Ele inverte a ordem estabelecida, destacando que o verdadeiro valor é encontrado onde menos se espera.

Em um mundo que frequentemente valoriza o sucesso a qualquer custo, somos convidados a buscar a grandeza por meio do serviço, do amor e da entrega. Isso significa pôr os interesses dos outros acima dos nossos, servir em vez de ser servido e encontrar alegria na generosidade e humildade.

Esta reflexão é um lembrete reconfortante de que Deus vê e valoriza aqueles que o mundo muitas vezes ignora ou despreza. Ela nos assegura de que nossos esforços e sacrifícios, mesmo que não sejam reconhecidos ou valorizados por outros, são vistos e recompensados pelo Senhor. Você está pronto para viver de maneira que honre os princípios de Jesus e buscar ser o "primeiro" aos olhos de Deus?

Minhas anotações

Ore comigo

"Deus bondoso, ajuda-me a buscar grandeza na humildade, honra no serviço e valor na entrega. Quero andar segundo os teus ensinamentos. Em nome de Jesus. Amém."

LEITURA BÍBLICA
Romanos 12:10

Amor fraternal

Desenvolver amor fraternal é fundamental na vida de um cristão, pois isso reflete o coração do ensino de Jesus sobre como devemos nos relacionar uns com os outros. Esse é um amor que se preocupa genuinamente com o bem-estar dos outros, que busca servir e honrar ao próximo e que se expressa em ações. O amor fraternal se manifesta no cuidado mútuo, na disposição de compartilhar alegrias e tristezas e no compromisso de apoiar-se mutuamente na caminhada rumo ao céu.

Isso nos desafia a ver cada pessoa como um irmão ou irmã em Cristo, valorizando-os como Deus os valoriza, o que implica respeitar as diferenças, perdoar as ofensas e buscar a unidade, mesmo diante de desafios ou desentendimentos. Ao vivermos em amor fraternal, refletimos o amor de Cristo e fortalecemos uns aos outros.

Além disso, o amor fraternal gera testemunho. Esse testemunho pode ser uma poderosa ferramenta de evangelismo, que mostra o amor transformador de Cristo em nossas ações. Que possamos nos esforçar para desenvolver e aprofundar o amor fraternal pelo nosso próximo e demonstrar com a nossa vida a beleza e a verdade do evangelho.

Minhas anotações

Ore comigo

"Senhor, ajuda-me a desenvolver um amor fraternal verdadeiro pelo meu próximo. Que eu possa honrar, servir e amar meus irmãos e irmãs em Cristo, refletindo o teu amor. Em nome de Jesus. Amém."

LEITURA BÍBLICA
1Crônicas 16:28

15 MAIO

Minha família é uma bênção

Expressar agradecimento pela família é uma prática importante que reflete o reconhecimento das bênçãos de Deus em nossa vida. A família é uma das maiores dádivas que Deus nos concede, oferecendo amor, apoio, companheirismo e um senso de pertencimento. Por meio da família, experimentamos a alegria do amor compartilhado, a força do apoio mútuo e as preciosas lições de perdão, paciência e compreensão.

A gratidão se manifesta em pequenos gestos do dia a dia, na disposição para ouvir e entender, na partilha de momentos juntos e no apoio nos desafios da vida. Ao demonstrar gratidão pela nossa família, fortalecemos os laços que nos unem e criamos um ambiente de carinho e respeito. E Deus se agrada disso!

Orar pela nossa família é uma forma de agradecer a Deus por ela, buscando sua orientação e proteção em todas as circunstâncias. Que possamos ser sempre gratos ao Pai celestial pela família que ele nos presenteou, e que ela seja um reflexo constante do amor e da gratidão que temos por todas as bênçãos que recebemos.

Minhas anotações

Ore comigo

"Senhor, sou profundamente grato pela minha família. Obrigado pelo amor, pelo apoio e pela companhia que ela me proporciona. Abençoa cada membro da minha família, guarda-os e guia-os em teus caminhos. Que possamos crescer juntos em amor e gratidão. Em nome de Jesus. Amém."

16 MAIO

LEITURA BÍBLICA
Salmos 126:3

Grandes coisas faz o Senhor por nós

Ser grato, independentemente das circunstâncias, é fundamental para abrir as portas para receber novas bênçãos. Precisamos reconhecer e celebrar as grandes coisas que Deus faz por nós. Essas grandes obras podem se manifestar de diversas maneiras — desde milagres visíveis e transformações marcantes até as bênçãos e os livramentos diários, que, muitas vezes, nem percebemos.

Reconhecer as obras de Deus em nossa vida nos leva a um estado de gratidão e admiração, fortalecendo nossa fé e confiança nele. Cada momento de provisão, cada instante de proteção e cada passo de crescimento são testemunhos do amor, do poder e da presença de Deus em nossa vida. Ao testemunharmos as maravilhas que Deus faz, encorajamos e inspiramos a todos ao nosso redor.

Deus, assim como agiu no passado, age no presente e continuará a agir no futuro. Essa confiança nos dá força e esperança, especialmente em tempos de incerteza. Portanto, sejamos gratos a ele por todas as coisas. Que estejamos prontos para manter nosso coração e nossa mente atentos às muitas maneiras pelas quais o Pai trabalha em nossa vida.

Minhas anotações

Ore comigo

"Senhor, sou profundamente grato pelas grandes obras que realizas em minha vida. Ajuda-me a reconhecê-las e celebrá-las, compartilhando tua bondade com os outros. Que a minha vida seja um testemunho constante do teu amor e poder. Em nome de Jesus. Amém."

LEITURA BÍBLICA
1Tessalonicenses 4:1

17 MAIO

Que a minha vida seja para agradar a Deus

Viver para agradar a Deus envolve muito mais do que simplesmente cumprir os mandamentos; trata-se de um desejo sincero de honrar a Deus com nossas ações, palavras e nossos pensamentos. Isso significa buscar a vontade do Pai em todas as áreas da nossa vida, esforçando-nos para refletir o caráter dele em tudo o que fazemos.

Para viver de forma que agrade a Deus, precisamos estudar as Escrituras, manter uma vida de oração e ter comunhão com nossos irmãos em Cristo. Ao aplicar os ensinamentos bíblicos e buscar orientação em oração, começamos a compreender melhor como podemos viver de maneira que agrade ao Senhor. Isso também significa fazer escolhas difíceis às vezes, renunciando a desejos e hábitos que não estão alinhados com a vontade de Deus.

Amar ao próximo, agir com justiça, mostrar compaixão e ser um reflexo do amor de Deus no mundo são algumas das ações que podemos praticar para agradar a Deus com nossa vida. Nosso maior desejo deve ser o de agradar a Deus em tudo o que fazemos, pensamos, falamos ou até mesmo vemos.

Minhas anotações

Ore comigo

"Pai, orienta-me para viver de uma maneira que te agrade. Ajuda-me a compreender a tua vontade e a aplicá-la em minha vida diária. Que cada escolha que eu faça, cada palavra que eu fale e cada ação que eu realize sejam um reflexo do meu desejo de honrar tua grandiosidade. Em nome de Jesus. Amém."

18 MAIO

LEITURA BÍBLICA
Provérbios 16:32

Gerenciando minhas emoções

Lidar com as emoções de forma equilibrada e sábia é uma habilidade valiosa. A capacidade de controlar nossas emoções, em vez de sermos controlados por elas, é um sinal de maturidade. Esse controle implica compreendê-las, gerenciá-las e expressá-las de maneira saudável e construtiva. Reconhecer nossas emoções e lidar adequadamente com elas nos permite responder às situações da vida com discernimento e graça em vez de reagir impulsivamente ou de forma prejudicial.

Gerenciar nossas emoções envolve, primeiramente, a consciência de que todas têm um propósito e um lugar. A raiva, a tristeza, a alegria e o medo, por exemplo, são respostas humanas naturais às experiências da vida. O desafio é não permitir que elas dominem nossas ações de maneira negativa. Isso requer autoconhecimento, paciência e, frequentemente, a busca de sabedoria na oração e na Palavra de Deus.

Além disso, lidar com as emoções de forma eficaz tem um impacto positivo em nosso testemunho como cristãos. Quando respondemos a situações com calma, refletimos o caráter de Cristo e promovemos a paz e a compreensão. Isso não apenas melhora nossos relacionamentos no dia a dia, mas também oferece um testemunho poderoso da transformação que Deus opera em nossa vida. Busquemos, pois, a sabedoria e a força de Deus para gerenciar nossas emoções, para viver de maneira equilibrada e mostrar o amor de Cristo em todas as nossas ações.

Ore comigo

"Maravilhoso Deus, concede-me sabedoria para entender e gerenciar minhas emoções de forma saudável e construtiva. Em nome de Jesus. Amém."

Minhas anotações

LEITURA BÍBLICA
Atos 2:1-4

19 MAIO

Cheios do Espírito Santo

O Dia de Pentecoste é um dos eventos mais significativos na história do cristianismo, marcando o cumprimento da promessa de Jesus de enviar o Espírito Santo aos seus seguidores. Esse marco simboliza o início da igreja e a expansão da mensagem do evangelho além das fronteiras étnicas e culturais. Ele demonstra o poder do Espírito Santo em unir pessoas de diferentes origens, capacitando-as para servir e testemunhar com ousadia.

Com o Espírito Santo habitando em nós, temos um conselheiro constante, um guia e um fortalecedor em nossa caminhada de fé. O Espírito nos capacita com dons espirituais, nos ajuda em nossa comunicação com Deus e nos transforma à imagem de Cristo.

Assim como o Espírito Santo capacitou aquelas pessoas a falar em outras línguas que todos pudessem entender (cf. Atos 2:7-8), somos chamados a compartilhar o evangelho de maneira que seja relevante e acessível a todas as pessoas, independentemente de sua cultura ou origem. Isso nos desafia a olhar além do que está apenas ao nosso redor e alcançar o mundo com a mensagem de esperança e salvação em Jesus Cristo.

Minhas anotações

Ore comigo

"Amado Deus, eu desejo ser sempre cheio do Espírito Santo. Capacita-me a servir, a testemunhar e a amar ao meu próximo. Ajuda-me a levar a mensagem do evangelho a todos os cantos do mundo. Em nome de Jesus. Amém."

LEITURA BÍBLICA
Mateus 6:30-32

O Deus que provê

O Senhor conhece todas as nossas necessidades e está comprometido em cuidar de nós. Jesus ensinou que, assim como Deus cuida da natureza — das flores do campo e das aves do céu —, certamente cuidará de nós. Esse ensinamento nos encoraja a confiar na provisão de Deus, mesmo quando não vemos uma solução imediata para nossas preocupações e necessidades.

Confiar no Deus que provê nos libera para viver o presente com alegria e paz, sem nos sobrecarregarmos com preocupações excessivas sobre nossas necessidades materiais. Isso nos incentiva a buscar primeiramente o Reino de Deus e a sua justiça, confiando que todas as outras coisas necessárias nos serão acrescentadas.

Compreender que o nosso Pai é o Deus da providência nos leva a uma maior dependência dele e a uma intimidade com ele. Ao reconhecermos nossa incapacidade de controlar todas as situações da vida, aprendemos a depender mais do Senhor e a buscar sua orientação em todas as decisões. Isso fortalece nossa fé e nos molda em pessoas mais humildes e agradecidas. Lembremo-nos sempre do cuidado constante de Deus e vivamos com a confiança de que de nada teremos falta.

Ore comigo

"Bondoso Pai, obrigado por seres o Deus que provê a todas as minhas necessidades. Ajuda-me a confiar em teu cuidado e provisão. Liberta-me das minhas ansiedades e que eu busque primeiro a tua vontade, confiando que cuidarás de todas as outras coisas. Em nome de Jesus. Amém."

LEITURA BÍBLICA
Salmos 145:1

21 MAIO

Glorificando a Deus com a minha vida

Glorificar a Deus com a nossa vida não se limita apenas aos momentos de adoração ou às atividades que realizamos na igreja, mas permeia todos os aspectos do nosso viver diário. Isso significa refletir a natureza e o amor do Senhor em nossas ações, palavras e nossos pensamentos.

Viver para glorificar a Deus envolve cultivar virtudes como amor, paciência, bondade, humildade e integridade. Significa também utilizar nossos talentos, habilidades e recursos para servir aos outros e promover o bem comum, reconhecendo que tudo o que temos é um presente do nosso Pai. Com isso, demonstramos a beleza e a verdade do evangelho, influenciando positivamente aqueles ao nosso redor.

Além disso, glorificar a Deus com nossa vida é também reconhecê-lo e agradecer a ele por suas bênçãos e provisão. É ter um coração grato, que o louva em todas as situações, seja na abundância, seja na escassez. Isso nos lembra de nossa dependência dele. Que cada dia seja uma oportunidade de glorificarmos a Deus, vivendo de acordo com seus preceitos, para mostrar ao mundo a maravilhosa graça que recebemos.

Minhas anotações

Ore comigo

"Senhor, que minha vida seja um reflexo da tua glória. Que minhas palavras, ações e atitudes revelem teu amor e tua verdade. Dá-me um coração grato e um espírito disposto a servir, para que em tudo eu possa glorificar o teu nome. Em nome de Jesus. Amém."

LEITURA BÍBLICA
Eclesiastes 3:5

O abraço cura

Abraçar, um gesto tão simples, carrega um significado profundo e uma importância especial na vida de todas as pessoas. Na Bíblia, somos lembrados de que há um tempo para todo propósito debaixo do céu, até mesmo um tempo para abraçar.

O abraço é um ato de amor, cuidado e conexão. É uma forma de expressar afeto, oferecer conforto e compartilhar alegria. Em momentos de tristeza, um abraço pode ser uma fonte de consolo e força. Em tempos de felicidade, é uma maneira de celebrar e compartilhar a alegria com os outros.

Em um mundo cada vez mais digital e às vezes distante, abraçar serve como um lembrete da necessidade de contato físico e conexão emocional. Abraçar alguém demonstra um reconhecimento de sua presença e de seu valor e estabelece uma conexão que palavras, por vezes, não conseguem expressar. Além disso, abraçar pode ser uma forma de cura e renovação, ajudando a aliviar o estresse e a promover sentimentos de bem-estar e segurança.

Assim como Deus nos abraça com seu amor incondicional e sua graça, somos chamados a estender esse mesmo amor aos outros. Devemos valorizar o abraço e praticar esse gesto como uma expressão de amor e cuidado em nosso dia a dia.

Ore comigo

"Senhor Deus, ajuda-me a ser generoso em expressar amor e cuidado por meio do meu abraço e a reconhecer os momentos que os outros precisam desse gesto de amor. Que cada abraço que eu dê reflita teu amor e tua compaixão. Em nome de Jesus. Amém."

Minhas anotações

LEITURA BÍBLICA
2Coríntios 4:8

23 MAIO

Vencendo o desânimo

Você já esteve desanimado? Em nosso dia a dia, é muito comum chegar o momento em que o desânimo bate à nossa porta. Principalmente em momentos de dificuldade, é natural sentir-se abatido ou desencorajado.

No entanto, a Bíblia nos ensina que, mesmo nos momentos que nos sentimos pressionados por todos os lados, não estamos destruídos ou abandonados. Essa promessa nos oferece uma fonte de força e esperança, lembrando-nos de que, apesar das circunstâncias desafiadoras, temos um Deus que está conosco, nos sustentando e nos fortalecendo.

Superar o desânimo requer entender que, embora enfrentemos dificuldades, não estamos sozinhos em nossa luta. Deus nos oferece sua presença constante como fonte de consolo e força. Além disso, vencer o desânimo envolve a prática da gratidão e do louvor. Mesmo nos momentos de maiores problemas, podemos encontrar razões para agradecer e louvar a Deus. Esse ato de fé nos ajuda a elevar nossa visão além das circunstâncias atuais e a lembrar das muitas maneiras pelas quais Deus já trabalhou em nossa vida.

Que possamos confiar em Deus para ultrapassar os momentos de desânimo, mantendo nossa fé e esperança firmes. Lembremo-nos de que nele encontramos a verdadeira força e o real consolo.

Minhas anotações

Ore comigo

"Amado Pai, em tempos de desânimo, ajuda-me a manter minha fé e esperança em ti. Fortalece-me com a tua presença e guia-me com a tua sabedoria. Em nome de Jesus. Amém."

24 MAIO

LEITURA BÍBLICA
João 8:32

A verdade que liberta

As Escrituras nos ensinam que, se conhecermos a verdade, seremos libertos. Para isso, é necessária a profunda e pessoal compreensão da realidade de Deus, de seus ensinamentos e da salvação em Cristo. Conhecer a verdade é entender quem é Deus, o que ele fez por nós por meio de Jesus Cristo, e como isso transforma nossa maneira de viver. Essa verdade nos liberta das ilusões, das mentiras e dos enganos que muitas vezes nos aprisionam.

A verdade também nos liberta do peso do pecado e da culpa. Por meio do conhecimento de Cristo e da aceitação de seu sacrifício por nós, somos libertos da condenação e recebemos a promessa de uma nova vida. Além disso, essa verdade nos capacita a enfrentar desafios e incertezas com confiança e esperança, sabendo que estamos firmados em algo real e imutável.

Como cristãos, somos chamados a ser portadores da verdade, compartilhando o amor e a salvação de Cristo com aqueles ao nosso redor. Ao fazer isso, não apenas cumprimos nossa missão como discípulos de Cristo, mas também ajudamos outros a encontrar a mesma liberdade e esperança que temos em Deus. Aprofundemo-nos, pois, constantemente no conhecimento da verdade de Deus, para que essa verdade nos liberte em todos os aspectos de nossa vida.

Minhas anotações

Ore comigo

"Pai de amor, ajuda-me a entender profundamente a tua verdade e a viver de acordo com ela. Que eu possa compartilhá-la, levando liberdade e esperança aonde quer que eu vá. Em nome de Jesus. Amém."

LEITURA BÍBLICA
Salmos 147:3

25 MAIO

O Deus que cura

Deus é descrito como aquele que cura o coração quebrantado e trata das suas feridas, mostrando sua compaixão e cuidado para com seus filhos. Essa cura pode se manifestar de várias formas — física, emocional, espiritual — e, muitas vezes, vai além do que podemos compreender ou explicar. Confiar no Deus que cura significa reconhecer seu poder e sua soberania, mesmo quando a cura não vem da forma ou no tempo que esperamos.

Buscar a Deus implica abrir nosso coração e nossa vida para seu toque restaurador. Envolve trazer nossas dores, nossos medos e nossas feridas diante dele em oração, confiando que ele nos conhece profundamente e se preocupa com nosso bem-estar. Ao mesmo tempo, confiar no Deus que cura também significa aceitar que seus caminhos e seu tempo são perfeitos, mesmo que não se alinhem com nossas expectativas.

Além disso, a cura realizada em nós muitas vezes nos capacita a ser instrumentos de Deus na vida do nosso próximo. Por meio de nossas próprias experiências de cura e restauração, podemos oferecer empatia, esperança e apoio àqueles que estão enfrentando lutas semelhantes. Nosso Pai é o Deus que sara todas as feridas e traz vida. Devemos, sem hesitar, confiar nele para que haja cura e restauração em todas as áreas da nossa vida.

Minhas anotações

Ore comigo

"Senhor, confio em teu poder para tratar de todas as minhas feridas, sejam elas físicas, emocionais ou espirituais. Ajuda-me a confiar em teu amor e cuidado por mim. Em nome de Jesus. Amém."

26 MAIO

LEITURA BÍBLICA
Salmos 94:19

Enfrentando a ansiedade

Ansiedade é um sentimento comum na vida de todo ser humano. Surge, muitas vezes, de preocupações com o futuro, estresse ou desafios da vida cotidiana. No entanto, as Escrituras nos lembram que, mesmo nos momentos de maior inquietação, podemos encontrar consolo e paz em Deus.

Enfrentar a ansiedade de forma eficaz envolve levar nossas preocupações a Deus em oração, confiando que ele ouve e se importa conosco. Esse é um exercício de fé, que nos leva a reconhecer que não temos de carregar nossos fardos sozinhos. Além disso, o encorajamento e a sabedoria encontrados na Palavra são recursos fundamentais para nos fortalecer em tempos de ansiedade, lembrando-nos das promessas de Deus e de sua fidelidade constante.

Além da oração e da meditação nas Escrituras, lidar com a ansiedade também envolve práticas como cuidar da saúde física, buscar apoio de amigos e familiares e, se necessário, procurar ajuda profissional. Reconhecer que a ansiedade pode ser um sinal de que precisamos de descanso, de uma mudança de perspectiva ou de apoio adicional é vital para uma vida saudável. Só o Senhor pode nos proporcionar a paz e a força necessárias para vencer a ansiedade. Confiemos nele!

Minhas anotações

Ore comigo

"Amado Deus, em meus momentos de ansiedade, ajuda-me a lembrar de buscar refúgio e força em ti. Que eu possa encontrar paz em tua presença e consolo em tua Palavra. Dá-me sabedoria para cuidar de mim mesmo e coragem para buscar apoio quando necessário. Em nome de Jesus. Amém."

LEITURA BÍBLICA
Efésios 3:20-21

27 MAIO

O Deus das surpresas

A natureza surpreendente de Deus é uma verdade maravilhosa que permeia as Escrituras e nossa experiência de fé. O Senhor é capaz de fazer infinitamente mais do que pedimos ou pensamos, abrindo possibilidades e caminhos onde parece não haver soluções. Essa verdade nos encoraja a confiar em Deus, mesmo em circunstâncias desafiadoras, sabendo que ele pode transformar situações e realizar feitos incríveis em nossa vida.

Reconhecer que Deus é um Deus de surpresas nos convida a viver com expectativa e fé. Isso significa não nos limitarmos às próprias ideias e aos próprios planos, mas estarmos abertos às maneiras inesperadas que Deus pode escolher para agir. Isso nos leva a orar com ousadia, a sonhar grande e a não desanimar diante dos obstáculos, pois sabemos que estamos nas mãos de um Deus que é todo-poderoso e criativo em seus feitos.

A surpreendente natureza de Deus nos desafia a expandir nossa compreensão de quem ele é e do que pode fazer. Isso nos impulsiona a buscar conhecê-lo mais profundamente e a experimentar sua presença de maneiras novas e transformadoras. Que possamos sempre estar abertos às surpresas de Deus, celebrando sua grandeza e seu poder, e dando-lhe glória por tudo o que faz, que é muito mais do que podemos pedir ou pensar.

Minhas anotações

Ore comigo

"Pai celestial, ajuda-me a confiar em ti para as surpresas que tens preparado para a minha vida. Que eu possa viver com fé e expectativa, rendendo sempre a glória a ti por tua obra maravilhosa em mim e por meio de mim. Em nome de Jesus. Amém."

28 MAIO

LEITURA BÍBLICA
Isaías 43:13

O agir do Senhor por nós

Deus está eternamente comprometido com o bem-estar de seus filhos. Na Bíblia, somos lembrados de que, desde sempre, Deus age de maneira soberana e poderosa, e que ninguém pode desfazer o que ele determina. Isso nos oferece grande conforto, pois sabemos que Deus está trabalhando por nós de maneiras que muitas vezes não conseguimos ver ou compreender; seu agir não é apenas uma resposta aos nossos pedidos, mas uma manifestação contínua de seu amor e fidelidade.

O agir do Senhor em nosso favor muitas vezes ocorre de modo surpreendente e inesperado. Ele pode abrir caminhos que parecem não existir, trazer soluções para problemas insolúveis e oferecer força em meio à fraqueza. Isso nos lembra de que estamos sob os cuidados de um Deus todo-poderoso e sábio. Confiar no agir de Deus requer fé e paciência, pois os planos e o tempo dele são perfeitos, mesmo que não se alinhem com nossas expectativas imediatas.

Cada experiência do agir do Pai em nosso favor é uma oportunidade para compartilhar nossa fé e encorajar outros. Isso nos fortalece e serve como um poderoso testemunho para aqueles que ainda não conhecem Deus. Por isso, sempre devemos ter o coração grato pelo incansável agir de Deus em favor de nós.

Minhas anotações

Ore comigo

"Senhor, obrigado por tuas inúmeras formas de agir em meu favor. Ajuda-me a confiar em teu poder e em tua soberania, mesmo quando não entendo os teus caminhos. Em nome de Jesus. Amém."

LEITURA BÍBLICA
Efésios 6:18

Uma vida de oração

A oração é o meio essencial de comunicação e comunhão com Deus. Por meio dela, nos conectamos com o Pai de maneira íntima e pessoal, expressando nossos pensamentos, sentimentos, gratidão e pedidos. Orar constantemente não significa apenas falar sem cessar, mas manter o coração e a mente abertos à presença de Deus em todos os momentos. Uma vida de oração diária demonstra nossa dependência de Deus, nossa confiança em seu cuidado e nossa disposição para ouvir sua voz.

A prática regular da oração fortalece nossa fé e nos ajuda a crescer espiritualmente. Ela nos permite colocar nossas preocupações, nossos medos e desejos diante do Senhor, confiando que ele nos ouve e responde de acordo com a sua vontade, que é perfeita. Além disso, a oração é uma ferramenta poderosa em tempos de tentação, desafio e luta, oferecendo-nos força e sabedoria para enfrentar as adversidades.

A oração também é uma forma de interceder pelos outros. Orar pelos familiares, amigos, líderes e até mesmo por desconhecidos e inimigos é um ato de amor e compaixão que reflete quão próximo está o nosso coração de Deus. Necessitamos nos dedicar à prática da oração, enriquecendo nossa relação com o Senhor, demonstrando, assim, nosso amor e cuidado pelos outros.

Ore comigo

"Pai, ajuda-me a cultivar uma vida de oração. Que eu possa buscar-te constantemente, compartilhar meus pensamentos e sentimentos contigo e estar aberto para ouvir a tua voz. Em nome de Jesus. Amém."

Minhas anotações

30 MAIO

LEITURA BÍBLICA
2Tessalonicenses 3:3

Deus é fiel

A fidelidade de Deus significa que ele nunca falha, jamais nos abandona e sempre age de acordo com a sua Palavra e o seu caráter. Essa verdade nos oferece uma base sólida de esperança e segurança, especialmente em momentos de incerteza e mudança, pois o Senhor é consistentemente confiável, mantém suas promessas e está presente em nossa vida, mesmo em meio às circunstâncias mais desafiadoras.

Confiar na fidelidade de Deus nos encoraja a depender dele em todas as situações. Saber que ele é fiel em todas as suas promessas nos dá a coragem de enfrentar desafios e a força para perseverar em meio às dificuldades. Também é uma fonte de consolo, pois sabemos que, mesmo quando somos infiéis ou falhamos, ele permanece fiel e disposto a nos perdoar e restaurar. Em cada passo da nossa caminhada, podemos contar com a fidelidade inabalável de Deus, que nos sustenta, nos guia e nos protege.

Ao reconhecer e experimentar a fidelidade do Pai, somos inspirados a refletir esse atributo em nossa própria vida. Isso significa ser confiável, manter nossas promessas e viver de acordo com os princípios bíblicos em tudo o que fizermos. Que nos lembremos sempre da fidelidade de Deus, permitindo que ela molde nossas ações, fortaleça nossa fé e inspire nosso testemunho perante os outros.

Ore comigo

"Maravilhoso Senhor, sou profundamente grato pela tua fidelidade. Ajuda-me a confiar em ti em todas as circunstâncias, sabendo que tu és fiel e verdadeiro. Em nome de Jesus. Amém."

Minhas anotações

LEITURA BÍBLICA
Romanos 8:26-27

31
MAIO

O amigo intercessor

O Espírito Santo age em nossa vida de diversas maneiras profundamente significativas, mas especialmente em seu papel de intercessor. Em momentos que as palavras nos faltam e as circunstâncias da vida nos sobrecarregam, o Espírito Santo intervém em nosso favor com gemidos inexprimíveis.

Ele entende as profundezas do nosso coração e as complexidades de nossas lutas, intercedendo a Deus com uma compreensão perfeita de nossas necessidades e nossos anseios. E esse é um aspecto fundamental da nossa comunhão com Deus. Ela nos garante que, mesmo quando nos sentimos fracos, confusos ou inseguros, não estamos sozinhos. Isso nos traz conforto e paz, sabendo que nossas orações são ouvidas e respondidas, mesmo quando não sabemos exatamente o que ou como orar.

A presença do Espírito Santo em nossa vida é um lembrete constante do amor e da proximidade de Deus. Além disso, ele nos guia a uma compreensão mais profunda da vontade de Deus e nos capacita a viver de acordo com essa vontade. Isso nos encoraja a confiar mais plenamente no Senhor. Fomos presenteados com o Espírito Santo, de modo que devemos permitir que ele interceda por nós e nos guie em todas as decisões e em todos os caminhos.

Minhas anotações

Ore comigo

"Senhor, eu te agradeço o presente maravilhoso que me deste, que é a presença do teu Espírito Santo. Ajuda-me a descansar na certeza de que ele intercede por mim, especialmente nos momentos que não consigo encontrar as palavras. Em nome de Jesus. Amém."

EMPATIA

Meu planejamento

Meta

Plano

Leitura bíblica do livro

Atividade em família

Refeição especial

Avaliação alimentar

Tempo de qualidade com amigos

Um filme/série

Um livro/podcast

Um médico a agendar

Nota da minha saúde emocional

Atividade física pelo menos três vezes por semana

Participação semanal na comunidade espiritual

Ingestão diária de água

Gestão das finanças pessoais

LEITURA BÍBLICA
Hebreus 8:10

01 JUNHO

É importante guardar os mandamentos

Todo cristão necessita ser guiado pelos mandamentos do Senhor. Esses mandamentos, ou leis, precisam estar enraizados em nosso coração para que vivamos bem e não venhamos a pecar contra Deus. Isso transforma nossa maneira de viver e faz que a obediência flua naturalmente de um coração alinhado com o do Senhor.

Fixar as leis de Deus em nosso coração e em nossa mente envolve um processo contínuo de aprendizado, reflexão e prática. Isso requer um compromisso de estudar as Escrituras, meditar em seus ensinamentos e aplicá-los em nosso dia a dia. À medida que crescemos em nosso entendimento e relacionamento com Deus, seguir seus mandamentos se torna expressão do nosso amor por ele e do desejo de viver de acordo com a vontade dele.

Além disso, manter as leis do Senhor em nosso coração e em nossa mente nos ajuda a enfrentar os desafios e tentações da vida. Quando nossos valores e decisões são fundamentados na verdade eterna, estamos mais preparados para resistir às influências do Inimigo e tomar decisões que honram a Deus. Estejamos, pois, fortalecidos no Senhor para cumprir suas leis.

Minhas anotações

Ore comigo

"Senhor, escreve tuas leis em meu coração e em minha mente. Ajuda-me a meditar em teus ensinamentos e a aplicá-los em minhas ações diárias. Em nome de Jesus. Amém."

02 JUNHO

LEITURA BÍBLICA
Isaías 36:20

Fidelidade inabalável

A fidelidade de Deus, em sua grandiosidade, permanece inabalável diante de qualquer poder humano. Ao longo das passagens bíblicas e nas experiências pessoais, vemos que nenhum poder humano, quer político, quer social, quer militar, pode superar ou invalidar a fidelidade de Deus. Ele permanece fiel aos seus propósitos, às suas promessas e ao seu povo, independentemente das circunstâncias.

Reconhecer a supremacia da fidelidade de Deus sobre toda e qualquer hierarquia humana nos encoraja a confiar nele, mesmo quando enfrentamos oposição ou desafios aparentemente insuperáveis. Isso nos lembra de que nossa esperança não está em líderes, instituições ou em nossa própria força, mas no Senhor dos senhores, cujo poder e propósitos vão além do entendimento humano.

A fidelidade de Deus é uma fonte de conforto e segurança, pois sabemos que ele está no controle e que seu plano para nossa vida e para o mundo é soberano e perfeito. Além disso, essa fidelidade nos concede a fé e a coragem para permanecermos firmes em nossos princípios e convicções. Que possamos sempre nos lembrar da fidelidade inabalável de Deus e viver com a confiança de que ele é supremo sobre todos os poderes humanos.

Minhas anotações

Ore comigo

"Pai celestial, sou grato pela tua fidelidade, que supera qualquer poder humano. Ajuda-me a confiar em teus planos e em tua força. Que eu possa descansar na certeza de que estás no controle e que és fiel em todo o tempo. Em nome de Jesus. Amém."

LEITURA BÍBLICA
Isaías 61:1

03 JUNHO

A unção de Jesus

Jesus veio ao mundo para trazer boas-novas aos pobres, conforto aos quebrantados de coração e libertação aos cativos. Essa missão reflete o coração compassivo de Deus e seu desejo de restaurar a humanidade, trazendo esperança e cura a um mundo quebrado.

A missão de Jesus destacou-se por abordar as necessidades mais profundas do ser humano. Ele veio para libertar as pessoas não apenas de suas aflições físicas, mas também das cadeias espirituais e emocionais que as aprisionavam. A mensagem que pregava e os milagres que realizava demonstravam o poder de Deus e sua proximidade com os oprimidos e os esquecidos pela sociedade.

Somos chamados a seguir os passos de Cristo, levando a mensagem de esperança e libertação aonde quer que formos. Isso implica sermos agentes de mudança, promovendo a justiça, oferecendo conforto aos aflitos e compartilhando o amor transformador de Deus. A missão de Jesus continua por intermédio de cada pessoa que escolhe viver segundo seu exemplo, ungida pelo mesmo Espírito Santo que o guiou.

Minhas anotações

Ore comigo

"Deus soberano, ajuda-me a entender a tua missão e participar dela, seguindo teu exemplo de amor, compaixão e justiça. Que eu seja um instrumento de tua graça e um portador das boas-novas para aqueles que não as conhecem. Em nome de Jesus. Amém."

LEITURA BÍBLICA
Jó 38:31

A criação de Deus

A complexidade e a majestade do Universo são testemunhos de que ele não é uma obra do acaso, mas sim uma criação intencional e cuidadosa do Criador. A Bíblia nos ilustra a profundidade e o alcance do poder criativo de Deus, descrevendo como todas as coisas foram estabelecidas. Isso enfatiza um Deus criador que, com sabedoria e poder, formou cada aspecto do Universo, desde as estrelas distantes até os detalhes da vida na terra.

Ao contemplarmos a vastidão do espaço, a complexidade da vida e a precisão das leis da natureza, somos levados a reconhecer a mão do Senhor. Isso também nos dá uma perspectiva humilde de nosso lugar no Universo, como parte de uma criação maior, cuidadosamente projetada e sustentada pela vontade e pelo poder de Deus.

Além disso, temos a responsabilidade de preservar e proteger o meio ambiente e todas as formas de vida. Essa compreensão nos encoraja a viver de maneira que honre a Deus, respeitando as leis naturais que ele estabeleceu e contribuindo para o bem-estar do Planeta e de seus habitantes. Louvemos a maravilhosa criação de Deus como forma de adorá-lo.

Minhas anotações

Ore comigo

"Deus criador, ajuda-me a reconhecer tua mão em cada parte da criação. Que eu possa sempre me lembrar de tua soberania e sabedoria como o Criador de todas as coisas. Em nome de Jesus. Amém."

LEITURA BÍBLICA
João 17:22-23

05 JUNHO

Preservando a unidade

A unidade entre os cristãos é um reflexo dos ensinamentos de Jesus a respeito da união. Ao vivermos em unidade, demonstramos ao mundo o amor de Deus e a realidade do evangelho, fortalecendo a mensagem de salvação e de reconciliação.

Preservar a unidade requer esforço e dedicação. Envolve a prática do amor, da paciência, da tolerância e do perdão nas relações interpessoais. Significa também buscar a compreensão mútua e valorizar a diversidade dentro do corpo de Cristo, reconhecendo que cada membro tem um papel único e importante a desempenhar.

Ao priorizarmos a unidade, somos chamados a colocar o bem-estar dos nossos irmãos em Cristo acima de nossos interesses pessoais ou opiniões, esforçando-nos para manter a paz e o amor.

Além disso, manter a unidade é um testemunho poderoso para o mundo. Ela demonstra a capacidade do evangelho de transcender diferenças culturais, sociais e raciais, unindo as pessoas em um propósito e amor comuns. Estejamos, pois, unidos em Cristo, para que ajudemos nossos irmãos a serem fortalecidos na fé. Assim, refletiremos a graça de Jesus que há em nós.

Minhas anotações

Ore comigo

"Senhor, ajuda-me a praticar o amor, a paciência e o perdão com os meus irmãos em Cristo. Que nossa unidade como cristãos seja um testemunho do teu amor e da tua verdade para o mundo. Em nome de Jesus. Amém."

06 JUNHO

LEITURA BÍBLICA
João 7:16

Os mandamentos são a voz da palavra

Jesus, em seu ministério, esclareceu que seus ensinamentos eram a própria revelação da vontade de Deus. Os mandamentos ensinados pelo Senhor são um guia para uma vida que agrada a Deus, proporcionando diretrizes claras para o amor, a justiça e a santidade.

Os mandamentos de Jesus abrangem muito mais do que regras; eles expressam o coração e o caráter de Deus. Cristo nos chama a amar a Deus acima de tudo e a amar ao próximo como a nós mesmos, revelando a essência do que significa viver uma vida centrada no Senhor.

Seguir os mandamentos que Jesus nos deixou é viver de acordo com os valores do Reino de Deus, buscando a justiça, a misericórdia e a humildade em nosso dia a dia. Além disso, esses ensinamentos são fundamentais para o entendimento da revelação do Eterno. Eles nos ajudam a compreender melhor o plano de Deus para a humanidade e o propósito de nossa vida.

Ao estudar e aplicar esses mandamentos, somos transformados e moldados mais à imagem de Cristo. Isso não apenas enriquece nossa vida espiritual, mas também impacta positivamente o mundo ao nosso redor, à medida que vivemos e compartilhamos a Palavra de Deus por meio de nossas ações e palavras.

Minhas anotações

Ore comigo

"Senhor, ajuda-me a viver segundo os mandamentos de Cristo. Dá-me entendimento para seguir teus ensinamentos com dedicação e fé. Guia-me no caminho da verdade e da vida eterna. Em nome de Jesus. Amém."

LEITURA BÍBLICA
João 7:38

07 JUNHO

Fonte abundante

A busca por uma vida abundante é um anseio comum, mas alcançá-la requer uma compreensão da verdadeira fonte dessa abundância. Nas Escrituras, Jesus revela que a vida em sua plenitude é encontrada por meio dele, que é a fonte de água viva. Isso aponta para a necessidade de buscarmos em Deus o sustento, a satisfação e a direção para nossa vida.

Ao contrário das fontes temporárias e limitadas que o mundo oferece, Jesus promete uma fonte que nunca se esgota, capaz de saciar nossa sede mais profunda e de nos proporcionar uma vida verdadeiramente abundante e significativa.

Viver uma vida abundante, portanto, implica se conectar e se alimentar da água viva que é Jesus. Isso envolve cultivar um relacionamento profundo com ele, mediante a oração, o estudo das Escrituras e a comunhão com nossos irmãos em Cristo. Pois a verdadeira abundância não se mede por bens materiais ou realizações terrenas, mas pela riqueza de conhecer e experimentar Deus diariamente.

Viver dessa fonte abundante nos capacita a ser uma bênção para os outros. Isso significa que somos instrumentos de amor, paz e esperança em um mundo muitas vezes marcado pela escassez e pelo desespero. Que possamos buscar continuamente em Jesus, a fonte de água viva, a vida plena e abundante, e que essa abundância transborde em tudo o que fizermos.

Minhas anotações

Ore comigo

"Deus maravilhoso, tu és a fonte de vida abundante. Ajuda-me a buscar em ti tudo o que preciso para uma vida plena e significativa. Em nome de Jesus. Amém."

08 JUNHO

LEITURA BÍBLICA
Lucas 17:5

Fortaleça a sua fé

Na Bíblia, vemos que até mesmo os discípulos de Jesus, confrontados com os desafios de seguir e compreender seus ensinamentos, pediram ao Senhor para fortalecer sua fé. Isso reflete uma compreensão humilde de que a fé é um dom que cresce e se fortalece com a ajuda e a graça de Deus.

Pedir ao Senhor para aumentar nossa fé é reconhecer nossa dependência dele. O fortalecimento da fé implica confiar plenamente no Eterno, especialmente em circunstâncias incertas. Isso significa acreditar que ele está no controle, que seus planos são bons e que ele é fiel em cumprir tudo o que prometeu.

Uma fé crescente nos capacita a enfrentar desafios com coragem, a servir aos outros com amor e a testemunhar com ousadia o poder transformador do evangelho. Além disso, ao pedir a Deus pelo fortalecimento da fé, abrimos espaço em nossa vida para que ele trabalhe de maneira poderosa e transformadora.

Uma fé maior nos leva a experimentar mais profundamente a presença e o poder de Deus, a ver as respostas às nossas orações e a testemunhar os milagres em nossa vida e na vida dos outros. Busquemos, portanto, Deus para o fortalecimento de nossa fé, sabendo que ele é o autor e consumador de nossa fé.

Minhas anotações

Ore comigo

"Deus fiel, fortalece minha fé para que eu possa enfrentar desafios com coragem e viver de maneira que honre e glorifique o teu nome. Em nome de Jesus. Amém."

LEITURA BÍBLICA
Provérbios 27:23

09 JUNHO

O cuidado e o compromisso com as ovelhas

O conceito de um pastoreio excelente trata-se de um cuidado atento e dedicado às ovelhas. Esse tipo de pastoreio representa uma liderança que está profundamente enraizada no amor, na responsabilidade e na compreensão das necessidades daqueles que são guiados. É um modelo que enfatiza a importância de conhecer bem as pessoas e cuidar delas, quer em um contexto de liderança espiritual, quer familiar.

A excelência no pastoreio envolve estar ciente das condições e do bem-estar das pessoas. Significa dedicar tempo para entender suas lutas, celebrar suas conquistas e orientá-las em tempos de incerteza. O objetivo é guiar de forma que encoraje o crescimento pessoal, a maturidade e o fortalecimento da fé. Assim, o pastoreio não é apenas uma tarefa, mas um compromisso de coração para com as pessoas.

Ser um pastor excelente, seja na igreja, seja na família, reflete o próprio coração de Deus, o Bom Pastor, que cuida de seu rebanho com amor incondicional e sabedoria infinita. É um lembrete para aqueles em posição de liderança de buscar constantemente a orientação e o exemplo de Deus para desempenhar seu papel. Assim, que possamos aprender com o Senhor a como exercer um pastoreio excelente em nossos lares ou em nossas igrejas.

Minhas anotações

Ore comigo

"Senhor, guia-me para ser um pastor excelente, alguém que cuida atentamente e com amor daqueles sob minha liderança, seja em minha casa, seja em minha igreja. Que eu possa seguir o teu exemplo em tudo o que fizer. Em nome de Jesus. Amém."

10 JUNHO

LEITURA BÍBLICA
Lucas 9:1

Jesus: a fonte de autoridade

Jesus, ao longo de seu ministério, demonstrou uma autoridade derivada de sua natureza divina e de seu relacionamento único com Deus Pai. Ele ensinou com tamanha autoridade que surpreendeu aqueles que o ouviram; curou os enfermos, expulsou demônios e até perdoou pecados, evidenciando que sua autoridade vinha do Deus todo-poderoso.

Reconhecer Jesus como a fonte de autoridade espiritual significa entender que ele é o mediador entre Deus e a humanidade, o revelador da verdade e o executor da vontade de Deus. Por meio do sacrifício na cruz, ele conquistou o poder sobre o pecado e a morte, oferecendo salvação e vida eterna a todos que nele creem.

Essa autoridade espiritual também se manifesta em nossa vida por meio do Espírito Santo, que nos capacita a viver de acordo com os ensinamentos de Cristo, a enfrentar desafios com fé e perseverança e a servir da melhor forma no Reino de Deus.

Reconhecer Jesus como nossa única fonte de autoridade espiritual implica submeter nossa vida e nossas decisões à liderança e aos ensinamentos dele. Significa buscá-lo em oração, estudar as Escrituras e viver de uma maneira que reflita amor, justiça e verdade. Confiemos, portanto, na autoridade suprema de Jesus, pois ele é nosso guia, nosso Salvador, e, ao seguirmos seus passos, chegaremos à vida eterna.

Minhas anotações

Ore comigo

"Deus todo-poderoso, ajuda-me a viver sob a tua liderança, a aprender de teus ensinamentos e a refletir teu amor em minha vida. Que eu possa servir fielmente em teu Reino. Em nome de Jesus. Amém."

LEITURA BÍBLICA
Malaquias 2:10

11 JUNHO

Aliança com Deus gera fidelidade

Estabelecer uma aliança com o Senhor gera um relacionamento profundo e comprometido. Essa aliança não somente nos liga a Deus, mas também estabelece uma fidelidade e responsabilidade mútua entre nós, nossos irmãos em Cristo e Deus. Isso é um reflexo do amor e da lealdade que Deus demonstra para conosco.

Viver fielmente em aliança com Deus e com nossos irmãos implica uma série de atitudes práticas. Significa tratar uns aos outros com amor, respeito e integridade, seguindo os princípios de justiça, misericórdia e compaixão que o Senhor estabeleceu. Envolve também apoiar uns aos outros em tempos de necessidade e encorajar mutuamente o crescimento espiritual.

Ao fazermos uma aliança com o Senhor, somos transformados para viver de acordo com a vontade dele, o que reflete em nossa maneira de viver e interagir com os outros. Por meio do nosso compromisso e cuidado com o próximo, refletimos o amor e a fidelidade de Deus, atraindo mais pessoas para o Reino. Você decide fazer essa aliança hoje?

Minhas anotações

Ore comigo

"Pai, ajuda-me a refletir tua fidelidade e a viver com amor, integridade e compromisso. Que a minha vida seja um testemunho do teu amor e da tua graça. Em nome de Jesus. Amém."

12 JUNHO

LEITURA BÍBLICA
Efésios 5:25-27

Jesus e sua noiva

A relação entre Cristo e a igreja reflete um compromisso de amor, sacrifício e cuidado por parte de Cristo, que deu sua vida pela igreja, para santificá-la e purificá-la. Assim como um noivo ama e valoriza sua noiva, Cristo ama e valoriza a igreja, desejando que ela seja santa e sem mancha, gloriosa em sua relação com ele.

A analogia do noivo e da noiva também revela a natureza da igreja como amada e valorizada por Cristo. A igreja não é apenas uma instituição ou uma reunião de pessoas; é um corpo coletivo que está em um relacionamento com Jesus. Esse relacionamento é caracterizado por uma troca recíproca de amor e fidelidade, na qual a igreja responde ao amor de Cristo com devoção e compromisso.

A relação entre Cristo e a igreja, como noivo e noiva, é um lembrete da esperança futura que aguarda a igreja — o grande casamento celestial em que a igreja será unida para sempre com Cristo em perfeita comunhão. Esse evento futuro incentiva-nos a viver de maneira digna, buscando a santidade, o amor e o serviço enquanto aguardamos o retorno de Cristo. Que possamos, como igreja, nos esforçar para sermos a noiva que Cristo deseja, amando-o, honrando-o e servindo-o em tudo o que fazemos.

Minhas anotações

Ore comigo

"Deus de amor, ajuda-me, como parte da tua noiva, a responder ao teu amor com fidelidade. Que eu viva de maneira que honre e glorifique o teu nome, enquanto aguardo com alegria a volta de Cristo. Em nome de Jesus. Amém."

LEITURA BÍBLICA
Marcos 6:31

13 JUNHO

O valor do descanso

A necessidade de descanso para evitar o esgotamento é um tema importante que também encontramos na Bíblia. Jesus, em seu ministério, reconheceu a importância do descanso após períodos de intensa atividade e ensino. Isso nos faz compreender que, para manter a saúde física, mental e espiritual, períodos de repouso são essenciais.

O descanso não é apenas uma pausa física, mas também um tempo de renovação espiritual e emocional, o que permite que recuperemos nossa força e clareza para continuar nossas tarefas e ministérios com vigor e dedicação. Praticar o descanso regularmente é uma forma de cuidado próprio e de obediência aos ensinamentos de Cristo.

Descansar envolve não apenas dormir, mas também atividades que ajudam o nosso corpo e a nossa mente, como passar tempo na natureza, meditar nas Escrituras ou simplesmente fazer uma leitura leve de algum livro, ouvir um louvor, orar, ou simplesmente estar em silêncio.

Com isso, evitamos o esgotamento, que pode prejudicar nossa capacidade de servir eficazmente a Deus e aos outros, e até mesmo atrapalhar nossas atividades do cotidiano. O esgotamento muitas vezes resulta de um ritmo em que negligenciamos nosso bem-estar em nome de metas e responsabilidades. Contudo, necessitamos nos manter saudáveis e prontos para as tarefas que Deus coloca diante de nós.

Minhas anotações

Ore comigo

"Senhor, dá-me sabedoria para encontrar um equilíbrio entre trabalho e repouso. Que meu tempo de descanso seja uma oportunidade para estar mais conectado a ti. Em nome de Jesus. Amém."

LEITURA BÍBLICA
Salmos 19:1

A glória de Deus

A grandeza de Deus é vivamente revelada na majestade de sua criação. Ao contemplarmos o Universo, somos lembrados da imensidão, bondade, amor, fidelidade, justiça e glória de Deus. Cada aspecto da criação reflete o caráter e os atributos do Eterno.

Na vastidão do Universo, vemos a grandeza do Senhor; sua bondade na beleza da natureza; seu amor no cuidado com todas as criaturas; sua fidelidade na ordem e precisão do Universo; sua justiça na harmonia da criação; e sua glória no esplendor de tudo o que fez e faz.

Essa reflexão sobre a glória de Deus nos leva a uma maior compreensão de quem ele é e de como devemos nos relacionar com ele. A grandiosidade do Senhor nos inspira reverência, adoração, gratidão, confiança, firmeza na fé e celebração.

Além disso, reconhecer a grandeza e a glória de Deus nos traz a responsabilidade de preservar e proteger toda a criação. Essa é uma forma de expressar nosso amor e reverência por Deus e um reflexo de nossa compreensão de seu caráter e vontade. Glorifiquemos ao Pai com nossa vida, pois ele é merecedor. Ele é o Rei dos reis e o Senhor dos senhores.

Ore comigo

"Senhor, ajuda-me a viver constantemente em tua presença e a refletir teus atributos de bondade, amor, fidelidade e justiça. Em nome de Jesus. Amém."

LEITURA BÍBLICA
Mateus 20:28

15 JUNHO

Jesus: o modelo supremo de serviço

Jesus Cristo estabeleceu o padrão mais elevado de serviço, demonstrando por meio de sua vida e ministério como verdadeiramente servir aos outros. Seu exemplo vai além do simples ato de ajudar; ele transmitiu a verdadeira essência do serviço altruísta e compassivo.

Em vez de buscar posição ou reconhecimento, Jesus escolheu servir, pondo as necessidades dos outros acima das suas próprias e mostrando um amor profundo e sacrificial. Sua abordagem ao serviço não era apenas uma ação, mas um reflexo de seu caráter e missão, revelando o amor de Deus para com a humanidade.

O serviço de Jesus foi marcado por humildade e sacrifício. Ele acolheu os pecadores, andou com os excluídos e curou os enfermos. Isso nos mostra que verdadeira grandeza é encontrada no serviço humilde e na disposição de colocar os outros em primeiro lugar.

Como cristãos, somos chamados a adotar essa mesma atitude de humildade e sacrifício. Esse chamado não se limita a grandes atos, mas se manifesta nas ações cotidianas de amor, gentileza e assistência ao próximo. Que possamos ser inspirados pelo exemplo de Jesus para viver uma vida de serviço, refletindo seu amor e sua compaixão.

Minhas anotações

Ore comigo

"Pai, ajuda-me a seguir os passos de Jesus, servindo aos outros com humildade e amor. Ensina-me a encontrar a verdadeira grandeza no ato de servir. Em nome de Jesus. Amém."

16 JUNHO

LEITURA BÍBLICA
Hebreus 11:1

Fé que muda realidades

A fé, conforme descrita nas Escrituras, é uma força poderosa que tem a capacidade de transformar realidades. Ela é a certeza do que esperamos e a prova do que não vemos, um princípio fundamental que nos move a acreditar e agir além das limitações do tangível e do imediato.

Fé é uma convicção profunda baseada na verdade de Deus e em suas promessas. Ela nos capacita a ver além das circunstâncias atuais, confiando que Deus pode e vai intervir de maneiras que muitas vezes não podemos prever ou compreender.

Por meio da fé, ao longo da história, pessoas têm experimentado milagres, superado obstáculos e realizado feitos extraordinários. Por ela somos movidos a orar fervorosamente, a trabalhar incansavelmente por justiça e a viver de maneira que honre a Deus, mesmo diante de desafios e incertezas.

Além disso, a fé nos encoraja a manter a esperança e a perseverar, mesmo quando as circunstâncias parecem desfavoráveis ou impossíveis. Isso nos lembra constantemente de que nossa realidade não é moldada apenas pelo que vemos ou experimentamos no momento, mas também pela verdade eterna e pelo poder de Deus. Cultivemos, portanto, uma fé fortificada no Senhor, a fim de que ele nos capacite a viver de maneira transformadora e a influenciar o mundo ao nosso redor.

Ore comigo

"Senhor, fortalece minha fé para que eu possa ver além das minhas circunstâncias atuais e confiar em teu poder de mudar realidades. Em nome de Jesus. Amém."

Minhas anotações

LEITURA BÍBLICA
Provérbios 9:12

17 JUNHO

Caminho para as bênçãos

As decisões e escolhas que fazemos têm um impacto significativo em nossa vida. A compreensão e a aplicação da sabedoria de Deus em nossas decisões diárias nos guiam para caminhos de vida e prosperidade. Essa sabedoria não se baseia apenas no conhecimento humano ou na lógica, mas em uma compreensão profunda dos princípios e valores de Deus.

Quando nossas escolhas refletem o caráter de Deus — sua justiça, seu amor, sua misericórdia —, elas tendem a gerar resultados que abençoam não apenas a nós mesmos, mas também aos que nos cercam.

Fazer escolhas que geram bênçãos envolve buscar a direção de Deus em oração, meditar em sua Palavra e ouvir a orientação do Espírito Santo. Isso significa avaliar nossas decisões à luz da Bíblia e considerar seus efeitos a longo prazo em nossa vida e na vida dos outros.

Escolhas sábias têm um impacto positivo em nossa formação de caráter e no nosso crescimento espiritual. Elas nos ensinam a confiar mais em Deus, a desenvolver disciplina, a praticar a gratidão e a crescer em maturidade. Que possamos buscar constantemente a sabedoria de Deus em nossas decisões, abrindo caminho para uma vida abençoada e gratificante.

Minhas anotações

Ore comigo

"Pai celestial, guia-me na sabedoria para fazer escolhas que trazem bênçãos. Ajuda-me a considerar não apenas meus próprios interesses, mas também o bem-estar dos outros. Em nome de Jesus. Amém."

18 JUNHO

LEITURA BÍBLICA
Filipenses 4:4

Alegre-se no Senhor

A alegria no Senhor transcende as circunstâncias. Essa alegria é diferenciada de todas as demais possíveis, pois não está baseada em acontecimentos momentâneos ou em condições materiais, mas brota de um reconhecimento da presença constante de Deus em nossa vida, da sua fidelidade e do seu amor infinito.

Cultivar a alegria no Senhor requer um coração grato e uma mente focada nas verdades eternas de Deus. Isso envolve nos lembrarmos constantemente das bênçãos que o Senhor nos prepara, das promessas cumpridas e da esperança que temos em Cristo. Essa perspectiva nos permite enfrentar dificuldades e incertezas com uma atitude positiva e confiante, sabendo que nossa alegria não depende das circunstâncias, mas da nossa relação inabalável com Deus. A alegria no Senhor nos fortalece, nos inspira e nos capacita a enfrentar cada dia com esperança e resiliência.

Ao nos alegrarmos em Deus, influenciamos todos os que estão ao nosso redor. É uma forma de testemunho que não depende apenas de palavras, mas que é expressa por meio de uma vida vivida na plenitude da alegria que vem de Deus. Alegremo-nos no Senhor todos os dias!

Minhas anotações

Ore comigo

"Senhor, ensina-me a encontrar alegria verdadeira e duradoura em ti. Que eu possa me alegrar em tua presença, independentemente das circunstâncias ao meu redor. Ajuda-me a cultivar um coração grato e uma mente focada em ti. Em nome de Jesus. Amém."

LEITURA BÍBLICA
Apocalipse 21:4

19
JUNHO

Encontre consolo no luto

O luto é uma experiência marcada por profundas emoções. Nas Escrituras, encontramos uma promessa de conforto profundo para aqueles que estão de luto. Esse consolo não elimina a dor da perda, mas fornece uma perspectiva de esperança e restauração, lembrando-nos da presença amorosa e compassiva de Deus, mesmo nos momentos mais difíceis.

No processo do luto, é importante reconhecer e aceitar os sentimentos de tristeza, raiva ou confusão. O luto é um processo individual, que requer tempo e espaço para a cura. Durante esse tempo, é fundamental buscar apoio de amigos, familiares e, se necessário, de profissionais de saúde mental. Além disso, apegar-se às promessas de Deus, buscar consolo na oração e na comunhão com nossos irmãos em Cristo e refletir sobre a Palavra pode trazer alívio e perspectiva em meio à dor.

Além de buscar conforto pessoal, é essencial oferecer apoio àqueles que estão de luto. Isso pode ser feito por meio da presença, de se dispor a ouvir sem julgar, de oferecer palavras de conforto e encorajamento e de demonstrar amor e cuidado prático. Em Deus, encontramos consolo e força para superar o momento de luto.

Minhas anotações

Ore comigo

"Eterno Deus, ajuda-me a compreender minha dor e tristeza, sustentando-me com tua presença amorosa, em momentos difíceis como o luto. Concede-me força para enfrentar cada dia e sabedoria para oferecer apoio àqueles que também estão de luto. Em nome de Jesus. Amém."

20 JUNHO

LEITURA BÍBLICA
Provérbios 20:4

Como vencer o inverno espiritual

O inverno na vida de um cristão pode ser entendido como um período de desafios, dificuldades ou aparente estagnação espiritual. Assim como o inverno na natureza é caracterizado pelo frio e pela escassez, na vida espiritual são momentos em que a fé pode ser testada.

No entanto, assim como a Bíblia nos ensina sobre a importância de trabalhar diligentemente, independentemente da estação, o inverno pode ser um período de preparação e fortalecimento.

Para vencer a estação fria e incerta, é fundamental manter a fé e a confiança em Deus. Esse é um tempo para aprofundar nossas raízes na fé, buscar a Deus em oração, meditar na Palavra e ter comunhão com nossos irmãos. O período de inverno é também um convite para a refletirmos, considerando áreas de nossa vida que podem precisar de arrependimento ou renovação.

O inverno nos ensina a depender mais profundamente de Deus e a encontrar alegria e satisfação em sua presença. Ao enfrentar e superar períodos desafiadores, crescemos em maturidade espiritual e nos preparamos para as próximas estações de crescimento e frutificação. Devemos encarar os invernos da vida com fé e determinação, pois sabemos que após ele, chega a primavera, trazendo renovação e novas possibilidades.

Minhas anotações

Ore comigo

"Senhor, ajuda-me a manter minha fé firme, a crescer em tua Palavra e a encontrar alegria em tua presença. Que o inverno da vida não atrapalhe o meu crescimento perante ti. Em nome de Jesus. Amém."

LEITURA BÍBLICA
Mateus 21:21

21 JUNHO

O poder extraordinário da fé

Fé é uma confiança profunda e inabalável nas promessas e no poder de Deus. Ela não se limita a aceitar o que é fácil de acreditar, mas se estende a confiar em Deus nas situações mais desafiadoras, crendo que ele pode fazer o impossível.

Cultivar uma fé extraordinária requer um relacionamento íntimo com o Senhor e um conhecimento profundo de sua Palavra. Envolve meditar nas Escrituras, orar com persistência e abrir o coração para a orientação do Espírito Santo. A fé extraordinária é frequentemente forjada em momentos de dificuldade, em que a única opção é confiar plenamente em Deus.

Ela nos permite ver além das circunstâncias atuais e agarrar-se à esperança e à verdade de Deus, mesmo quando a realidade ao nosso redor parece contradizê-las. Essa fé nos capacita a agir com coragem e convicção, servindo a Deus e aos outros com ousadia e amor.

A fé que move montanhas demonstra que, com Deus, todas as coisas são possíveis e que não há situação tão desesperadora ou desafio tão grande que esteja além do seu alcance. Que possamos nos esforçar para desenvolver uma fé extraordinária, vivendo de maneira que reflita o poder transformador e a esperança que encontramos em Cristo.

Minhas anotações

Ore comigo

"Senhor, fortalece minha fé para que seja extraordinária e inabalável. Que eu possa confiar em ti completamente, mesmo quando estiver diante das dificuldades. Em nome de Jesus. Amém."

22 JUNHO

LEITURA BÍBLICA
Atos 9:15

Instrumento de poder nas mãos de Deus

Deus, em sua soberania e poder, escolhe usar pessoas comuns para realizar seus propósitos extraordinários. Cada pessoa, independentemente de seu passado, habilidades ou fraquezas, pode ser usada poderosamente pelo Senhor para impactar o mundo. Assim como Deus transformou e usou homens e mulheres na Bíblia de maneiras inesperadas, ele continua a chamar e capacitar seus seguidores para serem agentes de mudança, amor e verdade em um mundo tão necessitado.

Ser um instrumento nas mãos de Deus requer disposição e abertura para ser usado por ele. Isso significa submeter nossa vontade, nossos planos e nossos recursos à sua liderança e direção. Envolve ouvir atentamente a voz do Espírito Santo, estar disposto a dar passos de fé fora de nossa zona de conforto e estar preparado para agir em obediência quando Deus chama.

Quando nos rendemos ao Senhor, ele nos capacita com seu poder, nos dá sabedoria e nos guia em seus caminhos, permitindo-nos fazer parte de sua obra redentora no mundo. À medida que Deus trabalha em nós e por meio de nós, crescemos em nosso relacionamento com ele e refletimos mais claramente seu caráter. Que possamos abraçar com humildade e coragem o chamado de sermos instrumentos de Deus, confiando que ele nos usará de maneira poderosa para a sua glória.

Minhas anotações

Ore comigo

"Pai, torna-me um instrumento do teu poder e amor. Capacita-me com o teu Espírito, guia-me com a tua sabedoria e usa minha vida para impactar o mundo ao meu redor. Em nome de Jesus. Amém."

LEITURA BÍBLICA
Deuteronômio 10:17-18

23 JUNHO

O cuidado de Deus

A constante menção das viúvas nas Escrituras e o cuidado especial de Deus por elas destacam a maneira compassiva e justa de Deus. Nas culturas antigas, e ainda hoje em muitas sociedades, as viúvas podem enfrentar dificuldades significativas em razão da perda de proteção e suporte que vinham do marido.

Deus nos encoraja a refletir sobre seu amor e justiça, cuidando das viúvas e de todos os que precisam de ajuda, garantindo que suas necessidades sejam atendidas. Isso pode envolver oferecimento de apoio emocional, assistência prática e defesa dos seus direitos e dignidade. Ao cuidar das pessoas que necessitam de auxílio, vivenciamos os princípios do evangelho, demonstrando amor ao próximo e participando ativamente da missão de trazer esperança e restauração a um mundo quebrado.

Nosso pai, que conhece todas as coisas, vê as lutas e ouve os clamores de todos, e sua justiça e misericórdia estão sempre presentes. A Bíblia cita muitos exemplos do cuidado do Senhor pelas viúvas, e esses exemplos demonstram o grande amor e a preocupação que o Pai tem por todos os que estão dispostos a confiar em sua justiça e compaixão.

Busquemos inspiração no Senhor todos os dias para nos tornarmos compassivos e cuidadosos com todos que estiverem ao nosso redor, demonstrando, assim, o amor do Pai.

Minhas anotações

Ore comigo

"Senhor, obrigado pelo teu cuidado constante. Ajuda-me a refletir o teu amor e a tua compaixão, sendo um suporte para aqueles que estão em situações de vulnerabilidade. Em nome de Jesus. Amém."

24 JUNHO

LEITURA BÍBLICA
Salmos 139:1-4

Deus vê, Deus ouve, Deus conhece

A onisciência de Deus, um dos atributos mais profundos do Pai, reflete sua capacidade de ver, ouvir e conhecer tudo. Essa verdade, expressa nas Escrituras, revela que o Senhor está intimamente ciente de todos os aspectos de sua criação. Ele conhece nossos pensamentos mais íntimos, nossas emoções mais profundas, nossas palavras antes mesmo de chegarem à nossa boca e cada detalhe da nossa vida.

Saber que Deus nos conhece completamente e ainda assim nos ama incondicionalmente é uma fonte de grande paz e esperança. Isso significa que não estamos sozinhos em nossas lutas, dúvidas ou dores. Deus está ciente de tudo o que enfrentamos e sempre presente para oferecer orientação, força e consolo, o que também nos encoraja a viver com integridade e honestidade, reconhecendo que nossas ações e nossos pensamentos estão sempre diante dele.

Além disso, a onisciência de Deus nos desafia a confiar nele completamente. Ele conhece nosso passado, presente e futuro e tem planos para nosso bem-estar e crescimento. Confiar em sua sabedoria e conhecimento significa entregar nossas preocupações, planos e sonhos nas mãos dele, pois ele sabe o que é melhor para nós. Aprendamos a confiar no Deus que tudo vê, tudo ouve e tudo conhece.

Minhas anotações

Ore comigo

"Deus onisciente, tu conheces cada parte de mim e ainda assim me amas. Ajuda-me a confiar na tua sabedoria e guia-me em tudo. Em nome de Jesus. Amém."

LEITURA BÍBLICA
Miqueias 6.8

25 JUNHO

O que Deus pede de nós

O que Deus pede de nós é um chamado à simplicidade e profundidade na nossa caminhada de fé. Ele deseja que tenhamos um coração comprometido com a justiça, o amor e a humildade.

Viver em justiça significa agir com retidão e integridade, buscando o bem e a justiça para todos. Amar misericordiosamente envolve demonstrar compaixão e amor incondicional, especialmente para com os que mais necessitam de ajuda. Andar em humildade é reconhecer nossa total dependência do Pai e submeter nossa vontade à dele.

Isso implica uma vida de oração e adoração, em que buscamos a orientação de Deus e nos esforçamos para viver de acordo com os seus ensinamentos. A humildade diante de Deus também se manifesta no reconhecimento de nossas falhas e na busca constante pelo crescimento espiritual.

Quando buscamos a justiça, amamos misericordiosamente e andamos humildemente com Deus, participamos ativamente da grande obra dele na terra, trazendo esperança e cura aos que não conhecem o Salvador. Abracemos o chamado do Pai de todo o nosso coração, realizando tudo o que ele nos pede. Assim, seremos transformados diariamente e levaremos a transformação a todos os que nos cercam.

Minhas anotações

Ore comigo

"Senhor, ajuda-me a entender e a viver de acordo com o que tu pedes: agir com justiça, amar misericordiosamente e andar humildemente contigo. Dá-me a sabedoria e a força para viver de maneira que honre e glorifique o teu nome. Em nome de Jesus. Amém."

26 JUNHO

LEITURA BÍBLICA
Deuteronômio 6:4

É Jesus o seu Senhor?

Jesus Cristo não foi apenas um mestre ou um líder entre muitos. Ele, como Filho de Deus, que veio à terra para nos trazer salvação, é o único digno de adoração e obediência completa. Reconhecê-lo como nosso único Senhor significa aceitar sua autoridade suprema em todas as áreas da nossa vida, submetendo-nos aos seus ensinamentos e exemplo.

Isso implica uma entrega total de confiança na sabedoria e direção de Cristo, o que envolve priorizar sua vontade acima das nossas próprias vontades, desejos e planos e buscar orientação constante por meio da oração e do estudo das Escrituras. Reconhecer Jesus como nosso Senhor também nos leva a viver de acordo com os valores do Reino de Deus, praticando o amor, a justiça e a misericórdia, bem como testemunhando seu amor e graça para o mundo ao nosso redor.

Além disso, ter Jesus como nosso único Senhor nos coloca em um relacionamento íntimo com Deus, no qual encontramos nossa verdadeira identidade e propósito em Cristo. Ao descobrir para que estamos neste mundo, temos a chance de fazer a diferença na vida das pessoas que nos cercam. Assim, trabalhamos como agentes de transformação e esperança em um mundo que precisa ser transformado. Você pode afirmar hoje que Jesus é o único Senhor da sua vida?

Ore comigo

"Pai bondoso, ajuda-me a buscar a tua vontade em tudo o que faço e a reconhecer que Cristo é o único Senhor da minha vida. Em nome de Jesus. Amém."

Minhas anotações

LEITURA BÍBLICA
Atos 1:8

27 JUNHO

Agindo no poder do Espírito

Agir no poder do Espírito é um aspecto que marca uma transformação profunda em como vivemos e servimos. Isso envolve uma dependência ativa do Espírito Santo, ao reconhecer que ele é a fonte de nossa força, sabedoria e capacidade para cumprir a missão que Deus nos confiou.

Quando agimos sob a influência do Espírito Santo, não nos baseamos em nossas habilidades ou em nosso entendimento, mas confiamos na sua orientação e no seu poder sobrenatural para guiar nossas palavras, decisões e ações.

Por meio do Espírito Santo, somos capacitados a ser testemunhas eficazes de Cristo, permitindo-nos compartilhar o evangelho com ousadia e clareza. Ele nos dá a coragem de falar a verdade em amor, de enfrentar desafios e adversidades, e de permanecer firmes em nossa fé, mesmo em circunstâncias difíceis. Além disso, o Espírito Santo nos equipa com dons espirituais que nos permitem servir a Deus e à igreja de maneira única e poderosa.

Agir no poder do Espírito significa estar atento à sua voz, pois, muitas vezes, somos conduzidos a orar de maneiras específicas e a servir a Deus de modo particular. Viver no poder do Espírito é uma jornada contínua de crescimento, aprendizado e total confiança na condução e capacitação do Senhor.

Minhas anotações

Ore comigo

"Deus Pai, dá-me sensibilidade para ouvir a voz Espírito Santo. Ajuda-me a ser um instrumento do teu amor e poder, servindo fielmente segundo a tua direção. Em nome de Jesus. Amém."

28 JUNHO

LEITURA BÍBLICA
1Pedro 5:10

Restauração espiritual

A restauração e a renovação espiritual são temas que refletem a promessa de Deus de fortalecer e restaurar seus filhos. Essa promessa é um lembrete de que, apesar dos desafios e do sofrimento que podemos enfrentar, Deus está trabalhando ativamente para nos trazer para um lugar de maior força e maturidade espiritual. A restauração vinda do Senhor nos leva a uma compreensão mais profunda de sua graça, amor e propósito para nossa vida.

A renovação espiritual, que acompanha a restauração, é um processo pelo qual o nosso coração e a nossa mente são realinhados com os princípios e valores do Reino de Deus. Essa renovação é, muitas vezes, resultado de um tempo de reflexão, oração e dedicação ao Senhor, em que buscamos a presença e orientação dele de maneira intencional. Por meio disso, somos fortalecidos em nossa fé e inspirados a viver de maneira que honre a Deus.

Experimentar o renovo e a restauração em nossa vida nos dá a oportunidade de testemunhar o poder transformador de Deus. Essas experiências nos ensinam a depender mais do Pai, a valorizar a comunhão com ele e com nossos irmãos em Cristo, e a reconhecer a preciosidade de sua Palavra e de suas promessas. Devemos permitir que o Senhor transforme nossa vida com renovo e restauração, para que façamos a sua vontade e vivamos o melhor dele na terra.

Ore comigo

"Senhor Deus, clamo por tua restauração e renovação em minha vida espiritual. Ajuda-me a confiar em ti e a buscar a tua presença para fortalecimento e crescimento. Em nome de Jesus. Amém."

Minhas anotações

LEITURA BÍBLICA
1Samuel 22:1-5

29 JUNHO

Da caverna para o palácio

A história de Davi na caverna de Adulão, um momento de intensa incerteza e questionamento do futuro rei de Israel, ressoa profundamente com as dúvidas que muitos de nós enfrentamos sobre o que Deus reserva para nossa vida. Assim como Davi, que se encontrava em um período de fuga e incerteza, frequentemente nos vemos em situações em que o caminho à frente é obscuro, e nossos sonhos e promessas parecem distantes.

A experiência de Davi nos ensina sobre a importância de confiar em Deus mesmo quando não entendemos seus planos. Davi, ungido para ser rei, refugiou-se em uma caverna, fugindo para salvar sua vida, o que deve ter parecido uma grande divergência do futuro prometido por Deus. Da mesma forma, podemos nos encontrar em situações que parecem contrárias às promessas ou aos planos que acreditamos que Deus tem para nós. No entanto, esses momentos de incerteza são oportunidades para aprofundar nossa fé e dependência do Senhor.

Em nossas próprias "cavernas", podemos descobrir força e desenvolver resiliência. Esses momentos desafiadores podem nos preparar para os planos que Deus tem para nós, moldando nosso caráter e afinando nossos propósitos.

Minhas anotações

Ore comigo

"Senhor, ajuda-me a confiar em teus planos e propósitos para minha vida. Guia-me segundo a tua vontade. Não permitas que as dúvidas ceguem os meus olhos da certeza de que tu estás no controle de tudo. Em nome de Jesus. Amém."

30 JUNHO

LEITURA BÍBLICA
1Samuel 2:27-30

Honra *versus* desprezo

A diferença entre honra e desprezo revela uma profunda verdade sobre a relação de Deus com seu povo e as consequências de nossas ações. A honra ao Senhor vai além do respeito; é uma questão de coração, refletindo-se em obediência, reverência e num compromisso profundo com os seus caminhos. Por outro lado, o desprezo pelas coisas de Deus, seja pela desobediência, seja pela negligência ou desrespeito, pode levar a consequências graves, afetando nosso relacionamento com o Pai.

Honrar a Deus significa dar a ele o lugar que ele merece em nossa vida, reconhecendo sua soberania, seus mandamentos e seu amor. Isso se reflete em como vivemos, como tratamos as pessoas e como servimos em nosso ministério. Quando honramos a Deus, há uma promessa de bênção e favor; ele se compromete a honrar aqueles que o honram, como expressão do seu justo e amoroso caráter. No entanto, desprezar a Deus, ignorando seus princípios e orientações, resulta no afastamento de sua presença.

Tudo isso nos ensina sobre a importância da integridade, da fidelidade e do respeito em nossas relações, pois como tratamos os outros é, muitas vezes, um reflexo de nossa relação com Deus. Que possamos seguir o princípio da honra a Deus em todas as áreas de nossa vida, fugindo do desprezo e da desonra, para, assim, colhermos as bênçãos de uma vida de contentamento.

Ore comigo

"Senhor Deus, ajuda-me a honrar-te em todos os aspectos da minha vida. Guarda meu coração do desprezo e da negligência. Em nome de Jesus. Amém."

Minhas anotações

O meio do caminho

Carlos Drummond de Andrade escreveu um poema que começa assim:

> No meio do caminho tinha uma pedra
> tinha uma pedra no meio do caminho

Chegamos ao meio do caminho do ano. Considero que, nesse lugar, há sempre uma pedra: as metas que estabelecemos e chegamos a imaginar que já é tarde demais para iniciá-las, mas não é verdade. Na vida como um todo, não é tarde para começar a concretizar os sonhos que Deus plantou em seu coração. Você já tem tudo de que precisa para começar.

Nos dois blocos abaixo, escreva as pedras que estão no seu caminho — planos, sonhos, desejos —, porque foram ali abandonados por você. Anote a meta e escreva um plano para começar a colocá-la em prática nos próximos dias.

1

2

JULHO

Meu planejamento

Meta

Plano

Leitura bíblica do livro

Atividade em família

Refeição especial

Avaliação alimentar

Tempo de qualidade com amigos

Um filme/série

Um livro/*podcast*

Um médico a agendar

Nota da minha saúde emocional

Atividade física pelo menos três vezes por semana

Participação semanal na comunidade espiritual

Ingestão diária de água

Gestão das finanças pessoais

LEITURA BÍBLICA
Jeremias 29:13-14

01 JULHO

De todo o coração

Uma preciosa lição que as Escrituras nos trazem é que Deus é acessível. Ele não está distante daqueles que o buscam. Não é necessário fazer rituais ou cerimônias, apenas procurar por ele de todo o coração. Para ter um relacionamento com o Senhor, somente precisamos buscar a presença dele.

Como em qualquer outro relacionamento, a intimidade, a confiança e o afeto se desenvolvem por meio da convivência, do diálogo e do tempo. Quanto mais buscamos a presença de Deus, maior o nosso acesso a ela. Quanto mais conversamos com o Senhor, mais ele conversa conosco. Quanto mais confiamos em Deus, mais fácil se torna depender dele.

Toda a Bíblia nos mostra que Deus deseja ter intimidade com o seu povo. Ele sempre se relacionou com o seu povo, tanto direta quanto indiretamente, por meio de anjos, profetas e sacerdotes. Hoje, não precisamos mais de nenhum intermediário para falar com ele, pois Jesus, o Sumo Sacerdote, nos concedeu livre acesso ao Pai pelo seu sacrifício na cruz.

Para desfrutar das maravilhas da presença do Senhor, você precisa desenvolver um relacionamento cada vez mais íntimo e profundo com ele, se esforçar para conhecer o coração dele e permanecer em sua vontade. Portanto, se você deseja mais de Deus, busque-o de todo o coração.

Ore comigo

"Graças te dou, Pai amado, pois és um Deus amoroso, acessível e relacional. Eu desejo conhecer-te mais e mais. Quero ouvir a tua voz e conhecer o teu coração. Revela-te a mim. Em nome de Jesus Cristo. Amém."

Minhas anotações

02 JULHO

LEITURA BÍBLICA
Marcos 11:23

O poder das palavras

A comunicação é importante desde a criação do Universo. Aquilo que é comunicado, porém, é ainda mais importante. Jesus ensina que, para além da comunicação, as palavras, quando atreladas à fé no poder de Deus, têm autoridade. Mesmo um monte, forte e inabalável, pode ser movido pela fé.

Muitas vezes, as montanhas ao nosso redor, os impedimentos e obstáculos, nos desanimam. Essas situações parecem, para nós, intransponíveis. No entanto, Jesus nos ensina a confiar em Deus mesmo diante dos montes. As montanhas entre nós e nossos sonhos e desejos não podem roubar a nossa esperança e a nossa confiança no Senhor.

Jesus mostra que o tamanho do nosso problema não importará quando confiarmos em Deus, pois, firmados nele, não seremos abalados. As nossas palavras, se desprovidas de fé, são apenas discursos vazios. Contudo, quando as proferimos com a fé de que o Senhor tem poder para transformar os cenários mais adversos, elas têm poder e autoridade.

Muitos tentam mover montanhas pela própria força, por meio de outros recursos e ferramentas, com a ajuda de outras pessoas, todavia elas se movem pela palavra de fé. Deus tem o poder para mudar a nossa realidade e o ambiente em que vivemos, pois não há montanha alguma maior do que o poder da fé.

Ore comigo

"Deus poderoso, fortalece-me segundo a tua Palavra. O meu desejo é confiar em ti cada vez mais, Senhor, pois tu és o Deus que tudo pode. Que as minhas palavras sejam edificantes e vivificantes. Amém."

Minhas anotações

LEITURA BÍBLICA
Lucas 18:7-8

03 JULHO

Orar sem desanimar

Você já pensou em desistir? Se você responder "Não", talvez não seja verdade. Todos já desanimamos e, por isso, pensamos em desistir em algum momento difícil. Quanto mais longo o período de dificuldades, mais a esperança se esvai. No início, as pessoas têm força, mas, quando o problema se torna mais intenso e duradouro, desistem.

Principalmente quando a resposta demora, pensamos em desistir. Depois de muito bater à porta e insistir, o desânimo assola o nosso coração. Entretanto, Jesus, por meio de uma parábola, ensina que não há recompensa para as pessoas que desistem. Há, porém, um grande contraste entre o juiz da parábola e o Deus a quem oramos.

Uma viúva apresenta suas súplicas a um juiz e, depois de muita insistência, ele a atende. Esse juiz era injusto, relutante em ouvir e indiferente às necessidades da mulher. Ele apenas a atendeu para que ela não mais o aborrecesse. Todavia, Deus é justo, tem prazer em nos ouvir, se importa profundamente conosco e responde com alegria às nossas orações.

O Senhor sempre responde no tempo certo; ele não tarda. Talvez pensemos que ele está demorando, mas precisamos nos lembrar de que o perfeito Juiz não nos deixará desamparados. Temos de continuar clamando e pedindo, pela fé no nosso bom Deus, que, por seu amor, nos ajuda e socorre.

Ore comigo

"Deus, sei que tu és bom, justo e amoroso. Ajuda-me a entender que tu não tardas. Que, nos períodos de espera, o meu coração seja lapidado por ti. Fortalece-me, para que eu não desista. Amém."

Minhas anotações

04 JULHO

LEITURA BÍBLICA
1João 5:10-12

Onde você vai passar a eternidade?

A vitória sobre o mundo é uma promessa para todas as novas criaturas em Cristo Jesus. Pelo poder da fé, os que creem em Jesus vencem o mundo (cf. 1João 5:5). Para vencer o mundo, tudo o que nele há e sua influência, o senhor de nossa vida deve ser Jesus Cristo. Nós, que não somos deste mundo, precisamos vencê-lo com os olhos na eternidade; caso contrário, seremos distraídos pelo que existe ao redor.

Quando conhecemos Jesus, recuperamos o senso de eternidade para o qual fomos criados. O pecado nos roubou esse senso, mas Cristo nos devolveu. O nosso alvo deve ser a vida eterna, pois cremos no Filho de Deus, e as Escrituras afirmam que aqueles que têm o Filho têm a vida.

A vida eterna foi dada por Deus por intermédio de Jesus Cristo a todo aquele que nele crê. Cristo veio para nos resgatar, redimir, libertar, purificar, transformar, ensinar, mas também para nos dar a esperança da vida eterna. Somente ele pode nos dar não somente provisão para este tempo, como também garantia da eternidade.

A brevidade da vida, as circunstâncias adversas e as dores deste mundo tiram a nossa esperança. Contudo, se estivermos firmados no senso da eternidade, vamos perseverar na certeza de que este tempo é apenas um prelúdio daquilo que o Senhor tem para nós.

Minhas anotações

Ore comigo

"Graças te dou, Deus amado, por teres enviado o teu precioso Filho a este mundo não somente para me libertar, como também para me dar o incomparável privilégio da vida eterna ao teu lado. Amém."

LEITURA BÍBLICA
Lucas 5:26

05 JULHO

Viva o extraordinário

Durante o tempo em que Jesus esteve na terra, ele realizou sinais e maravilhas que deixavam as pessoas impressionadas com tamanho poder e grandiosidade. Muitos puderam contemplar a manifestação sobrenatural do poder de Cristo e, por isso, diziam ter visto coisas extraordinárias.

Ainda hoje, podemos contemplar o poder extraordinário do Senhor, porém não somente isso. Ele nos permite não apenas ver, como também viver coisas inimagináveis. Quando começamos a caminhar com Jesus, entendemos que ele sempre tem coisas maiores e melhores para fazer em nossa vida, coisas tão grandiosas que vão além de nossa compreensão.

O apóstolo Paulo foi um homem que entendeu isso. Depois de sua conversão, viu e viveu o extraordinário, pelo poder do Espírito, e, ainda assim, se movia em direção a algo ainda maior, o prêmio do chamado celestial (cf. Filipenses 3:14). Paulo entendia que o poder de Deus não é limitado, tampouco se esvai, e ele sabia ter sido criado para viver coisas grandiosas, pois grandioso é quem o criou.

Como Deus fez no passado, continua fazendo. Ainda temos oportunidades para contemplar a manifestação do poder de Cristo, assim como de vivê-la. Ainda somos surpreendidos pelo poder do Senhor, que nos convida a viver, pela fé, o extraordinário.

Ore comigo

"Senhor, graças te dou por minha vida e pela oportunidade de caminhar com o teu Filho, Jesus. Abre os meus olhos espirituais, para que, pela fé, eu possa não somente ver, como também viver o extraordinário. Em nome de Jesus. Amém."

Minhas anotações

06 JULHO

LEITURA BÍBLICA
Naum 1:7

O Senhor é bom

Muitas pessoas têm dificuldade em se relacionar com Deus porque não sabem quem ele é. Uma das melhores formas de conhecer o Senhor, quem ele é, seus atributos e sua vontade para nós, é pela Palavra. Ela apresenta de modo transparente o caráter de Deus, o modo com que ele trabalha na nossa vida, seus planos e desejos. Quando sabemos quem é Deus, torna-se mais fácil nos relacionar com ele profunda e intimamente.

Dentre as muitas virtudes do Senhor, o texto de Naum 1:7 nos traz uma das que devemos gravar em nosso coração e pela qual devemos agradecer, tanto nos momentos de alegria quanto nos momentos de dor. O Senhor é bom. Pode parecer simples, mas há nesse atributo uma verdade imutável e imensurável sobre o Deus a quem servimos. Ele era, é e sempre será bom. Essa é a essência de Deus. Talvez seja a melhor forma de sintetizar o seu caráter. Novamente, o Senhor é bom.

Lembre-se disso nos momentos de angústia, quando você estiver preocupado, desanimado, triste ou com medo. Lembre-se de que ele é bom e, por sua bondade, tem sustentado você em cada um dos seus dias. Também nos tempos de alegria e vitória, recorde-se da bondade do Senhor e da fidelidade dele para com a sua vida. Visto que Deus é bom, dele procede tudo o que é bom, pois toda boa dádiva vem dos céus (cf. Tiago 1:17).

Minhas anotações

Ore comigo

"Senhor, tu és bom e, por isso, te louvo e agradeço. Graças te dou por todas as tuas bênçãos, por poder contemplar a tua bondade e fidelidade todos os dias da minha vida. Que os meus olhos estejam abertos para quem tu verdadeiramente és. Amém."

LEITURA BÍBLICA
Marcos 1:40-42

07
JULHO

O toque transformador da graça

O livro de Marcos é também chamado de "Evangelho do poder". Ele descreve de modo sucinto, direto e intenso a vida de Jesus. Relata os milagres e feitos sobrenaturais de Cristo desde o início, no primeiro capítulo. No entanto, o autor descreve com mais detalhes a cura de um homem leproso que se aproximou de Jesus.

Talvez o episódio da cura do leproso tenha chamado a atenção do autor por se tratar da cura de uma doença tão grave. Tratava-se de uma sentença de morte lenta e sofrida. Esse homem demonstrou grande ousadia ao se aproximar de Cristo e pedir-lhe algo, o que era proibido na época, pois os leprosos eram excluídos do convívio social. Contudo, provavelmente depois de ter ouvido sobre os grandes feitos do Mestre, o homem se encheu de coragem e se aproximou do Senhor Jesus.

Quando nos aproximamos de Cristo, ele se aproxima de nós. De joelhos diante de Jesus, prostrados em rendição e em reconhecimento de sua soberania, encontramos tudo aquilo de que precisamos para ser curados. Com seu poder e graça, ele nos cura e nos liberta da sentença de morte imposta pelo pecado. Quando decidimos ir até ele, mesmo com medos e inseguranças, ele nos recebe cheio de compaixão, estende a mão e nos toca com sua graça transformadora.

Minhas anotações

Ore comigo

"Eu creio, Senhor, que tu és poderoso para curar-me e libertar-me de toda e qualquer doença, seja emocional, seja física, seja espiritual. Nada posso fazer sozinho, mas tu podes todas as coisas, Soberano Senhor. Com tua graça, transforma-me. Amém."

08 JULHO

LEITURA BÍBLICA
Provérbios 20:17

Consequências desastrosas

Todos sabem que, para cada ação, haverá uma reação proporcional. Isso também é verdade com relação à nossa vida espiritual. Em diversos momentos, as Escrituras nos alertam sobre colher o que plantamos. Muitas pessoas agem de modo inconsequente, todavia as consequências chegam para todos.

Quando escolhemos viver segundo a vontade de Deus, precisamos ser intencionais quanto a tudo o que fazemos e falamos. A nossa conduta, os nossos pensamentos e os nossos desejos podem nos aproximar ou afastar do Senhor. Por mais insignificante que uma decisão pareça, ela terá uma consequência em nosso relacionamento com Deus.

Quando agimos e falamos de modo contrário à Palavra e à vontade de Deus para nós, plantamos sementes destrutivas que darão frutos amargos, apodrecidos. O livre-arbítrio é uma dádiva, mas precisamos ter sabedoria para exercê-lo. Escolhas erradas causam consequências desastrosas.

Para evitar as consequências desastrosas, precisamos ter cuidado em tudo o que dizemos e fazemos, bem como levar os pensamentos cativos à obediência a Cristo (cf. 2Coríntios 10:5). A impulsividade não condiz com o estilo de vida dos discípulos de Jesus. Em tudo o que fazemos, devemos glorificar o Senhor, para que os frutos de nossas ações sejam bons.

Ore comigo

"Senhor Deus, eu te agradeço por me ensinares sobre a tua Palavra e por me dares livre acesso a ti. Dá-me discernimento, Senhor, para que cada uma das minhas decisões gere frutos bons. Em nome de Jesus. Amém."

Minhas anotações

LEITURA BÍBLICA
1Timóteo 3:13

09 JULHO

Cuidado dos demais

O serviço deve ser comum na vida de todos os cristãos, seguindo o exemplo de Cristo. Durante todo o seu ministério, Jesus demonstrou como nós, seus discípulos, devemos cuidar uns dos outros e dos assuntos da casa do Senhor com dedicação e excelência. O serviço é o evangelho em ação. A nossa conduta deve ser condizente com o que proclamamos; portanto, se amamos o Senhor, a igreja e as pessoas, temos de servi-los.

Cada cristão recebe um chamado para servir em alguma área específica, conforme a vontade e o propósito de Deus para a sua vida, bem como com relação aos dons que o Senhor lhe concedeu. Os nossos dons, talentos, interesses e aptidões não podem ser desperdiçados. Se queremos agradar a Deus, devemos servi-lo com o que há de melhor em cada um de nós. Não podemos reter o que recebemos do Senhor; pelo contrário, devemos glorificá-lo com tudo o que temos e somos.

Servir é um privilégio. Ao servir com intenções puras e genuínas, em amor, nos aproximamos de Deus e da vontade dele, assim como dos ensinamentos de Cristo. O serviço fortalece o nosso relacionamento com o Senhor e permite que desfrutemos das maravilhas da presença dele e da obra do Reino. Permite, além disso, que o glorifiquemos perante outras pessoas, por meio do bom testemunho que reflete o amor de Jesus.

Minhas anotações

Ore comigo

"Eu te agradeço, Senhor, pela oportunidade de te servir e servir os meus irmãos. Capacita-me para a tua obra e sustenta-me em meio às adversidades. Que o teu nome seja exaltado por meio das minhas ações. Amém."

LEITURA BÍBLICA
Mateus 25:40

Movidos pelo amor

As Escrituras nos ensinam que os dois maiores mandamentos são amar a Deus sobre todas as coisas e amar o próximo como a nós mesmos (cf. Mateus 22:37-39). Em diversos momentos do ministério público de Jesus, ele chamou a atenção para esses dois mandamentos e o modo em que estão interligados.

O amor ao próximo é uma evidência de nosso amor a Deus, ou seja, se amamos ao Senhor, demonstramos isso por meio do amor ao próximo, pois é impossível amar o Criador e odiar alguém (cf. 1João 4:20). Da mesma forma, é impossível verdadeiramente amar alguém sem, antes, conhecer o amor do Senhor, pois a Bíblia afirma que amamos porque ele nos amou primeiro (cf. 1João 4:19).

Para além de palavras, o amor é uma escolha manifestada na prática. As nossas ações devem demonstrar que amamos a Deus e ao próximo. Uma pessoa que não pratica o bem e não age com compaixão não é um verdadeiro discípulo de Cristo, pois não está em concordância com os ensinamentos e o caráter do Mestre.

O Reino de Deus é para aqueles que praticam os mandamentos. Não podemos, como cristãos, ser indiferentes aos necessitados e àqueles que ainda não foram alcançados pela graça. Temos de nos mover pela compaixão e pelo amor. Se verdadeiramente amamos a Deus, o amor pelo próximo será um dos reflexos.

Ore comigo

"Senhor, eu te agradeço pelo teu amor, o qual não mereço. Ensina-me a amar como tu amas e a tratar as pessoas com a mesma bondade e compaixão de Cristo. Em nome de Cristo Jesus. Amém."

Minhas anotações

LEITURA BÍBLICA
1Coríntios 10:1-6

11 JULHO

Sob a nuvem

A história da peregrinação, contada e recontada nas Escrituras, nos revela como Deus tem o poder de tirar um povo da dura escravidão e levá-lo a viver, em sua presença, o extraordinário. Da mesma forma, por meio de Jesus, ele nos libertou da escravidão do pecado e nos conduz a viver coisas grandiosas.

Ao escrever à igreja de Corinto sobre como os israelitas estiveram sob a nuvem, Paulo se referia à presença do Senhor, que estava sobre eles e os conduziu. A nuvem representava tanto a cobertura de Deus quanto a direção dada por ele. A presença de Deus traz sobre nós cuidado e direcionamento.

Devemos andar todos os dias sob a nuvem. A presença de Deus deve nos cobrir e guiar. Quando caminhamos debaixo do cuidado de Deus, somos conduzidos por caminhos seguros, certos, em direção à provisão do Senhor. O mesmo que abriu o mar para a passagem do seu povo abre caminhos sobrenaturais em nossa jornada.

Na presença de Deus, somos batizados e redimidos. Sob a nuvem, há nova vida, um novo futuro à nossa espera. Somente na presença do Senhor podemos ser verdadeiramente livres da escravidão do pecado ou de qualquer outra amarra. Ande sob a nuvem em santidade, obedecendo à voz e à vontade de Deus, coberto por seu cuidado e provisão.

Minhas anotações

Ore comigo

"Ajuda-me, Deus meu, a caminhar em tua presença e a permanecer nela, vivendo em santidade. Que a nuvem da tua presença me guarde e me conduza a desfrutar da liberdade para a qual o Senhor me chamou, em direção às grandiosas coisas que preparaste para mim. Amém."

12 JULHO

LEITURA BÍBLICA
Tiago 1:2-3

O porquê das provações

Com frequência nos perguntamos sobre o porquê das lutas, provações, crises, dificuldades e enfermidades. Felizmente, o Senhor não nos deixa sem respostas. A Bíblia tem as respostas de que precisamos. Ancorados nela, compreendemos que há um propósito em cada situação e estação que vivemos.

As provações, quando não compreendidas, trazem desânimo, dúvidas e até mesmo o impulso de desistir. Contudo, quando nos voltamos para a Palavra e as compreendemos, somos encorajados a perseverar. Deus permite a provação em nossa vida e a usa para um fim maior. A história da igreja nos mostra como as lutas e perseguições sempre estiveram presentes e, por causa delas, a igreja cresceu e se fortaleceu.

As provações têm o propósito de nos aperfeiçoar em Jesus. Elas nos dão uma percepção melhor sobre quem é Deus e o valor da sua Palavra. Por isso, ao passar por provações, temos a oportunidade de amadurecer e desenvolver o nosso relacionamento com o Senhor, por meio de experiências nunca antes vividas em sua presença.

Além disso, as provações também nos permitem glorificar o nome do Senhor e, pela ação do Espírito em nós, ser moldados por seu caráter e segundo sua vontade para a nossa vida. Sabemos que Deus nos dá os recursos de que precisamos para vencer as provações e fazer delas um testemunho, para sua honra e glória.

Minhas anotações

Ore comigo

"Senhor, fortalece-me e ajuda-me a crescer mesmo em meio às provações, firmado na certeza de que há um propósito para elas. Que o teu nome seja glorificado em minha vida e por intermédio dela. Amém."

LEITURA BÍBLICA
Romanos 8:28

Dias melhores

Ficar preso ao passado pode nos paralisar com relação ao futuro. Algumas pessoas, por estarem ligadas a lembranças positivas, pensam que os melhores dias de sua vida já passaram. Outras, pela culpa que carregam, se consideram indignas de viver na expectativa de que dias melhores virão.

Deus sempre deseja que vivamos experiências novas, melhores e mais profundas com ele. Pela revelação da Palavra e pela renovação do Espírito, devemos sempre estar abertos às novas coisas que o Senhor deseja fazer em nossa vida. Dias melhores estão à nossa espera, porque ele tem grandes coisas preparadas para aqueles que o amam.

Devemos ser movidos por um desejo de viver sempre mais na vida espiritual, no ministério em que servimos, no trabalho, em casa, nos projetos pessoais. Não fomos criados para fazer apenas o suficiente, para estar na média. Por isso, não podemos estar satisfeitos com uma vida medíocre; temos de buscar uma vida extraordinária.

Não permita, portanto, que as decepções do passado afastem você do futuro glorioso que Deus tem para a sua vida. Da mesma forma, não fique preso às boas lembranças, pois o Senhor em quem cremos é capaz de fazer infinitamente mais e de fazer você transbordar. Prossiga, na certeza de que, em Deus, sempre teremos a expectativa de dias melhores.

Ore comigo

"Meu Deus, eu te agradeço por todas as tuas bênçãos, por tudo o que fizeste, fazes e ainda hás de fazer. Prepara-me para viver os teus desígnios em plenitude. Em nome de Jesus. Amém."

14 JULHO

LEITURA BÍBLICA
Ezequiel 47:5

Águas profundas

Durante um período, o povo de Israel viveu extasiado com as bênçãos, a glória e o favor do Senhor. Contudo, por não saber manter e preservar a intimidade com Deus, pecou e se afastou da presença do Senhor. Muitas pessoas agem da mesma forma ainda hoje. Elas sentem o fogo da presença arder, porém não alimentam o fogo, para que queime continuamente. Sentem a paixão do primeiro amor, mas não permanecem nele.

A visão do profeta Ezequiel, a quem Deus usou para trazer uma mensagem de vida e esperança, trata, no capítulo 47, das águas do renovo. Toda terra seca e árida precisa de um rio novo. Jesus é o rio de que precisamos. Suas águas fluem em nosso coração (cf. João 7:37-38). A água que flui de Cristo, de modo cada vez mais intenso, traz vida, esperança, libertação, provisão, cura.

No entanto, muitos desejam a água viva, mas não querem molhar nada além dos pés, dos joelhos ou dos lombos. Desejam a abundância do evangelho de Cristo, mas não querem se entregar por completo a Jesus. O desejo de Deus para nós é que mergulhemos nas águas profundas do evangelho, pois, somente quando deixarmos que elas nos envolvam, a transformação será efetiva em nossa vida. Para que a manifestação da presença de Jesus Cristo em nós seja plena, precisamos permitir que ele nos inunde.

Minhas anotações

Ore comigo

"Meu Deus, eu não quero mais caminhar por águas rasas, mas desejo mergulhar em teus rios. Permita-me ser inundado por ti, por tua presença. Flui em mim com abundância. Amém."

LEITURA BÍBLICA
1Tessalonicenses 4:7

15 JULHO

Um chamado à santidade

Algumas pessoas erroneamente pensam que o relacionamento com Deus está limitado apenas à conversão, a confessar Jesus como seu Senhor e Salvador. No entanto, a obra de Cristo também possibilita que sejamos justificados, adotados por Deus, regenerados para uma nova vida e, por fim, santificados.

A santificação é o objetivo do Espírito Santo para todas as pessoas, sem exceções. Ela é uma exigência para aqueles que desejam viver um relacionamento com Deus. Em Hebreus 12:14, o apóstolo Paulo afirma que sem santidade ninguém verá o Senhor. Ou seja, esse processo é tão importante quanto a redenção por meio de Cristo.

Santidade é, muito mais do que um discurso, um estilo de vida que exala o bom perfume de Cristo. Um relacionamento íntimo com o Espírito Santo produz evidências claras em todas as áreas da vida de uma pessoa. Se a atuação do Espírito não é real e evidente em alguém, este não está verdadeiramente com Jesus.

A presença de Jesus Cristo em nossa vida traz consigo a revelação de seu caráter por meio da atuação do Espírito Santo em nós. Em nosso modo de falar, pensar e agir, devemos ser conduzidos pelo Espírito no contínuo processo de santificação. Deus não nos chamou para a impureza, mas para a santidade.

Minhas anotações

Ore comigo

"Senhor Deus, eu te peço perdão por todas as vezes que pequei contra ti por pensamento, fala, ação ou omissão. Que o teu Espírito me conduza diariamente à santidade para a qual me chamaste. Em nome de Jesus. Amém."

16 JULHO

LEITURA BÍBLICA
Josué 1:5

Ninguém pode nos resistir

Tenho descoberto cada dia mais que somos fruto de um processo contínuo. Esse processo é feito de etapas nas quais Deus trabalha em diferentes aspectos de nossa vida. Quando o Senhor nos dá uma promessa, não significa que estamos prontos para viver a plenitude dela no exato momento em que a recebemos.

Entre a palavra da promessa e o cumprimento dela, há um processo no qual Deus precisa nos preparar para viver o que ele nos prometeu. Precisamos olhar para os processos e entender que eles também têm um propósito. Nenhum processo dura para sempre; ele deve ter um fim. Todavia, para que o processo termine, precisamos nos dedicar a aprender o que o Senhor pretende nos ensinar.

No processo, precisamos buscar sabedoria, ser moldados segundo os princípios de Deus e aprender a ter honra, fidelidade, lealdade, constância, determinação. Nesse período, também temos de entender que a promessa do Senhor não tarda; ela certamente se concretizará no tempo perfeito determinado por Deus.

Ainda que a sua realidade seja completamente antagônica à promessa, creia que Deus tem trabalhado. Quando o Senhor vem a nós para anunciar o fim do processo e para cumprir a promessa, ele nos traz uma palavra de ânimo, encorajamento e direção. E, quando o Senhor promete, nada nem ninguém pode nos resistir, pois ele está conosco.

Ore comigo

"Graças te dou, Senhor, por tuas promessas. Capacita-me no processo e ajuda-me a compreender tudo aquilo que tens para me ensinar. Prepara-me, conforme o teu tempo e a tua vontade. Amém."

Minhas anotações

LEITURA BÍBLICA
Marcos 5:34

17 JULHO

Sua fé a curou

Muita gente passa anos sangrando emocionalmente. Feridas não cicatrizadas tendem a piorar cada vez mais, ocasionando outros problemas sérios. Um dos problemas da ferida emocional é que, por ser invisível e silenciosa, torna-se mais difícil buscar ajuda. Ela é, muitas vezes, menosprezada. Pode nos afastar de nossos relacionamentos, impedir o crescimento em diversas áreas e prejudicar a nossa saúde espiritual.

No entanto, assim como Jesus curou aquela mulher que sofria de uma doença havia doze anos, ele ainda realiza milagres em nosso tempo. Precisamos ser inspirados pela ousadia dela para tocar o manto de Jesus, pensando "Basta que eu toque nele". A fé dela não passou despercebida por Cristo, e a nossa também não deve passar. Pela fé que ele pode nos curar, precisamos nos aproximar do Salvador com esperança de viver uma transformação.

Cristo tem poder para curar as dores físicas, emocionais e espirituais. O toque poderoso dele alcança as mais profundas feridas, estanca os sangramentos de nossa alma e transforma a nossa dor em testemunho. Talvez você tenha uma ferida aberta que tenta ignorar há anos ou até mesmo já buscou tratamento para ela. Talvez o seu sangramento tenha se tornado tão insuportável que as demais áreas de sua vida foram prejudicadas. Aproxime-se de Jesus com fé, pois ele pode sarar a sua dor.

Ore comigo

"Senhor, tu conheces o íntimo do meu ser e sabes quais são as feridas que têm me causado dor. Creio que tu podes me curar e transformar por teu poder e tua misericórdia. Restaura-me, em nome de Jesus. Amém."

Minhas anotações

18 JULHO

LEITURA BÍBLICA
Gênesis 37:5

Deus realiza sonhos improváveis

Muitas vezes, não vemos possibilidades de alcançar nossos sonhos diante da realidade em que vivemos. Contudo, o Deus a quem servimos age em nossa vida contra todas as dificuldades. Ele tem poder, como afirma sua Palavra, para fazer infinitamente mais do que pedimos e pensamos (cf. Efésios 3:20).

Quantas vezes pensamos que nossos sonhos são impossíveis ou ouvimos das outras pessoas que estamos vivendo na ilusão. Diante da improbabilidade, sufocamos esses sonhos e tentamos ajustar nossas expectativas à realidade. Todavia, temos de nos lembrar que Deus tem sonhos para nós, e ele os coloca em nosso coração.

Na verdade, não precisamos ajustar nossas expectativas à realidade, mas alinhá-las ao tempo e à vontade de Deus para a nossa vida. Temos de entregar a ele nossos projetos, com a fé de que, ainda que estes não sejam a vontade dele para nós, o Senhor tem coisas ainda melhores. Temos de crer que, quando ele nos promete algo, é fiel para cumprir.

O desejo de Deus para nós é que tenhamos sonhos. E não são sonhos simples, pequenos, mas grandiosos, extraordinários, pois ele é poderoso para cumpri-los e para nos capacitar e preparar para vivê-los. Portanto, não desanime e não desista de sonhar, pois nenhum sonho é improvável para o Senhor.

Minhas anotações

Ore comigo

"Senhor, eu te agradeço por me permitires sonhar. Permite-me sonhar os teus sonhos e contemplar o cumprimento deles, para a tua glória. Que o teu Espírito conduza cada um dos meus passos em direção à tua vontade. Em nome de Cristo Jesus. Amém."

LEITURA BÍBLICA
1Samuel 7:3-4

19 JULHO

Tudo ou nada

É lastimável ver que, mesmo Deus sendo a fonte de toda bênção, de toda boa dádiva, de todo perdão e de tudo que é bom, há pessoas que ainda escolhem viver distantes dele. Quando alguém ou um povo opta por viver em pecado ou não reconhece o senhorio de Deus, a falta da presença do Senhor também implica falta de paz, alegria e justiça.

Para mudar situações como essa, é necessário buscar a manifestação da presença de Deus, que muda realidades. A presença do Senhor não somente transforma o presente, como também muda o passado e projeta um futuro segundo os propósitos de Deus. É maravilhoso saber que temos livre acesso à presença divina por intermédio de Jesus.

O desejo do Senhor é que você escolha se entregar a Cristo por completo, de maneira integral. Ele não quer apenas uma parte do seu coração ou uma área específica de sua vida. Para a plena manifestação da presença de Deus, é necessário escolher seguir seus caminhos, se afastar do pecado e viver segundo o Espírito.

É tudo ou nada. Não adianta escolher viver para Deus sem renunciar o mundo, o pecado e a si mesmo. Deus não divide seu trono com mais ninguém. Portanto, se você deseja viver na presença do Senhor, dê a ele todo o espaço do trono em seu coração. Dê a ele toda a sua vida, sem reservas.

Minhas anotações

Ore comigo

"Perdoa-me, Senhor, pelas vezes que falhei em ser íntegro e fiel a ti. Entrego a minha vida em tuas mãos, em renúncia àquilo que me afasta da tua presença. Toma o teu lugar em minha vida. Amém."

20 JULHO

LEITURA BÍBLICA
Tiago 4:4

Como o ferro afia o ferro

As Escrituras nos aconselham, em diversos momentos, a tomar cuidado com as companhias. Encontramos orientações quanto às associações que devem ser evitadas, pois levam a um caminho que não agrada a Deus. Somos instruídos também quanto aos relacionamentos que devem ser cultivados, pois edificam, abençoam e nos fazem crescer.

Os cristãos precisam ser cuidadosos quanto às pessoas com quem se relacionam. Não podemos ser amigos de Deus se formos amigos do mundo. Por isso, temos de ser sábios ao escolher quem são as pessoas que terão influência sobre nós e intencionais em desenvolver amizades alinhadas à vontade do Senhor para nós.

Devemos ter discernimento para filtrar os conselhos que ouvimos. Os verdadeiros amigos nos repreendem quando necessário, sempre em amor e visando ao nosso bem. As amizades alicerçadas em Cristo almejam o crescimento em todas as áreas. Por isso, escolha ter amigos que fazem você se aproximar do Senhor, não o contrário.

Quando nos associamos a pessoas que caminham em uma direção diferente e vivem conforme outros princípios, corremos o risco de ser influenciados a nos afastar do Senhor. Contudo, um relacionamento cujo alvo é Cristo sempre vai caminhar na mesma direção. Jesus deve ser o fundamento sobre o qual construímos as nossas amizades.

Minhas anotações

Ore comigo

"Graças te dou, meu Deus, pelos amigos fiéis e justos que encontrei nesta caminhada. Dá-me discernimento para escolher as minhas companhias e não ser influenciado por caminhos que não são do teu agrado. Em nome de Jesus. Amém."

LEITURA BÍBLICA
2Timóteo 2:4

21 JULHO

Lutando o bom combate

Por causa do domínio do Império Romano, a figura dos soldados era muito presente no contexto das cartas de Paulo. O apóstolo compara a ocupação à vida cristã. Assim como na carreira militar, a vida do cristão envolve batalhas. Em diversas passagens das Escrituras, somos alertados das lutas que enfrentaremos.

A batalha do cristão é contra as hostes malignas. Ignorar as batalhas espirituais é tolice. Como soldados de Jesus, temos de nos preparar para a guerra e estar sempre atentos ao que acontece ao nosso redor. Um soldado distraído e despreparado está vulnerável aos ataques e, portanto, não é prudente nem sensato.

A responsabilidade do soldado é estar sempre preparado para o combate e para cumprir a função que lhe foi confiada. Um soldado sábio não se deixa levar por assuntos que não lhe pertencem, pois seus olhos estão, em todo o tempo, voltados para a batalha. Como soldados de Cristo Jesus, temos de nos dedicar à realidade espiritual e ser vigilantes.

O apóstolo Paulo também instrui seu filho na fé a se fortalecer na graça. O segredo para uma vida espiritual plena é combinar a graça ao esforço próprio. Para combater o bom combate, precisamos ser fortalecidos na graça de Cristo a fim de nos dedicarmos integralmente ao nosso propósito.

Minhas anotações

Ore comigo

"Senhor Deus, fortalece-me na tua graça e capacita-me a cumprir a minha função segundo a tua vontade. Que os meus olhos estejam sempre atentos, afastados de qualquer distração. Em nome de Jesus. Amém."

22 JULHO

LEITURA BÍBLICA
Salmos 118:24

Como começar o dia

Para começar o dia bem, comece falando com Deus e meditando nas Escrituras. Assim que abrir os olhos, agradeça ao Senhor por mais um dia, pela bondade inigualável que ele tem para com a sua vida. Ainda pela manhã, permita que Deus fale com você por intermédio de sua Palavra e alimente a sua alma com aquilo de que você precisa para se desenvolver e ser fortalecido espiritualmente.

Se você estiver passando por um momento complicado, abra o seu coração e a sua mente para o que Deus tem para lhe ensinar, a fim de que você seja moldado e preparado para viver a boa vontade dele. Renove todos os dias a sua confiança no Senhor, entregando nas mãos dele o seu dia, as suas vontades, os mais profundos desejos do seu coração e as angústias que o têm abalado e desanimado.

Saiba que você não está sozinho nem por um segundo, porque ele o tem acompanhado em cada momento. A promessa de Deus para aqueles que entregaram a ele sua vida é que jamais os abandonará. Portanto, pela fé no Senhor, prossiga. Lembre-se daquele que está com você e o tem tratado com bondade, fidelidade, amor e graça a cada dia da sua vida. Alegre-se, louve, glorifique e dê graças, pois este é o dia que o Senhor fez.

Minhas anotações

Ore comigo

"Santo Deus, graças te dou por mais um dia de vida e pela oportunidade de meditar na tua Palavra, o meu alimento. Entrego em tuas mãos tudo o que tem ocupado o meu coração e a minha mente, pois confio em ti e na tua vontade. Louvado seja o teu nome por tuas incontáveis maravilhas. Amém."

LEITURA BÍBLICA
Salmos 23:1

23 JULHO

Nada me faltará

Muitas nações usam animais como símbolo de algum atributo ou valor pelo qual desejam ser reconhecidas. A Rússia, por exemplo, é representada pelo urso, como emblema de força. Os Estados Unidos, pela águia. Nunca vi, porém, um país simbolizado pela ovelha. Talvez o motivo seja a fragilidade desse animal; elas são dependentes, vulneráveis.

Como pastor de ovelhas, Davi sabia a importância dessa função na vida dos animais. O pastor é quem cuida, alimenta, protege e conduz o rebanho. Na alegoria do salmo 23, somos como ovelhas: frágeis, dependentes, vulneráveis. Precisamos da segurança, proteção, direção e do cuidado que somente o pastor pode nos proporcionar.

O salmista descreve um relacionamento pessoal com Deus. Apesar de o texto ter sido escrito há milhares de anos, o Pastor não mudou. Ele continua cuidando de suas ovelhas de modo que nada lhes falte. Continua protegendo-as e dando-lhes provisão. O segredo é desenvolvermos um relacionamento de confiança com o nosso Pastor.

Ao estabelecer um relacionamento com Deus e nele confiar, entendemos que todos os detalhes de nossa vida estão sob os cuidados de nosso Pastor. Dele vem toda a nossa provisão, tudo de que precisamos. Mesmo diante de nossas limitações e fraquezas, diante do cenário em que estivermos, vale a pena depender do Pastor que tudo provê.

Ore comigo

"Deus, não há nada melhor do que ser cuidado por ti. Graças te dou por teu cuidado e amor. Ajuda-me a confiar em ti e a depender de ti cada vez mais. Em nome de Jesus. Amém."

Minhas anotações

24 JULHO

LEITURA BÍBLICA
Gênesis 26:2

Não há lugar como a presença do Senhor

O que pensar sobre a terra que Deus lhe prometeu quando a fome chega a esse lugar? Isaque viu isso acontecer em sua vida, e nós, por vezes, também vemos. A história de como o Senhor se revelou a ele nessa situação nos ensina muito. A primeira coisa que aprendemos é que o Senhor se manifesta em meio às crises. Ele aparece a nós, mostrando-nos que não estamos sozinhos, porque ele é o Deus Emanuel, Deus conosco.

O Senhor também nos mostra que o Deus da promessa é muito mais importante do que o lugar da promessa. Mais importante do que usufruir das bênçãos é caminhar com o Senhor das bênçãos. Deus fala conosco e nos abençoa mesmo nos momentos de escassez. Ele nos mostra seu favor e sua provisão em cada detalhe de nossa vida. Por isso, precisamos mudar a nossa perspectiva e direcionar o nosso olhar para quem ele é.

A história de Isaque nos ensina que a terra prometida não é mais preciosa do que a presença de Deus. O melhor lugar onde poderíamos estar é diante dele, nele. Então, quando reconhecemos que ele está conosco e ouvimos sua doce voz, ele nos diz que, mesmo no deserto, nos abençoará. Ele tem o poder para transformar o lugar da fome em um lugar de provisão e abundância.

Minhas anotações

Ore comigo

"Senhor Deus, eu te agradeço por tuas bênçãos numerosas, por teu doce cuidado e pelo privilégio de poder buscar a tua presença. Ensina-me cada vez mais sobre a tua Palavra e dá-me sabedoria do alto para, em tempos difíceis, ancorar a minha fé e esperança em ti. Em nome de Jesus. Amém."

LEITURA BÍBLICA
1Coríntios 6:20

25 JULHO

Glorifique

Um dos aspectos que precisamos desenvolver, dia após dia, é diminuir o nosso conceito sobre nós mesmos para que possamos engrandecer a Deus em todas as coisas. Naturalmente, temos a necessidade de ser validados. Os elogios fazem bem a nós, mas, se o nosso coração não estiver no lugar certo, em Jesus, eles alimentarão o ego.

A Bíblia nos orienta a fazer tudo para a glória do Senhor, até mesmo as coisas mais simples do dia a dia (cf. 1Coríntios 10:31). No entanto, muitos se esquecem desse tão importante princípio bíblico e buscam fazer as coisas para a própria glória. Contudo, as Escrituras são claras: Deus não divide a glória dele (cf. Isaías 42.8)!

Portanto, temos de nos lembrar de que, quando damos glória e honra ao Senhor, lhe oferecemos aquilo que já é dele por direito. Com o nosso corpo, a nossa mente e as nossas palavras, devemos glorificá-lo, pois somente ele é digno de ser exaltado, glorificado e enaltecido. No secreto e em público, ele merece ser adorado.

Ao se levantar, pela manhã, glorifique a Deus por mais um dia. Quando for comer, agradeça-lhe pelo alimento e pela provisão. Em cada passo que der, a cada palavra que sair de sua boca, glorifique aquele que é digno de receber a glória. Glorifique-o por suas incontáveis bênçãos e seus preciosos ensinamentos.

Minhas anotações

Ore comigo

"Glória te dou, Deus amado, pois tua é a glória para sempre. Sê entronizado em meu coração, Senhor. Toma o lugar de honra em minha vida, pois ela também pertence a ti. Amém."

26 JULHO

LEITURA BÍBLICA
Salmos 145:4

Qual será o seu legado?

Muitas pessoas se preocupam em ajuntar bens no decorrer da vida para que, depois de sua morte, eles sejam distribuídos entre os herdeiros. Elas se dedicam a fim de que, até mesmo quando não estiverem mais aqui, seus filhos, netos ou outros entes queridos possam desfrutar dos resultados de seus esforços ou de algo que lhes era valioso, como uma joia. Contudo, ainda mais precioso do que bens materiais, é a herança da vida que construímos, dos princípios pelos quais vivemos, o nosso legado.

Temos, na Bíblia, muitas histórias de pessoas que impactaram não somente sua geração, como gerações futuras. É o exemplo de Abraão, Moisés, Rute, Ester, Davi, Maria, Pedro, Paulo e tantos outros homens e mulheres de Deus que, pelo modo com que viveram, são lembrados até hoje, pois deixaram uma marca valiosa. Foram servos fiéis e obedientes, pessoas que se dedicaram a amar a Deus, fazer a vontade dele e se relacionar com o Senhor.

A nossa vida deve ser marcada pela busca constante de um caráter parecido com o de Jesus, pelo amor pela Palavra. Mais importante do que deixar casas e riquezas é deixar o exemplo de uma vida de louvor, adoração, serviço, amor e sabedoria. De geração em geração, precisamos contar os feitos do Senhor e testemunhar quão precioso é caminhar com Jesus.

Ore comigo

"Senhor, eu te agradeço por todas as pessoas em quem posso me inspirar. Ajuda-me a construir um legado que glorifique o teu nome e a viver para te engrandecer. Amém."

Minhas anotações

LEITURA BÍBLICA
Mateus 5:23-24

Reconciliação

Antes de chegar a hora em que Jesus seria entregue e crucificado, ele orou ao Pai. Em mais um maravilhoso ato de amor, expressou o anseio de que os que estão no mundo fossem um (cf. João 17:11). O desejo de Cristo para sua igreja é que ela seja unida. Ele deseja que sejamos um, assim como ele e o Pai são um.

Jesus ensinou que, antes mesmo de apresentar uma oferta diante do altar, precisamos nos reconciliar com aqueles a quem ofendemos. Se a nossa conduta fere o nosso irmão, não podemos estender a situação, mas, quanto antes, fazer a nossa parte para garantir que a união não seja abalada.

Por meio da unidade da igreja de Cristo, batalhas são vencidas, as boas-novas são pregadas, vidas são alcançadas e transformadas, e o amor de Deus é refletido no mundo. Por isso, o Inimigo se alegra quando, por causa de contendas, interesses próprios ou desordem, a igreja se distrai de seu propósito e se afasta da vontade do Senhor.

Quando a igreja compreende que está edificada sobre Jesus, seu firme fundamento, não pode ser contaminada por impurezas ou atacada pelo Maligno. É necessário que compreendamos que Jesus pagou o preço para que pudéssemos ser um. Se todos estiverem unidos pelo mesmo propósito, a vitória é certa.

Minhas anotações

Ore comigo

"Eu te agradeço, Deus amado, por me dares uma família na fé, com a qual posso contar. Fortalece-nos, para que, firmados na Rocha, caminhemos na mesma direção e sejamos um. Em nome de Cristo Jesus. Amém."

28 JULHO

LEITURA BÍBLICA
Mateus 6:14

O caminho do perdão

Possivelmente uma das maiores barreiras nas relações humanas seja o orgulho. O orgulho impede que reconheçamos nossos erros, assim como nos faz evitar perdoar os erros do outro. Temos o terrível hábito de considerar a falta do outro maior do que a nossa. Contudo, quem não perdoa não conheceu a graça e o amor de Deus.

Quando deparamos com a imensidão do amor de Deus demonstrado por nós por meio do ato redentor de Jesus Cristo, para a remissão dos nossos pecados, entendemos que o perdão é, antes de tudo, uma evidência do caráter de quem perdoa, não de quem é perdoado. A cruz de Cristo aponta para um Deus amoroso, misericordioso, gracioso e bondoso.

Deus não nos perdoou porque merecíamos outra chance — pelo contrário, estávamos destinados à condenação eterna —, mas porque seu amor cobriu a multidão de nossos pecados. Da mesma forma, temos de aprender a perdoar. O Senhor não fez o peso de nossos pecados recair sobre nós. Por que, então, imporíamos tal jugo àqueles que falham conosco?

Se queremos ser como Jesus, precisamos nos dedicar a amar como ele nos ama. Muitas vezes, o amor de Cristo foi expresso nas Escrituras por meio do ensino. Outras, pelo serviço. Algumas vezes, pelo toque. No entanto, o maior ato de amor dele, na cruz do Calvário, nos ensina que amor também é perdão.

Ore comigo

"Deus, perdoa-me por todas as vezes que falhei em amar o próximo da maneira que deveria. Ensina-me a amar como tu amas. Remove todo o orgulho do meu coração. Em nome de Jesus. Amém."

Minhas anotações

LEITURA BÍBLICA
Gálatas 5:25

29
JULHO

Andando no Espírito

Nós, cristãos, precisamos frequentemente nos certificar de que nossa forma de viver é compatível com a fé que professamos e os princípios bíblicos pelos quais alegamos viver. Temos de testemunhar diária e continuamente aquilo que, com nossos lábios, proclamamos.

Depois da vinda do Espírito Santo no dia de Pentecoste (cf. Atos 2), devemos viver no Espírito, pois ele não mais se manifesta apenas periodicamente, conforme o apóstolo Paulo orientou as igrejas da Galácia no capítulo 5 de sua carta. Estar cheio do Espírito é mais do que ter picos ou viver ações pontuais, mas andar diariamente sob o direcionamento do Conselheiro.

A vida pelo Espírito é um constante conflito contra a carne, isto é, a natureza pecaminosa. Diariamente somos confrontados com a escolha entre andar pelo Espírito ou pela carne. Todas as vezes que agimos pela inclinação da carne, afastamo-nos da direção do Espírito Santo.

Para viver pelo Espírito, precisamos intencionalmente crucificar a nossa carne e nos dispor a obedecer à Palavra e à vontade do Senhor. Passamos a depender da ação do Espírito de Deus e a ser influenciados por ela. Temos de clamar a cada dia para que o Espírito nos conduza, purifique e oriente.

Minhas anotações

Ore comigo

"Enche-me do teu Espírito, meu Deus. O meu anseio é caminhar por tuas veredas e obedecer à tua vontade. Transforma-me, por teu poder, dia após dia. Esvazio-me de mim mesmo, para que eu possa ser cheio de ti. Que a minha conduta seja fiel aos teus princípios em todo o tempo. Amém."

30 JULHO

LEITURA BÍBLICA
Atos 3:6

Olhe ao redor

Muitas pessoas estão prostradas, desanimadas ou até mesmo já desistiram. Algumas por motivos físicos, e outras por motivos emocionais ou espirituais. Há pessoas neste mundo que precisam de que alguém olhe para elas com compaixão e misericórdia, estenda-lhe a mão e as ajude a se levantar.

Cristo, quando esteve na terra, tinha enorme sensibilidade; percebia do que as pessoas precisavam, ainda que não verbalizassem. Fosse um toque, um olhar ou uma palavra, estava atento às necessidades dos outros. Ele ainda olha com misericórdia para a humanidade. Seus olhos estão atentos às dores daqueles que ele ama. Não há ninguém invisível para Jesus.

Como seus discípulos, precisamos desenvolver essa sensibilidade. Precisamos olhar para as pessoas e oferecer-lhes o que temos de melhor. Há pessoas prostradas que precisam de você. Precisam de alguém que as veja e se importe genuinamente com elas. Olhe ao redor com atenção, sensível às necessidades e às dores daqueles que Jesus tanto ama. Não hesite em estender a mão aos que necessitam de socorro. Que, por meio de sua generosidade e compaixão, muitos sintam o amor de Jesus e sejam tocados pela graça restauradora dele.

Minhas anotações

Ore comigo

"Perdoa-me, Senhor, pelas vezes que meus olhos não estiveram atentos às necessidades dos teus filhos. Sensibiliza o meu coração, faz de mim misericordioso, compassivo e bom. Que o caráter de Cristo refletido em mim alcance as pessoas que eu encontrar. Amém."

LEITURA BÍBLICA
2Samuel 21:15-22

31
JULHO

Como vencer gigantes

É muito provável que você conheça a história de como o jovem Davi derrotou Golias, um gigante. No entanto, nem todos sabem que esse homem, que veio a se tornar um grande rei, derrotou muitos gigantes ao longo de sua vida, desde enormes guerreiros a enormes desafios internos.

Também deparamos com muitos gigantes na caminhada. Enfrentamos, da mesma forma, uma realidade de guerras contínuas. A exemplo de Davi, que tudo encarou com bravura, temos de lutar com todas as nossas forças (v. 15). Não podemos ceder, nos amedrontar ou voltar atrás.

Nesse processo de repetidas batalhas, é natural que nos cansemos. Os gigantes revelam a nossa humanidade. A sucessão de batalhas tende a nos desgastar. Ficamos fatigados, sobrecarregados e esgotados. Diante disso, precisamos contar com a ajuda uns dos outros. Em comunhão, nosso ânimo e nossa força se renovam. Em unidade, vencemos gigantes.

Diante das dificuldades, temos de nos lembrar de que, nem por um segundo, o nosso Deus nos abandona ou desampara. Pela fé no poder dele, podemos prosseguir. O Senhor não se cansa, não se esgota. As batalhas não podem deixá-lo fatigado, porque Deus é infinitamente maior e mais forte do que qualquer problema que se levante diante de nós.

Minhas anotações

Ore comigo

"Deus, tu sabes como tem sido a caminhada. Conheces minhas alegrias, mas conheces também minhas aflições e batalhas. Fortalece-me, por teu Espírito. Que, nos momentos de cansaço, eu possa contar com os meus irmãos em Cristo. Amém."

PATERNIDADE

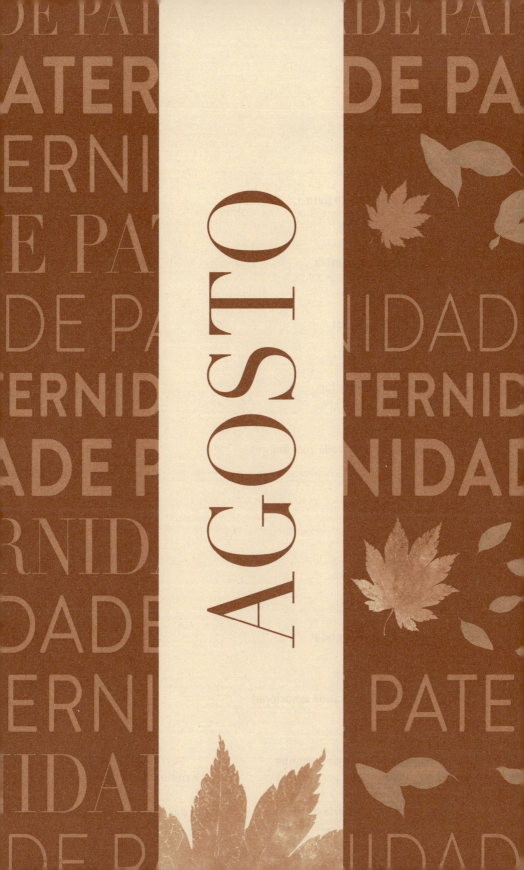

Meu planejamento

Meta

Plano

Leitura bíblica do livro

Atividade em família

Refeição especial

Avaliação alimentar

Tempo de qualidade com amigos

Um filme/série

Um livro/*podcast*

Um médico a agendar

Nota da minha saúde emocional

Atividade física pelo menos três vezes por semana

Participação semanal na comunidade espiritual

Ingestão diária de água

Gestão das finanças pessoais

LEITURA BÍBLICA
Atos 11:20-24

01 AGOSTO

Anunciar as boas-novas

Quem conhece Jesus faz a diferença na vida de outras pessoas e nos ambientes em que está inserido. O relacionamento com Cristo deve ser, além de pessoal, prático. Um cristão que não impacta positivamente as outras pessoas não é um verdadeiro cristão. A partir do momento em que você conhece a verdade do evangelho e se entrega ao Senhor, torna-se sua responsabilidade anunciar as boas-novas.

O evangelho de Jesus Cristo nos leva a enxergar o mundo segundo a perspectiva da Palavra. Ao conhecer a verdade, ela nos liberta do jugo do pecado, das lentes da sociedade, das imposições mundanas. Como servos de Jesus, precisamos conhecer as Escrituras, a fim de que possamos proclamar a mensagem que pode promover transformação de indivíduos, famílias e de todo o mundo. Não existe nada mais gratificante do que, para a honra e glória de Deus, levar alguém a Cristo.

A sua vida, transformada por Cristo e pelo poder do Espírito, pode e deve fazer a diferença. A sua casa, o seu trabalho, a sua cidade e os lugares por onde você passar não podem permanecer os mesmos. As pessoas com as quais você tiver contato não podem permanecer as mesmas. Por onde for, você deve anunciar a mensagem do evangelho e, mais do que isso, vivê-la.

Minhas anotações

Ore comigo

"Senhor Deus, eu te agradeço por tua maravilhosa graça, que me alcançou e tem trazido esperança para os meus dias. Aqui estou! Usa-me para anunciar a tua mensagem. Capacita-me e dá-me estratégias para fazer a diferença. Amém."

02 AGOSTO

LEITURA BÍBLICA
2Coríntios 5:10

O tribunal de Cristo

Todos os nossos passos são registrados e observados em detalhe. Não por homens, tampouco por computadores, mas por Deus. Os cristãos, ou seja, aqueles que conheceram Jesus e o confessaram como seu único e suficiente Salvador, alcançados pela graça, vivem sob uma nova expectativa.

Há dois tipos de tribunais. O primeiro é o grande trono branco de Deus (cf. Apocalipse 20:11-15), perante o qual todos, quer cristãos, quer não cristãos, terão de se apresentar. Quando o Senhor Jesus voltar, ele também voltará como juiz e, então, julgará os nossos atos. Para que não sejamos surpreendidos, precisamos estar preparados a cada instante, baseados na certeza de que o Juiz em breve voltará.

Todavia, quando nós, crentes em Jesus, chegarmos ao céu, a nossa conduta terrena será tratada pelo próprio Cristo. O tribunal de Cristo não é um julgamento, pois ele levou sobre si as nossas iniquidades na cruz; portanto, para os que estão nele, não há mais condenação (cf. Romanos 8:1). Seremos tratados, após o encontro com o Senhor, de acordo com as nossas ações. Assim, cada um receberá seu galardão mediante a forma pela qual vivemos na terra. As nossas obras e as motivações por trás delas serão examinadas. Portanto, vivamos conforme a Palavra e a vontade do Senhor, para a honra e glória dele.

Minhas anotações

Ore comigo

"Meu Deus, perdoa-me por meus pecados. Que a minha vida seja fundamentada nos teus princípios. Purifica-me, Senhor, e capacita-me para a boa obra para a qual me chamaste. Em nome de Jesus. Amém."

LEITURA BÍBLICA
2Coríntios 3:17

03 AGOSTO

A liberdade do Espírito

Eu gosto de mudanças. Elas são necessárias; fazem parte da vida. São importantes em determinados contextos de nossa vida. É bom olhar para trás e ver que algo necessário mudou com relação às finanças, aos relacionamentos, aos projetos e sonhos, à saúde. Da mesma forma, espiritualmente, a transformação precisa ser perceptível.

A vida com Deus é um processo de mudança contínua que deve progredir para o alvo, que é Jesus. Cristo deve ser nossa referência no modo de agir, falar e pensar. Essas mudanças de conduta devem ser facilmente identificadas no decorrer de nossa caminhada cristã.

O apóstolo Paulo afirma que o Espírito Santo habita onde há liberdade. Se somos templo do Espírito (1Coríntios 6:19), ou seja, se ele habita em nós, deve haver liberdade de transformação. Ao encontrar-nos em Jesus e fazer dele o nosso Senhor, deve haver transformação e amadurecimento realizados pela atuação do Espírito.

Quanto mais próximos de Jesus, mais percebemos quais áreas de nossa vida precisam mudar. Contudo, essa transformação não é instantânea, mas progressiva, pelo processo de santificação. Quando há liberdade, a Palavra e o Espírito promovem mudanças em nós. Somente pela liberdade do Espírito podemos ser transformados de glória em glória (cf. 2Coríntios 3:18).

Minhas anotações

Ore comigo

"Senhor, enche-me do teu Espírito. Que eu diminua, para que tu cresças e encontres liberdade para me transformar segundo a tua vontade, conforme o caráter de Jesus. Amém."

04 AGOSTO

LEITURA BÍBLICA
Lucas 5:4-5

Faça a sua parte

Muitos erroneamente pensam que confiar em Deus os isenta das responsabilidades, todavia a Bíblia nos ensina em diversas situações que o Senhor pode e vai fazer a parte dele, mas temos de fazer a nossa. O esforço deve fazer parte de todas as áreas da vida do cristão, pois, em tudo, devemos agradar a Deus e glorificá-lo.

Um aspecto maravilhoso sobre a caminhada com Jesus é que ele nos chama para participar ativamente de suas obras, para nossa edificação e nosso amadurecimento. Ele tem poder para fazer todas as coisas com uma simples palavra, mas nos convida para participar de seus propósitos.

Precisamos desenvolver o nosso relacionamento com o Senhor de modo que, ao receber uma instrução, não o questionemos, mas obedeçamos com disposição, prontidão, fé e alegria. Obedecer à voz de Deus não é uma imposição cruel, mas um doce privilégio para aqueles que o amam. Ao seguir as orientações dele, estaremos no caminho certo.

Enquanto ele nos concede a oportunidade de obedecer-lhe e participar de seus planos e propósitos, nosso caráter é moldado e o nosso relacionamento com Jesus se torna mais íntimo e profundo. Confiar em Deus não é jogar tudo para o alto, mas entregar as situações de nossa vida nas mãos daquele que pode nos conduzir da melhor maneira.

Minhas anotações

Ore comigo

"Senhor, obrigado por permitires que eu faça parte de teus maravilhosos planos. Que o teu Espírito conduza o meu caminhar e que o meu coração esteja sensível à tua voz. Em nome de Cristo Jesus. Amém."

LEITURA BÍBLICA
2Coríntios 5:14

05 AGOSTO

Amor que constrange

Em algum momento da caminhada cristã, talvez você tenha se perguntado por que Jesus deixou sua glória, veio à terra e se fez homem, para ser humilhado, ferido e condenado injustamente. Por que o Rei dos reis se fez servo? E a resposta provavelmente trouxe ao seu coração um sentimento diferente, o constrangimento. O amor de Jesus nos constrange.

Quanto mais pensamos no amor altruísta, incondicional e puro de Cristo, mais nos sentimos constrangidos. Quanto mais percebemos quão pecadores somos, mais constatamos que somos indignos da graça que nos alcançou. E, na simplicidade do amor, está um mistério que nos envolve por completo.

A verdade é que Jesus não nos ama por quem nós somos, mas por quem ele é. Se nos amasse por quem somos, estaria implícito que, em algum momento, poderia deixar de nos amar, e sabemos que não é assim. O amor de Cristo não é finito, tampouco sujeito ao que falamos, dizemos ou pensamos. Nosso Senhor Jesus é amor em essência.

Constrangidos por esse amor, não temos outra resposta se não intencionalmente o amarmos cada vez mais. A Bíblia diz que nós o amamos porque ele nos amou primeiro (cf. 1João 4:19). Ninguém pode dizer que verdadeiramente ama alguém se, antes, não conheceu e foi tocado pelo amor de Cristo.

Minhas anotações

Ore comigo

"Senhor, quão precioso é ser amado por ti e poder te amar. Abre os meus olhos para o teu amor, para que, em resposta, eu possa te louvar, exaltar e bendizer todos os dias da minha vida. Amém."

06 AGOSTO

LEITURA BÍBLICA
Lamentações 3:25

O que dá esperança

Há sempre formas de encontrar alento e renovo em Deus nos momentos de aflição e agonia para a nossa alma. Se focamos as situações ao nosso redor, desanimamos. Se, porém, somos vigilantes quanto ao que ocupa a nossa mente e redirecionamos o nosso pensamento para a fidelidade de Deus, nossa esperança é restaurada.

Precisamos, intencionalmente, buscar enxergar pelos olhos da fé a realidade espiritual que nos cerca. O profeta Jeremias nos ensina a lembrar das coisas que podem trazer esperança (cf. Lamentações 3:21). Nos momentos difíceis, uma das melhores coisas que podemos fazer é nos lembrar do que Deus fez no passado, com a certeza de que ele ainda faz e fará grandes coisas em nosso presente e futuro.

Ao decidirmos ocupar a nossa mente com o que nos traz expectativa, as inseguranças e o desânimo dão lugar à certeza e à paz que vêm do Senhor. Temos de nos lembrar do amor de Deus, que nos fez filhos; da graça de Jesus, que nos redimiu; das misericórdias do Senhor, que se renovam a cada manhã; da fidelidade divina, que nunca falhou conosco; da bondade de Deus, que continua a nos surpreender e renovar. Guarde essas coisas em sua memória, para que, em temos difíceis, você se recorde do que pode lhe dar esperança.

Minhas anotações

Ore comigo

"Senhor Deus, graças te dou por tua bondade, fidelidade e misericórdia. Eu te agradeço por teu amor incomparável. Deposito a minha esperança e a minha expectativa em ti, pois sei que és fiel e bom para os que esperam no Senhor. Amém."

LEITURA BÍBLICA
João 15:5

07
AGOSTO

Ramos frutíferos

Jesus usa a metáfora da videira e a maneira com que ela se relaciona com seus ramos. Há dois tipos de ramos: o que não produz fruto e o que produz. O primeiro é cortado e lançado ao fogo; o segundo, podado e cuidado pelo agricultor, para que frutifique ainda mais. Essa metáfora representa a forma pela qual devemos viver alicerçados em Jesus. O agricultor, o Pai, trabalha em nossa vida, para que não sejamos ramos infrutíferos, mas frutíferos.

O segredo para frutificar é estar no lugar ideal, recebendo os cuidados e tratamentos adequados, para que os frutos venham de modo abundante. Jesus ensinou que, para ter uma vida frutífera, basta permanecer nele. Precisamos de relacionamento, constância e intimidade com a Videira.

Deus não nos criou para uma vida infrutífera, estéril, mas para uma vida de abundância. A única forma de alcançar essa vida é permanecer em Jesus. Permanecer em Cristo exige, como primeiro passo, a autonegação. Devemos abrir mão de nós mesmos, para que a vida dele flua em nós. Quanto mais permanecemos em Jesus, mais dele flui em nós. Permanecer na Videira é o segredo para ser um ramo frutífero, porque somente nele há vida plena e abundante.

Minhas anotações

Ore comigo

"Pai, eu te agradeço por teus cuidados e por tua bondade para com a minha vida. Ajuda-me a permanecer na Videira, conectado sempre a ela. Que eu me alimente de tua Palavra e receba os nutrientes necessários para frutificar e viver em abundância. Amém."

08 AGOSTO

LEITURA BÍBLICA
2Coríntios 2:12-14

Desvios de percurso

Acredito que todos já tenham enfrentado percalços, desvios de percurso. Muitas vezes, planejamos seguir uma direção, mas, por algum motivo, somos impedidos de seguir aquele caminho. Assim como quando dirigimos, a vida às vezes exige que recalculemos a rota e encontremos um caminho alternativo.

Diante dos desvios de percurso, que tendem a surgir sem aviso prévio, a nossa perspectiva deve ser de que, por mais que as coisas tenham fugido de nosso controle, não há nada que fuja do controle de Deus. Em vez da raiva, frustração, decepção e insegurança, temos de dar graças ao Senhor, a exemplo do apóstolo Paulo (v. 14).

Quando nossos planos se frustram, a certeza de que os planos de Deus não podem ser frustrados deve trazer paz e gratidão ao nosso coração. Graças a Deus, nem tudo acontece conforme planejamos, porque somos limitados, falhos e frequentemente motivados por desejos errados. Contudo, quando conduzidos pelo Senhor, de maneira sábia, ele nos leva por um caminho muito melhor do que o nosso.

A vida conduzida por Cristo sempre se encaminha para o lugar ideal. Quando certas portas se fecham, há cuidado e provisão de Deus, bem como a certeza de que ele nos dará um caminho alternativo muito melhor para o cumprimento do propósito dele em nós.

Ore comigo

"Senhor, graças te dou pelos livramentos. Eu te agradeço pelas vezes que fui conduzido por ti por um caminho diferente do meu. Que os teus planos se cumpram em minha vida. Em nome de Jesus. Amém."

Minhas anotações

LEITURA BÍBLICA
2Reis 7:4

09
AGOSTO

Perder ou ganhar? A escolha é sua

Enquanto algumas pessoas são conhecidas por sua determinação e perseverança, outras desistem ao menor sinal de dificuldade. Qualquer frustração ou decepção é supervalorizada por elas, a ponto de romper laços, desistir de sonhos e projetos, perder oportunidades grandes e até mesmo se afastar de Deus. Diante de um empecilho, por menor que seja, retrocedem e abrem mão da vitória sem ao menos tentar.

A verdade é que a luta da vida nos reserva alguns *rounds*. Para sermos campeões, temos de ficar de pé até o último *round*. Ou você derruba seu oponente, ou ganha por pontos. Os vencedores são os que não desistem mesmo diante do mais forte oponente, do quadro mais adverso. Ou você derrota as adversidades, as tentações e aqueles que se levantarem contra você, ou persiste em golpear até o final, firmado naquele que pode mantê-lo de pé.

A história dos leprosos narrada em 2Reis nos ensina que, se decidirmos que vamos vencer, já demos o primeiro passo. As Escrituras afirmam que o justo viverá pela fé (cf. Habacuque 2:4). Pela fé, precisamos decidir que a situação ao nosso redor não vai nos derrotar. Pela fé, temos de acreditar que Deus pode mudar a nossa sorte e nos surpreender com algo fora do comum. Pela fé, devemos decidir ser vitoriosos, para a glória do Senhor.

Minhas anotações

Ore comigo

"Meu Deus, perdoa-me por todas as vezes que desisti ou fiquei paralisado em vez de seguir adiante. Capacita-me, por teu Espírito, a ficar de pé e a perseverar, para que o teu nome seja glorificado. Em nome de Cristo Jesus. Amém."

10 AGOSTO

LEITURA BÍBLICA
Êxodo 1:12

Crescer em meio à dor

Naturalmente, em meio a frustrações e dificuldades, alguns questionamentos costumam surgir. O que fazer quando você vive como entende que Deus deseja que você viva, está no lugar onde ele deseja que você esteja e, mesmo assim, as lutas e provações o alcançam? Esses tempos difíceis exigem de nós uma mudança de perspectiva.

As provações e dificuldades tendem a fazer de nós pessoas mais fortes, resilientes, perseverantes. Tudo o que acontece na vida do povo de Deus tem um benefício. O Senhor usa até mesmo as adversidades pelas quais passamos para a sua glória e para o nosso crescimento e amadurecimento espiritual.

As Escrituras nos mostram que, quanto mais os egípcios oprimiam os israelitas, mais o povo de Israel se multiplicava. Esse é um claro exemplo de como Deus age para o bem daqueles que o amam em todas as coisas (cf. Romanos 8:28), até mesmo nas tribulações.

O sofrimento traz benefício, crescimento. Isso não significa que tenhamos de buscar situações difíceis e voluntariamente entrar em batalhas que poderiam ser evitadas, mas que, quando a adversidade vier sobre nós, a mão do Senhor nos susterá. Em meio às lutas, ele nos fortalece e prepara para algo maior e melhor. Nos momentos difíceis, ele trabalha em nós.

Minhas anotações

Ore comigo

"Senhor Deus, eu te agradeço por teu amor e cuidado incondicionais. Que, em tempos difíceis, eu não me esqueça de que tu estás comigo e de que é o Senhor quem me sustenta, fortalece e guarda. Amém."

LEITURA BÍBLICA
Hebreus 12:7-8

11 AGOSTO

Bom pai

A nossa família é a nossa primeira referência, para o bem ou para o mal. O ambiente familiar é o local onde temos nosso primeiro contato com valores, princípios, tradições e ensinamentos. Um dos propósitos da família é estabelecer um modelo do amor do Pai para com os seus filhos. Esse amor é revelado por meio de instruções, afeto, cuidado e disciplina.

Muitas pessoas, por não terem a figura paterna presente ou por terem uma imagem negativa de seu pai terreno, projetam a imagem de Deus como um pai ausente, distante ou opressor. Eu tenho o imenso privilégio de ter o meu pai como herói, melhor amigo, mentor e pastor. Fui e ainda sou profundamente influenciado por seu caráter exemplar e íntegro.

Todos nós temos, porém, o privilégio ainda maior de chamar Deus de Pai. Em Deus, não falta nada. Nosso bom Pai nunca falha. Está sempre por perto, de braços abertos para nos receber. Ele nos mostra amor, bondade, fidelidade, misericórdia, graça e justiça diariamente. Também disciplina, quando necessário, pois sabe o que é melhor para nós e deseja cuidar de cada aspecto de nossa vida. Hoje, como pai, entendo que a maior riqueza que podemos deixar para nossos filhos é a fé, por meio de nossa conduta e dos princípios transmitidos.

Ore comigo

"Pai querido, eu te agradeço por teu amor, por teu cuidado e por tua disciplina nos momentos que preciso. Tu és o meu bom Pai, e não há nada melhor do que ser teu filho. Capacita-me, Senhor, a ter uma conduta exemplar e a refletir o teu amor.
Em nome de Jesus. Amém."

Minhas anotações

12 AGOSTO

LEITURA BÍBLICA
Jeremias 18:4

Vaso nas mãos do oleiro

O processo de fabricação de um vaso de barro é minucioso. O oleiro deve escolher o barro ideal para a produção, peneirar para tirar todos os detritos e umedecer, pisar e amassar até que vire uma pasta. Depois de deixar que a pasta descanse, ele molda o vaso. Nesse processo, se o barro apresentar alguma imperfeição ou estragar, ele tem de desmanchar o vaso e moldá-lo novamente.

Assim somos nós nas mãos do Senhor, o Oleiro. O pecado nos estraga, nos torna impuros e imperfeitos. O Senhor, porém, não nos despreza nem nos joga fora. Ele nos desmancha e nos molda de novo conforme a sua vontade. Com cuidado, ele nos refaz. Ele é infinitamente mais misericordioso e paciente do que merecemos e tem prazer em nos moldar até que o agrademos. O Oleiro nos molda com técnica e perfeição; ele é habilidoso, detalhista.

Contudo, como vasos nas mãos do Oleiro, temos uma responsabilidade. Uma vez que reconhecemos nossos pecados e optamos por viver uma vida segundo a vontade do Senhor, compreendendo que, pelo sangue de Jesus, fomos redimidos para uma vida santa, temos de estar dispostos a ser quebrados e refeitos. O quebrantamento deve ser um processo contínuo na vida de todo cristão que deseja ser moldado pelo Senhor.

Minhas anotações

Ore comigo

"Senhor, como um vaso em tuas mãos, me refaz segundo a tua vontade. Perdoa-me por minhas transgressões. Remove o pecado, as imperfeições e a impureza e molda-me de novo. Em nome de Jesus. Amém."

LEITURA BÍBLICA
Isaías 40:31

13 AGOSTO

Forças para prosseguir

Até mesmo as pessoas mais fortes se cansam, desanimam e são enfraquecidas em certas situações. No entanto, o que determina se você é fraco ou forte não é a quantidade de vezes que isso acontece, mas a sua postura diante desses momentos. O fraco arruma desculpas e desiste. O forte sabe que, na verdade, sua força vem do Senhor e não hesita em clamar a ele por socorro, para que possa prosseguir.

Em nossa sociedade, é muito comum ver pessoas sobrecarregadas. Elas carregam sozinhas o fardo do trabalho, das demandas da família e até mesmo da igreja, além da sobrecarga emocional. Alguns pensam que realizar diferentes tarefas ao mesmo tempo, carregar pesos insuportáveis e jamais pedir ajuda é sinônimo de força. São tomados por um falso senso de independência e capacidade.

Contudo, o relacionamento com Deus nos ensina que a verdadeira força vem quando nos prostramos diante do Senhor e admitimos que, sem ele, somos fracos. Fortes são os que admitem que dependem de Deus em todas as coisas e humildemente pedem ajuda para continuar. Sustentar o peso da vida sozinho não é ser forte, tampouco independente. A nossa força vem daquele que toma o nosso jugo sobre si e o substitui por um fardo leve. Somente no Senhor encontramos forças para seguir adiante.

Minhas anotações

Ore comigo

"Deus amado, sem ti não consigo prosseguir. Deixo diante de ti o fardo que tenho carregado até aqui, Senhor, e peço que me dês forças e vigor para viver conforme a tua vontade. Amém."

14 AGOSTO

LEITURA BÍBLICA
João 1:12

Quem sou eu?

Muitas pessoas enfrentam problemas de identidade em razão de questionamentos e crises interiores motivados por experiências negativas. Acontecimentos traumáticos, rejeições, perdas e negligência emocional e afetiva podem abalar a nossa convicção de quem somos, bem como trazer inseguranças.

Para entender quem somos, precisamos conhecer nossas origens. Para nós, cristãos, importa que saibamos que somos filhos de Deus. A nossa identidade e o nosso propósito não podem ser abalados quando firmados na paternidade divina. Algumas pessoas são definidas pelos desertos pelos quais passam, pelas circunstâncias ou pela forma com que as outras pessoas as rotulam. Contudo, o que realmente nos define não é o que os outros têm a dizer sobre nós, mas o que o Senhor diz a nosso respeito.

Caso você tenha alguma dúvida sobre sua identidade, estas são algumas das definições das Escrituras sobre quem está em Cristo: imagem e semelhança de Deus (cf. Gênesis 1:27); geração eleita, sacerdócio real, nação santa, povo exclusivo de Deus (cf. 1Pedro 2:9); habitação do Espírito (cf. 1Coríntios 6:19); nova criação (cf. 2Coríntios 5:17); e filho de Deus (cf. Efésios 1:5; 1João 3:1; Romanos 8:14-15). Se você quiser saber quem realmente é, encontrará a resposta em Deus e na Palavra.

Minhas anotações

Ore comigo

"Ajuda-me, Senhor, a perceber que eu sou quem tu dizes que eu sou. Dá-me convicção da minha identidade e do meu propósito, firma-me em ti. Graças te dou pelo imensurável privilégio de ser teu filho. Em nome de Jesus Cristo. Amém."

LEITURA BÍBLICA
Atos 22:15

15 AGOSTO

Conhecê-lo e torná-lo conhecido

Quem não se relaciona com Deus tem uma concepção errada sobre ele. Assim foi a vida de Paulo até sua conversão, quando, ao conhecer a verdade, foi liberto. Esse homem, que costumava ser extremamente religioso e viver com intensidade pelo que acreditava ser a verdade, ao conhecer Jesus Cristo, começou um relacionamento diário e constante com ele. Ao se aproximar de Jesus, Paulo se apaixonava cada vez mais por ele e pela Palavra.

Paulo, a quem Jesus questionara "Por que você me persegue?" (cf. Atos 9:4), tornou-se testemunha de Jesus Cristo a todos os homens. Após as escamas caírem de seus olhos, viu uma nova realidade diante de si. E, não mais motivado pela religiosidade, mas pelo relacionamento com Jesus, sobre os pilares do amor e da graça, empenhou-se diariamente para conhecer a Cristo e torná-lo conhecido.

Da mesma forma, conforme conhecemos Jesus, mais maravilhados ficamos em conhecê-lo e mais ele se revela a nós. Quanto mais próximos de Cristo, mais ardente é o desejo de conhecê-lo ainda mais. Como Paulo, o Senhor nos chama a testemunhar do que vimos e ouvimos. A nossa vida deve ser um esforço contínuo por conhecer a Cristo e torná-lo conhecido.

Minhas anotações

Ore comigo

"Senhor, quão maravilhoso é conhecer-te e contemplar a tua glória. Acende em meu coração o ardente desejo de viver para ti todos os dias. Capacita-me para testemunhar de quem tu és e das tuas obras. Amém."

16 AGOSTO

LEITURA BÍBLICA
Colossenses 2:10

Vida plena

Normalmente, quando se oferece algo a uma pessoa, ela questiona quais serão os benefícios: "O que eu ganho com isso?" Alguns também perguntam a mesma coisa quanto ao evangelho. A resposta mais direta é que, ao se tornar cristão, o indivíduo recebe a Cristo. Quem tem Jesus tem tudo; essa verdade é, ao mesmo tempo, simples e grandiosa.

Em Cristo, recebemos tudo aquilo de que precisamos e muito mais. Nele, há plenitude. No entanto, sem ele, não temos nada. Uma pessoa pode ter família, amigos, um emprego bem-sucedido, riquezas e propriedades, mas, se não tiver Jesus, ela não tem nada. O vazio na alma do homem não pode ser preenchido por nada senão o amor do Senhor.

Certas filosofias mundanas tentam tirar Jesus do centro de todas as coisas. Algumas mentiras se levantam contra a verdade da Palavra, ainda que de modo sutil, e não podemos nos deixar enganar por elas. Os princípios deste mundo não podem entrar na nossa vida, pois a verdadeira plenitude habita em Jesus. Ele é mais do que suficiente.

Tudo de que você precisa está em Cristo. Ou seja, cada uma das suas necessidades, sejam elas físicas, emocionais, materiais ou espirituais, pode ser suprida em Jesus. Quando você entender que nele há plenitude, reconhecerá que o seu tesouro é Cristo. Ele deve ser o centro, o fundamento de sua vida.

Minhas anotações

Ore comigo

"Senhor Deus, eu te agradeço por tuas bênçãos e por tua bondade. Afasta de mim as filosofias mundanas e qualquer coisa que contrarie a tua Palavra. Que a minha vida esteja centrada em Cristo. Amém."

LEITURA BÍBLICA
2Coríntios 3:18

17 AGOSTO

Transformação contínua

O cristianismo não é uma religião de informação, mas um relacionamento com Jesus Cristo que resulta em transformação. Não é possível se relacionar com Cristo e permanecer da mesma forma. Caminhar com Jesus requer transformação constante, diária, pois sempre há espaço para crescer e tornar-se mais parecido com ele.

Não somos transformados segundo nossas vontades ou para nos amoldar a certo padrão, mas segundo o caráter de Cristo. Na vida cristã, nos relacionamentos interpessoais e nas demais áreas, sempre há algo para aprimorar, a fim de que, cada vez mais, a glória do Senhor seja manifestada em nossa vida e por intermédio dela.

A vida cristã nos chama a progredir. Precisamos olhar para trás e ter clareza de que o nosso relacionamento com Jesus é melhor e mais profundo hoje do que costumava ser. O pecado precisa ter cada vez menos espaço na nossa vida à medida que buscamos a santidade. Deus nos chama para o desenvolvimento contínuo do nosso caráter.

Não podemos, entretanto, pensar que já obtivemos a perfeição e, portanto, não precisamos mais evoluir em nosso relacionamento com o Senhor e em cada área de nossa vida. Temos de nos esforçar dia após dia para alcançar o alvo (cf. Filipenses 3:12). Pela ação do Espírito em nós, somos transformados segundo a vontade de Deus.

Minhas anotações

Ore comigo

"Deus, transforma-me dia após dia, continuamente, para que eu seja mais parecido com o teu Filho. Afasta de mim tudo aquilo que não condiz com os teus princípios. Amém."

18 AGOSTO

LEITURA BÍBLICA
Gênesis 30:22-23

Vale a pena esperar em Deus

Um dos grandes problemas do homem é o tempo. A postura imediatista faz que as pessoas se frustrem ao constatar que não podem controlar o tempo segundo sua vontade. Por isso, saber esperar talvez seja uma das maiores dificuldades para os cristãos. Entregar a Deus e abrir mão da falsa sensação de controle não é fácil.

Contudo, precisamos confiar que Deus é também Senhor sobre o tempo. Ele, que tem o mundo em suas mãos, sabe o tempo certo para cada propósito. Nesse aspecto, nossa impotência deve se encontrar com a onipotência do Senhor e, então, pela fé de que ele pode todas as coisas e de que sua vontade é perfeita, saibamos esperar.

As estações de espera, porém, não podem ser desperdiçadas, pois também há grande propósito para elas. Na espera, somos preparados, moldados e ensinados. Nesses momentos, Deus fala conosco e forja nosso caráter. Se aprendermos a desfrutar da espera de maneira sábia, não mais a veremos como um peso.

Apesar de difícil, a entrega é necessária se verdadeiramente desejamos viver a vontade do Senhor. Entender que os planos de Deus são maiores e melhores do que os nossos envolve também confiar no tempo dele. Portanto, não desanime. Vale a pena insistir e aguardar o cumprimento do propósito do Senhor na sua vida.

Minhas anotações

Ore comigo

"Sei que tens todas as coisas sob o teu domínio, Senhor. Ajuda-me a compreender que o teu tempo é melhor e a esperar em ti. Que os teus planos se cumpram em minha vida. Em nome de Jesus. Amém."

LEITURA BÍBLICA
Mateus 7:21-23

19 AGOSTO

Falsa esperança

Acredito que a única coisa pior do que viver sem esperança é viver com uma falsa esperança. Falsas esperanças produzem grandes frustrações. Muitas pessoas alimentam expectativas fundamentadas em princípios enganosos, em mentiras mascaradas de verdades anunciadas por falsos profetas.

Os falsos profetas usam argumentos falaciosos e biblicamente incorretos para falar do caráter de Deus. Essas inverdades, quando disseminadas, produzem engano. São, muitas vezes, utilizadas para pregar a liberalidade pecaminosa. As pessoas que vivem dessa forma não somente se prejudicam, como também arrastam outros para a falsa esperança. O verdadeiro evangelho envolve negar a si mesmo, tomar a sua cruz e seguir Jesus (cf. Lucas 9:23).

Contudo, Jesus afirma que os falsos profetas não entrarão no Reino. Enquanto muitos pensam que podem viver como quiserem e, ainda assim, ir para o céu, Cristo diz que somente aqueles que fizerem a vontade do Pai entrarão no Reino de Deus. Afirma, ainda, que as obras não podem salvar ninguém, porque a salvação não é por nosso mérito; pelo contrário, fomos salvos pela graça, mediante a fé (cf. Efésios 2:8). A falsa esperança não conduz à eternidade com o Senhor.

Minhas anotações

Ore comigo

"Senhor, dá-me discernimento e sabedoria, para que eu não seja confundido ou enganado, tampouco nutra falsas esperanças. Que, pelo conhecimento da tua Palavra e do teu caráter, e por amor a ti, eu obedeça à tua soberana vontade. Em nome de Jesus. Amém."

20 AGOSTO

LEITURA BÍBLICA
1Coríntios 16:13-14

O manual de instruções da vida cristã

Muitos de nós falhamos em viver o nosso potencial em diversas áreas porque achamos que podemos viver a vida sem instruções. A Bíblia é o manual de instruções que Deus nos dá para viver uma vida cristã saudável e plena. Que bom saber que podemos viver a vida com instruções claras para nos orientar.

As Escrituras nos ensinam a viver de modo que, em todas as coisas, possamos agradar ao Senhor e ser santos. Uma das coisas mais importantes para caminhar em santidade é viver vigilante, atento. A falta de atenção causa tropeços, quedas, acidentes. Muitas pessoas tropeçam constantemente não porque o Diabo as provocou, mas porque não vigiam.

Além disso, devemos permanecer firmes no Senhor. A vida espiritual não é uma montanha-russa; a busca por Deus deve ser constante, crescente e sempre intensa. Se a sua fé oscila, você não está realmente sustentado por Jesus. Firme a sua fé em Cristo, porque, nele, você não será abalado.

Por fim, tudo deve ser feito com amor. Um ato sem amor não tem valor algum para Deus. A obediência ao Senhor sem amor é religiosidade, não o fruto de um relacionamento cujo elo é o amor. Para Deus, as coisas somente têm valor se estiverem alicerçadas no amor. Pelo amor, o mundo nos reconhece como discípulos de Cristo.

Minhas anotações

Ore comigo

"Senhor Deus, eu quero obedecer a ti e seguir as instruções para viver a vida que tu me deste, da maneira que te agrade. Ajuda-me a permanecer em ti. Em nome de Jesus. Amém."

LEITURA BÍBLICA
2Coríntios 1:10

21 AGOSTO

Esperança em meio às tribulações

As tribulações faziam parte do cotidiano do apóstolo Paulo, entre naufrágios, açoites, perseguições e fugas. Na verdade, a luta faz parte da caminhada de todos os que verdadeiramente vivem uma vida cristã. Alguns pregam um evangelho livre de problemas, porém esse não é o verdadeiro evangelho. Este envolve lutas e dificuldades.

Quando nos convertemos a Jesus, lutamos contra principados e potestades, bem como contra a nossa natureza humana pecaminosa, frágil e vulnerável. As lutas são grandes, e as tribulações, incontáveis. Todavia, algumas tribulações nos levam ao limite e são mais difíceis de suportar, porque expõem a nossa fragilidade.

Alguns problemas surgem em uma proporção tão intensa que chegamos a pensar que não podemos continuar. Nessas horas, precisamos nos firmar na promessa de que Deus está conosco e nos ajudará, sustentará e jamais abandonará (Deuteronômio 31:6). Essa promessa serve de ânimo e encorajamento para que possamos prosseguir.

Por maiores que sejam as tribulações, lembre-se de que há um Deus que é por você e está ao seu lado todos os dias. Há um Deus que se fez carne, habitou entre nós e venceu a morte para nos dar vida. Por meio do Espírito Santo, esse Deus habita em nós e age em nós. Deposite nele a sua esperança, pois nada está acima das forças dele.

Minhas anotações

Ore comigo

"Tu és o Deus da minha esperança, Senhor. Ajuda-me a vencer as tribulações e a permanecer firmado em ti. Que, quando as forças me faltarem, o teu Espírito me sustente. Amém."

22 AGOSTO

LEITURA BÍBLICA
Gênesis 22:3

Para onde você está indo?

Tenho aprendido que a voz de Deus se faz cada vez mais presente nos momentos de quietude da nossa alma. Precisamos aguçar os nossos ouvidos espirituais para estar atentos à voz dele. Ouvir o Senhor precisa ser parte do nosso dia a dia, não um evento raro. Deus quer de nós obediência imediata e constante. Por isso, é importante que caminhemos pela fé, seguindo a direção dada por ele em todo o percurso.

Algumas pessoas ouvem a primeira instrução de Deus, mas deixam de ouvi-la no percurso. Não podemos ouvir a voz do Senhor somente para receber revelações; temos de ouvi-la também em todo o curso, para que sejamos conduzidos por ele. Na jornada, o Senhor fala conosco e nos ensina. Sem a voz dele, sem as orientações e o direcionamento dele, ficamos perdidos e desamparados.

Se, porém, ouvimos a voz dele em toda a jornada, somos bem-sucedidos e chegamos ao lugar correto. Deus tem planos a seu respeito. Para chegar a esse lugar, você tem de estar atento à voz dele. A cada passo que você der, ele o instruirá. Ele removerá de seu caminho os perigos e fará que você passe pelos obstáculos. Ele lhe mostrará o local e trará a certeza de que a vontade do Senhor é sempre boa, perfeita e agradável.

Minhas anotações

Ore comigo

"Meu Deus, eu te agradeço por tuas bênçãos incontáveis e pela oportunidade de desenvolver um relacionamento contigo dia após dia. Torna os meus ouvidos atentos à tua voz e conduz os meus passos em teus caminhos. Amém."

LEITURA BÍBLICA
Gênesis 22:14

23 AGOSTO

O Senhor proverá

Quando somos conduzidos por Deus, pela fé, temos convicção de que ele cumprirá o que nos chamou para fazer. Ainda que não saibamos como, quando e por que, a fé nos traz a certeza de que os planos do Senhor não falham, mesmo se as circunstâncias forem contrárias ou duvidosas.

O Deus de Abraão, Isaque e Jacó é também o nosso Deus. Ele continua provendo enquanto obedecemos à sua direção. Contudo, somente aqueles que caminham segundo a vontade de Deus podem afirmar: Jeová-Jiré, Deus proverá. Essa não é uma expressão triunfalista para exonerar os indivíduos da obediência a Deus.

Deus provê àqueles que estão atentos à sua voz. O Deus que dá a direção é o mesmo que provê recursos quando caminhamos conforme as suas ordens. Se diligentemente ouvirmos a voz do Senhor e por suas veredas andarmos todos os dias na direção que ele nos dá, Deus proverá quando houver necessidade de provisão.

Se você viver para a glória de Deus, obedecer às ordens dadas por ele, buscar o Reino, basear sua conduta nas Escrituras e ouvir a voz dele atentamente, não se preocupe. No lugar onde houver necessidade, há provisão do Senhor. Portanto, ande com Deus todos os dias e siga as instruções dele, pois, no momento de sua necessidade, ele lhe dará provisão.

Minhas anotações

Ore comigo

"Senhor, ajuda-me a obedecer à tua voz, ainda que eu não entenda os teus planos para mim. Firma os meus pés nos teus caminhos. Em nome de Jesus. Amém."

24 AGOSTO

LEITURA BÍBLICA
Lucas 2:49

O lugar onde você deve estar

Sabemos poucas coisas sobre a vida de Jesus na terra antes do início de seu ministério público. O Evangelho de Lucas relata que ele crescia saudável e forte, cheio de sabedoria (v. 2:40). Nesse mesmo capítulo, lemos que, aos 12 anos, Jesus e seus pais foram à festa da Páscoa, como faziam todos os anos. No entanto, José e Maria, enquanto no caminho de volta para casa, somente depois de um dia de viagem, se deram conta de que o menino não estava por perto e, ao voltarem, o encontraram no templo, entre os mestres da Lei.

Quando questionado por sua mãe, respondeu: "Não sabiam que eu devia estar na casa de meu Pai?" Parafraseando, é como se tivesse dito: "Onde mais eu poderia estar?" Não sabemos quando, ao certo, Cristo se deu conta de quem era, de seu propósito na terra e da singularidade do seu relacionamento com o Pai, mas, aos 12 anos, ele já tinha convicção dessas coisas.

Como Cristo, devemos nos perguntar: "Onde mais eu poderia estar, senão na presença de meu Pai?" Precisamos, como o menino Jesus, ter certeza de quem somos, de nosso propósito na terra e de quanto precisamos investir no relacionamento com o Pai. A nossa vida, independentemente da idade, precisa ser passada na presença de Deus, em contato com as Escrituras e em busca constante por sabedoria.

Minhas anotações

Ore comigo

"Pai, a tua presença é o melhor lugar onde eu poderia estar. Graças te dou por esse imensurável privilégio. Dá-me sabedoria e afirma a minha identidade e o meu propósito em ti. Em nome de Jesus. Amém."

LEITURA BÍBLICA
Hebreus 2:18

25 AGOSTO

Vencendo as tentações

É provável que a luta contra as tentações seja o desafio mais constante na vida dos cristãos. O Maligno usa táticas e artimanhas para confrontar os filhos de Deus, pois seu objetivo é fazer que eles caiam e cedam. Ele se utiliza dos desejos da carne e dos olhos, da soberba e das ambições. Contudo, nenhuma tentação é maior do que possamos suportar, conforme afirma a Palavra, e Deus nos dá formas de vencê-las (cf. 1Coríntios 10:13).

O próprio Jesus foi tentado por Satanás, mas venceu (cf. Lucas 4). No deserto, Cristo foi tentado de todas as formas e, ainda assim, jamais pecou. Da mesma forma, o Inimigo nos tenta em momentos de vulnerabilidade, quando atravessamos o deserto e as provações. Ele se aproveita de carências físicas e emocionais para pôr em prática suas táticas. Quando, porém, as tentações sobrevieram a Jesus, ele sabia como vencê-las.

Jesus é o nosso modelo em todas as coisas. Tudo ele enfrentou sem pecar. Se quisermos, como ele, vencer e permanecer de pé, precisamos estar cheios do Espírito Santo. Quando há plenitude da presença do Espírito, temos condições de vencer as tentações da vida. Temos de estar atentos e obedientes à voz de Deus. Além disso, a Palavra deve estar gravada no nosso coração e na nossa mente, porque ela é o nosso escudo. Somente assim seremos vitoriosos.

Minhas anotações

Ore comigo

"Enche-me do teu Espírito, Deus. Eu quero ser conduzido por tua Palavra e estar atento à tua voz, para que, ao passar por todas as provações, o Senhor se agrade de mim. Amém."

26 AGOSTO

LEITURA BÍBLICA
Gênesis 28:16

O Senhor está neste lugar

Às vezes, sentimos que estamos, como Jacó, repousando sobre um travesseiro de pedra. Para olhar para a frente na expectativa de dias melhores, não podemos abrir mão dos nossos sonhos. Eles nos movem, nos impulsionam e nos fazem idealizar o futuro. Deus nos dá sonhos mesmo em momentos difíceis.

Você deve ser um sonhador, alguém com perspectiva de um futuro melhor, certo de que, nos lugares mais difíceis, Deus está cuidando de você. Os anjos dele estão cuidando de você. Mesmo quando falhamos, o Senhor nos envolve com sua misericórdia e traz a certeza de que ele está conosco.

Talvez tudo na sua vida esteja se encaminhando para um rumo diferente do desejado. Ainda assim, o Senhor continua com você. Deus está por perto. A presença dele é real; portanto, busque-a. O Deus que abençoa é o que prometeu estar com você todos os dias. E ele não somente se faz presente, como também fala com seus filhos.

Preste atenção no lugar onde você está. Olhe ao seu redor e veja como a bondade de Deus tem se manifestado em cada aspecto da sua vida. Não deixe de perceber que o Senhor está com você. Confie nos sonhos e nas promessas dele para a sua vida e vá em direção à vontade de Deus.

Minhas anotações

Ore comigo

"Sei que estás comigo, Senhor. Agradeço por tua companhia e por teu cuidado incondicional. Revela os teus sonhos para a minha vida e renova a minha vontade de sonhar. Em nome de Jesus. Amém."

LEITURA BÍBLICA
Deuteronômio 8:15-18

27 AGOSTO

Lições do deserto

O deserto pode se transformar em uma das mais importantes escolas em nossa vida. O deserto é o lugar de passagem, transição. No entanto, ao chegar à promessa, ao lugar da bênção de Deus, não podemos nos esquecer de todas as lições, de tudo o que aprendemos. Muitos clamam ao Senhor em meio ao processo e não se lembram de adorá-lo e dar-lhe graças depois.

Na bonança, muitas vezes nos esquecemos do que aprendemos em momentos de privação, crise e dor e, por isso, cometemos os mesmos erros. Precisamos guardar os ensinos de Deus sobre o seu cuidado e provisão em meio às necessidades, bem como suas promessas de livramento, em nosso coração. Temos, sim, de clamar a ele no deserto, mas também precisamos glorificá-lo nesse lugar de provação. E, quando a promessa se cumprir, temos de louvá-lo continuamente.

Somos o resultado do cuidado diário e intenso de Deus. Não há um dia sequer em que estamos sozinhos. O deserto pode estar seco demais, muito difícil, mas em nenhum momento somos desamparados. No deserto ou na terra prometida, o Senhor está conosco. Guarde as lições desse lugar em seu coração, para que você não volte mais para lá. O deserto não é o seu lugar.

Minhas anotações

Ore comigo

"Deus, tu tens sido o meu refúgio e socorro. Louvo o teu nome por tuas bênçãos e tua infinita misericórdia. Eu te adorarei todos os dias da minha vida, independentemente das circunstâncias, pois tu és o meu Deus. Amém."

28 AGOSTO

LEITURA BÍBLICA
Juízes 6:15-16

Deus sempre está do lado vencedor

O processo de mudança ocorre pela disposição de fazer algo novo. Pessoas conformadas não saem do lugar; pessoas esforçadas são encontradas pelos olhos de Deus. Não são os desistentes que realizam a obra do Senhor, mas os que se dispõem, perseveram e obedecem à voz de Deus.

Em meio a um cenário de caos para o povo de Israel, que, como consequência da desobediência, foi entregue por Deus nas mãos dos midianitas, um homem chamado Gideão foi levantado pelo Senhor. Ele se considerava fraco e sem importância, mas sua história mostra que Deus levanta os improváveis para, por meio deles, realizar sua obra.

Assim como Gideão, muitas histórias da Bíblia nos mostram que não é a força ou o número do exército que determina o resultado da batalha. Contanto que haja disposição e obediência, nenhum inimigo é capaz de derrotar os que lutam ao lado do Senhor. Deus sempre está no lado vitorioso; ele não perde, não perece.

Se você tem vivido um cenário caótico causado pelas consequências de seus atos ou das ações de outras pessoas contra você, o primeiro passo é se dispor a mudar de realidade. Em seguida, busque entender o que Deus quer que você faça, quais são as estratégias e orientações dele. Lembre-se de que ele usa os improváveis para realizar coisas grandiosas.

Minhas anotações

Ore comigo

"Senhor, sei que és vitorioso em qualquer batalha ou circunstância adversa. Orienta meus passos e dá-me estratégias para, ao teu lado, vencer. Em nome de Jesus. Amém."

LEITURA BÍBLICA
Salmos 37:25

29 AGOSTO

Temos tudo

As necessidades podem ser comuns a todos ou a um certo grupo, assim como podem ser específicas a uma pessoa. Elas variam em intensidade e dimensão. Todos precisam de provisão em diversas áreas. Quantas vezes somos edificados ao ouvir testemunhos de pessoas que passaram por privações e foram supridas por Deus. Nós mesmos, se contemplarmos nossa vida, poderemos testemunhar das vezes que a provisão dele supriu nossas necessidades.

Na caminhada com Deus, isso não é raro. Pelo contrário, quem anda com ele sabe que, em Jesus, nada nos falta. Se a necessidade chegar, será suprida. Paulo, como alguém fiel a Deus, testemunha aos filipenses sobre como a bondade do Senhor fez que ele estivesse plenamente suprido: "No momento, tenho tudo de que preciso, e mais [...]" (4:18, NVT). O Senhor nos concede muito mais do que aquilo de que precisamos, nos faz desfrutar da plenitude.

Precisamos viver pela certeza de que Deus não apenas supre nossas necessidades, como também nos surpreende com mais do que merecemos, pedimos ou imaginamos. O Senhor tem prazer em fazer o nosso cálice transbordar, para que, assim, possamos compartilhar com outras pessoas. Deus tem como especialidade nos surpreender com mais.

Minhas anotações

Ore comigo

"Pai, eu te agradeço por tamanha bondade e fidelidade para com a minha vida. Tu és tudo de que preciso, meu Deus. Que a minha alma encontre satisfação plena em ti, pois tua bondade cobre todas as minhas necessidades. Amém."

30 AGOSTO

LEITURA BÍBLICA
1Tessalonicenses 4:4-5

Quem está no controle?

O domínio próprio é, provavelmente, um dos atributos mais difíceis de serem desenvolvidos. Ele nos ajuda a viver a liberdade que nos foi concedida por Cristo sem ferir os limites da Palavra. Essa virtude corresponde ao controle sobre nossas ações, falas e desejos. O domínio próprio envolve o autocontrole.

A Bíblia fala sobre como é valioso controlar o próprio espírito (cf. Provérbios 16:32). Se desejamos viver uma vida que agrade e obedeça ao Senhor, temos de controlar nossos impulsos e vontades. Não podemos viver de maneira hedonista, para satisfazer todos os prazeres, sem nos preocupar com as consequências.

O prazer do cristão deve estar em caminhar com o Senhor e buscar uma vida de santidade, comunhão com Deus, pureza, bondade, amor, fidelidade, conhecimento da Palavra e sabedoria do alto. As paixões deste mundo, apesar de sedutoras e atraentes, são passageiras e prejudiciais.

Portanto, se você deseja viver pelo Espírito, não pode ser governado pelo seu corpo, seus sentimentos e pensamentos, suas vontades, tampouco pelas tentações deste mundo, mas pelo Espírito Santo. Domine seu corpo, sua língua, sua mente e seu coração conforme a Palavra e a vontade do Senhor.

Minhas anotações

Ore comigo

"Perdoa-me, Senhor, por meus pecados. Que eu não seja governado por sentimentos ou desejos carnais, mas pelo teu Santo Espírito. Ajuda-me a desfrutar da liberdade da maneira correta, que te agrada. Amém."

LEITURA BÍBLICA
Daniel 1:8

31 AGOSTO

Não negocie os seus princípios

A história de Daniel e seus amigos é muito conhecida. Esses quatro jovens de Judá, Daniel, Hananias, Misael e Azarias, tornaram-se um exemplo de fidelidade ao Senhor. Em diversas situações, lemos que eles se recusaram a ferir ou negociar seus princípios, independentemente do risco que corressem.

Na situação em que estavam, como servos no palácio real, foram submetidos a uma série de imposições, porém se recusaram a desobedecer a Deus. Devemos caminhar com a mesma devoção e fidelidade. Diante das imposições mundanas, temos de ser fiéis aos nossos princípios e valores inegociáveis, pautados pelas Escrituras.

O mundo tenta, todos os dias, nos seduzir e oferecer impurezas mascaradas. Tenta imprimir em nós características contrárias à vontade de Deus para a nossa vida. Se cedermos a essas tentativas e negociarmos os princípios bíblicos que regem a nossa conduta, seremos infiéis para com o Senhor.

Não podemos nos contaminar com a impureza dos alimentos da mesa imposta pelo mundo. Precisamos nos nutrir do alimento espiritual que nos sustenta e fortalece. Se não tomarmos cuidado, seremos enfraquecidos. Portanto, baseie-se nos princípios bíblicos para permanecer fiel a Deus em todo o tempo e não negocie os seus valores.

Minhas anotações

Ore comigo

"Senhor, eu te agradeço por tua fidelidade e proteção. Molda o meu caráter, para que eu seja fiel a ti e aos teus princípios. Em nome de Cristo Jesus. Amém."

PERSEVERANÇA

SETEMBRO

Meu planejamento

Meta

Plano

Leitura bíblica do livro

Atividade em família

Refeição especial

Avaliação alimentar

Tempo de qualidade com amigos

Um filme/série

Um livro/*podcast*

Um médico a agendar

Nota da minha saúde emocional

Atividade física pelo menos três vezes por semana

Participação semanal na comunidade espiritual

Ingestão diária de água

Gestão das finanças pessoais

LEITURA BÍBLICA
Isaías 41:10

01 SETEMBRO

Libertos da opressão do medo

O medo é um dos sentimentos mais comuns a todas as pessoas. Todos temermos alguma coisa. Ao contrário do que muitos pensam, o medo nem sempre é negativo; ele pode ser um recurso para a preservação da vida. No entanto, em situações de medo exacerbado, esse sentimento nos aprisiona e controla. Ele passa de instinto protetor a opressor.

Há, portanto, dois tipos de medo: o bom e o ruim. Os medos ruins, que se tornam controladores, produzem danos físicos, mentais e espirituais nas pessoas. Ainda que impensadamente, eles começam a reger a vida. Aos poucos, o medo contamina todas as áreas. De repente, sonhos, projetos e desejos dão lugar a inseguranças e receios.

No entanto, se desejamos viver os propósitos do Senhor, temos de aprender a enfrentar os medos que nos paralisam e aprisionam. Quem se entrega ao medo não vive as promessas de Deus. Contudo, quem se entrega a Deus é vitorioso, pois sabe que o Senhor está com ele.

Quando estiver com medo, confie no Senhor. Não deixe que esse sentimento tome conta de você e contamine a sua percepção sobre a vida. Lembre-se de que o amor perfeito lança fora todo o medo (cf. 1João 4:18). Dedique-se a ser aperfeiçoado no amor de Deus, de modo que a sua confiança e esperança estejam nele.

Minhas anotações

Ore comigo

"Deus, peço que não deixes que o medo me aprisione. Ajuda-me a repousar no teu grande amor e a confiar em ti em todas as situações. Em nome de Jesus. Amém."

02 SETEMBRO

LEITURA BÍBLICA
2Reis 7:1-2

A solução para a escassez

A escassez de algo essencial à vida é desesperadora. São altos os índices de mortes por falta de água, alimento e acesso à saúde. Contudo, a escassez de paz, propósito, perspectiva e esperança também causa a morte gradativa. O objetivo do Diabo é fazer que, aos poucos, deixemos de receber os nutrientes essenciais para a nossa saúde espiritual.

O que fazer, então, em situações em que nossa vida espiritual é ameaçada? Para todos os nossos problemas e questionamentos, a resposta está no Senhor. Pessoas cheias de Deus enxergam as crises de modo diferente. Por mais que a escassez chegue, homens e mulheres de Deus têm outra perspectiva, pois conhecem aquele que provê e sustenta. Eliseu vivia dessa maneira e, ao enfrentar uma adversidade, permaneceu firmado no Senhor.

Não há escassez, de ordem física, emocional ou espiritual, que Deus não possa suprir. Por isso, quando tentarem sabotar a sua fé com uma palavra de derrota, responda com palavras de vida e esperança, pois a sua confiança não repousa sobre homens, mas sobre o Todo-poderoso. Ele é capaz de transformar a escassez em abundância. Se há falta de paz, propósito, perspectiva e esperança na sua vida, busque aquele que pode fazer você transbordar em todas essas coisas e muito mais.

Minhas anotações

Ore comigo

"Senhor, graças te dou por tua provisão e por teu sustento. Sei que a tua bondade e a tua fidelidade me guardam. Fortalece a minha saúde espiritual, para que nada abale a minha confiança em ti. Amém."

LEITURA BÍBLICA
Hebreus 10:36,39

03 SETEMBRO

Persevere

Algumas coisas são indispensáveis para a preservação da vida. Sem elas, é impossível sobreviver. Do ponto de vista biológico, a água é uma delas. Do ponto de vista espiritual, porém, algo imprescindível para a sobrevivência é perseverar. A perseverança é vital para quem deseja alcançar dias melhores.

Precisamos de encorajamento para perseverar mesmo quando as circunstâncias contrárias vierem sobre nós. As Escrituras nos exortam e nos infundem bom ânimo. A Bíblia está cheia de histórias de pessoas que optaram por seguir em frente e, por isso, foram vitoriosas, bem como de encorajamentos do Senhor para aqueles que vencerem.

A perseverança, quando alinhada à vontade de Deus, é uma virtude. Precisamos perseverar em fazer a vontade do Senhor e em obedecer-lhe. Somente assim podemos vencer os processos e alcançar as recompensas que Deus nos reservou. Entretanto, não há recompensa alguma para quem desiste no meio do caminho ou para quem volta atrás.

Faça a sua parte em perseverar e seguir em frente. Se você está sem forças ou vigor, peça-os a Deus. Lembre-se de que os fracos desistem, mas os fortes perseveram. Se você optou por perseverar, já é forte! Há recompensa na perseverança; portanto, não desanime. Aproxime-se do Senhor e permita-se ser encorajado por ele e por sua Palavra.

Minhas anotações

Ore comigo

"Pai, tu sabes quais são as circunstâncias que tenho enfrentado. Sustenta-me, por tua força, para que eu possa seguir adiante, em obediência à tua vontade. Em nome de Cristo Jesus. Amém."

04 SETEMBRO

LEITURA BÍBLICA
Salmos 34:8

Nele me refugio

Os medos normalmente surgem em situações nas quais não vemos saída. Um diagnóstico, um desemprego, uma crise familiar, uma desilusão. Vem, então, a vontade de fugir, escapar. Entretanto, nesse contexto, precisamos aplicar uma lição valiosa que aprendemos no salmo 34, escrito por Davi em um dos mais complicados momentos de sua vida.

Precisamos entender que o medo não governa a nossa vida. A nossa decisão sobre o que vai nos controlar é determinante para a forma com que lidamos nas situações adversas. Davi escolheu louvar ao Senhor em todo o tempo (v. 1). Não somente nos dias bons, quando sonhos se realizam e portas se abrem, mas em todo o tempo devemos louvar a Deus.

Quando o medo vier, devemos buscar refúgio no Senhor. Essa é uma das formas de encontrar contentamento mesmo em meio às adversidades. O relacionamento com Deus deve ser buscado inclusive no sofrimento, pois é assim que provamos da bondade dele e encontramos consolo para a nossa alma.

Ao buscar a Deus, há uma ação do Espírito em seu coração. É por isso que aqueles que buscam o Senhor mesmo quando as situações não são favoráveis encontram paz e alegria. É a certeza do cuidado do Senhor que derruba o medo e nos faz caminhar em direção à vontade dele para nós.

Minhas anotações

Ore comigo

"Senhor, tu disseste que jamais desampararia o justo, e tenho provado dessa verdade. Graças te dou por seres meu refúgio. De ti vêm a minha alegria e a minha paz. Amém."

LEITURA BÍBLICA
1João 3:17-18

05
SETEMBRO

Em ação e em verdade

Uma das coisas mais desagradáveis que alguém pode fazer é ter um comportamento incompatível com suas falas e crenças. De nada vale um excelente discurso se as atitudes não são condizentes com ele. Por isso, é tão importante entender que o amor não se resume a um sentimento ou a uma frase bonita, mas é comprovado pelo estilo de vida.

Não podemos dizer que amamos a Deus se não o demonstramos de maneira prática. O amor é uma escolha. Por nos amar, Jesus deu a vida por nós. Por amarmos Jesus, temos de entregar a nossa vida a ele. No entanto, as Escrituras também nos ensinam que não é possível afirmar que amamos a Deus se não amamos o nosso irmão (cf. 1João 4:20).

O amor, para o cristão, é mandamento. Ou seja, se alguém não ama verdadeiramente a Deus e ao próximo, não pode ser chamado de discípulo de Cristo. A exemplo de Jesus, devemos dar a nossa vida pelos irmãos (cf. 1João 3:16), isto é, abdicar de nossa vontade em favor dos outros.

Ganância, arrogância, vanglória, egocentrismo e orgulho não são atitudes compatíveis com os princípios pelos quais um cristão deve viver. Devemos ser compassivos e estender a mão ao órfão, à viúva, ao necessitado, ao oprimido, ao aflito. Não podemos amar da boca para fora, mas em ação e em verdade, conforme orienta a Palavra.

Minhas anotações

Ore comigo

"Meu Deus, ajuda-me a amar os teus filhos como tu os ama. Ensina-me a ser compassivo e bondoso como Cristo. Em nome de Jesus. Amém."

06 SETEMBRO

LEITURA BÍBLICA
Deuteronômio 7:9

Deus é bom

Uma lição útil para todo cristão é aprender a ver a bondade de Deus. Precisamos remover as nossas lentes e olhar para o mundo sob a perspectiva do Senhor. Alguns pensam que Deus se esqueceu deles, de seus sonhos. Sentem-se rejeitados quando ele diz "não" ou quando pede para esperar. Se você se sente assim, saiba que Deus tem sido bom com você.

A bondade dele não falhou na sua vida por um dia sequer. Nem mesmo nos dias difíceis, nas adversidades. Se ele diz "não", é porque tem algo maior e melhor para a sua vida. Quando diz para você esperar, é porque sabe que precisa prepará-lo, moldá-lo. Deus produz coisas boas em você e em seu favor em todo o tempo, em todas as estações.

Às vezes, em meio às lágrimas ou à dor, não entendemos nada e nos perguntamos onde está a bondade de Deus. Quando as portas se fecham e a frustração inunda o nosso coração, questionamos se fomos desamparados. Contudo, com o tempo, compreendemos que, em tudo, Deus foi bom e continua bom.

Deus está cuidando de nós até mesmo em aspectos que nos são imperceptíveis. Sua bondade está em cada segundo de nosso dia. Por sua bondade, ele nos livra, guarda, cuida de nós e de nosso futuro, toma sobre si as nossas inseguranças e nos faz descansar em seus doces e amorosos braços.

Minhas anotações

Ore comigo

"Deus, tu és um bom Pai. Por isso, eu te agradeço com todo o meu ser. Ajuda-me a ver a tua bondade e fidelidade todos os dias, em todas as coisas. Amém."

LEITURA BÍBLICA
Salmos 33:12

07 SETEMBRO

O Senhor é Deus

No salmo 33, o salmista escreve que feliz é a nação que tem o Senhor como Deus. Esse deve ser o nosso desejo para o nosso país. Devemos clamar para que esta nação viva em justiça, bondade, paz, fidelidade e conforme os preceitos do Senhor. Precisamos orar para que o nosso povo esteja alinhado ao coração do Pai. Para que os governantes se submetam ao governo do Senhor.

No entanto, antes de mudar a nação, cada um de nós tem de mudar a própria vida e atribuir o senhorio de nosso coração a Deus. Talvez você pense que não há mais esperança para o país ou para a humanidade como um todo. Contudo, a nossa esperança está no Senhor. Tudo o que existe é por ele e para ele. Comece fazendo a sua parte e entregando a sua vida e a sua família a Deus. Dedique-se a refletir o caráter de Cristo, como embaixador dele neste mundo, para que outras pessoas sejam transformadas e edificadas pelo seu exemplo.

Além disso, ore. Ore pelo país, por seu estado, por sua cidade, pelo seu bairro. Ore pelos governantes, pelos poderes que regem a nação, pelos órgãos e entidades governamentais, pelos servidores. Interceda em favor desta nação, para que o Senhor seja o nosso Deus. Ele ouve o nosso clamor, está atento às nossas orações e é fiel àqueles que o temem.

Minhas anotações

Ore comigo

"Deus amado, eu te agradeço por meu país. Clamo para que sejas misericordioso e bondoso conosco, Senhor. Que a terra seja cheia de tua justiça e bondade. Em nome de Jesus. Amém."

08 SETEMBRO

LEITURA BÍBLICA
1Pedro 1:3

Regenerados para uma esperança viva

Os dias são difíceis. Passamos por ondas de preocupação, temor, guerras, doenças, ataques. Contudo, as lutas e perseguições sempre fizeram parte da história da igreja. Como crentes em Jesus, devemos nos firmar nas Escrituras e não ficar desesperados. Estejamos certos de que a igreja do Senhor sempre vai prevalecer, não por nosso mérito e força, mas pelo poder e autoridade de Cristo.

No entanto, as perseguições e as lutas, apesar de duras, contribuem para o crescimento da igreja. Jesus disse a Ananias, quando o enviou ao encontro de Paulo, que mostraria a Paulo quanto importa sofrer pelo seu nome (cf. Atos 9:16). Isso rompe com a falsa crença de que o evangelho traz uma vida fácil, livre de sofrimento. Pelo contrário, esta é "sim" uma caminhada de bênçãos, plenitude e paz, mas é também uma caminhada de batalhas contra a carne e contra o mal.

Precisamos, porém, ser sustentados pela promessa do próprio Jesus de que as portas do inferno não prevalecerão contra a igreja (cf. Mateus 16:18). Independentemente de qualquer perseguição que tenha enfrentado, ela continua de pé, firmada e fortalecida pelo Senhor. O nosso foco não deve estar na tribulação, mas na eternidade, pois fomos regenerados para uma esperança viva.

Ore comigo

"Senhor, graças te dou pela liberdade de te seguir e servir. Clamo por aqueles que têm sofrido perseguições pelo teu nome. Sê com eles em todo o tempo. Sustenta a tua igreja, em nome de Jesus. Amém."

LEITURA BÍBLICA
Lucas 14:26-27

09
SETEMBRO

Você é discípulo de Jesus?

A melhor maneira de identificar que alguém é influenciado por outra pessoa é olhar para as características adquiridas ao longo do contato. Se alguém ouve, segue e admira uma pessoa, começa a ter as mesmas qualidades, ainda que de modo inconsciente. Somos influenciados pelos círculos em que convivemos.

O relacionamento com Cristo é exatamente assim. Há pelo menos três segmentos das pessoas que ouviam Jesus: a multidão, dentre críticos, curiosos e ouvintes atentos; os seguidores, que o seguiam somente até certo ponto; e, por fim, os discípulos, aqueles que se relacionavam de maneira mais íntima e eram orientados por ele.

Esse grupo mais íntimo é o das pessoas que foram disciplinadas e instruídas por Jesus. Nem sempre a multidão que se reúne para ouvir Jesus é feita de discípulos, assim como nem todos os que frequentam a igreja são discípulos. Os verdadeiros discípulos de Cristo são aqueles que realmente desejam seguir a Palavra.

Jesus reconhece como discípulos aqueles que o amam acima de todas as coisas e estão dispostos a abrir mão de si mesmos em favor dele. O que define o discipulado é a decisão contínua de dar mais importância à agenda de Deus do que aos próprios interesses e desejos. Ser discípulo é morrer para si mesmo e viver para Cristo.

Minhas anotações

Ore comigo

"Senhor Deus, tira do meu coração tudo aquilo que eu tenho colocado antes de ti. Ajuda-me a abrir mão de meus interesses para priorizar o teu Reino e a tua vontade. Amém."

LEITURA BÍBLICA
Gálatas 5:1

Libertos da escravidão do pecado

Deus não criou ninguém para ser escravo, para viver sob jugo. Quando o pecado entrou no mundo, impôs a escravidão ao homem, de modo que a humanidade estava acorrentada, sujeita ao pecado. Até hoje, muitos ainda vivem aprisionados por suas transgressões.

O primeiro passo para a libertação da escravidão do pecado é clamar por socorro na presença de Deus. Ele ouve o clamor do aflito, do oprimido. O Senhor ouve até mesmo os gemidos que vêm da alma. Deus não é insensível para com os que sofrem pelo fardo imposto pelo pecado.

Em sua infinita graça e misericórdia, Deus nos chamou para a libertação plena por meio de Cristo Jesus. Ele ouviu os gemidos e clamores de seu povo e interveio por eles. As correntes e cadeias que antes nos prendiam foram quebradas, e hoje podemos desfrutar da verdadeira liberdade, que está unicamente em Cristo.

Não podemos, porém, jogar fora essa liberdade e retornar ao jugo do pecado. Fomos chamados para uma vida de liberdade, não somos mais escravos. Não há mais condenação para aqueles que estão em Jesus (cf. Romanos 8:1). Você foi criado para ser livre. Livre do peso do pecado, da acusação. Viva a plena e verdadeira liberdade.

Ore comigo

"Graças te dou, meu Deus, pela libertação que me foi concedida por meio da obra redentora de Cristo no Calvário. Afasta-me, Senhor, das correntes que me prendiam e do fardo que me era imposto. Que eu viva a liberdade em ti. Amém."

LEITURA BÍBLICA
Lucas 7:9

11 SETEMBRO

Uma fé admirável

Na época de Jesus, um centurião era um oficial romano, isto é, uma figura de autoridade militar. Na passagem do Evangelho de Lucas, somos surpreendidos com um centurião cuja fé chamou a atenção de Jesus. Esse homem, que representava uma força opressora, buscou socorro em favor de seu estimado servo.

A narração dessa história nos mostra a bondade desse oficial. Mesmo com tanto poder, tendo, inclusive, escravos à sua disposição, ele não tratava seu servo como propriedade, mas mostrava bondade. Ele tinha um olhar de misericórdia para com os menos favorecidos e fez o que podia para interceder por esse escravo.

A generosidade do centurião foi percebida por Jesus. Nada passa despercebido ao Senhor; ele conhece nossas obras e a intenção do nosso coração. Cristo também notou a humildade desse homem, pois este reconhecia a soberania do Mestre. No entanto, o que realmente fez que o Senhor Jesus ficasse admirado foi a fé do centurião.

Ele sabia que bastava uma palavra de Cristo para que o seu servo fosse curado, tamanho o seu poder. Sabia que Jesus não precisava ir ao encontro do seu servo, tampouco tocá-lo, porque o poder de Jesus transcende qualquer tipo de barreira. Que, como o centurião, tenhamos generosidade, humildade e fé em Cristo Jesus.

Minhas anotações

Ore comigo

"Senhor, o meu coração se enche de júbilo em ti. Peço que a tua Palavra produza transformação em minha vida e encha-me de fé. Amém."

12 SETEMBRO

LEITURA BÍBLICA
Hebreus 12:14

A santificação

Muitos se escondem sob a faceta da imperfeição para fugir da busca por santidade. Dizem que a humanidade faz que não consigam ser perfeitos. A Bíblia, porém, nos orienta a ser santos em tudo o que fizermos, pois santo é aquele que nos chamou (cf. 1Pedro 1:16). Somos instruídos a viver em santidade, ou seja, em pureza. Sem uma conduta irrepreensível, em conformidade com a vontade do Senhor, ninguém poderá ver a Deus.

A nossa carne é, sim, inclinada ao pecado. Desde a corrupção da humanidade, na Queda, a nossa natureza pecaminosa tenta prevalecer. Se, porém, recebemos o Espírito Santo de Deus, devemos viver pelo Espírito e matar os desejos da carne. A santificação é um processo diário e, antes de tudo, é uma escolha. Se escolhermos ser santificados pela verdade, a Palavra, vamos nos abster de bom grado das obras da carne.

Somente dessa forma herdaremos o Reino de Deus. Se cremos em um Deus santo, perfeito, puro em essência, temos de nos esforçar para ser santificados. Cristo pagou o preço por nossos pecados na cruz, mas a decisão de crucificar a carne cabe a cada um de nós. Fomos redimidos pelo sangue de Jesus, porém temos a escolha quanto a como viveremos na terra. Se você deseja viver pelo Espírito, deve viver em santidade.

Minhas anotações

Ore comigo

"Santo Deus, perdoa-me por minhas transgressões. Fortalece-me, por teu Espírito e por tua Palavra. Santifica-me e purifica o meu coração, Senhor. Amém."

LEITURA BÍBLICA
Efésios 4:15-16

13 SETEMBRO

Qual é a verdadeira igreja?

A igreja nasceu no coração do Senhor. Ela não é uma instituição qualquer, mas algo que Cristo edificou, ou seja, levantou (cf. Mateus 16:18). Jesus é o firme fundamento, a pedra angular da igreja, bem como seu construtor. Portanto, a igreja não é um movimento dominical. Tampouco se restringe a uma estrutura de prédio físico.

Nós somos a igreja do Senhor, na qual há ordem, com o objetivo de que cada um cresça na maturidade do que devemos alcançar em Cristo Jesus. A igreja existe para que, dentro de sua estrutura funcional, possamos buscar o aperfeiçoamento. Então, os cargos, ministérios e chamados têm o mesmo propósito: servir a Deus e uns aos outros.

A verdadeira igreja visa à unidade da fé. O nosso ponto comum deve ser o Calvário. O que faz de nós membros do corpo de Cristo é professar a mesma fé. Para fazer parte da igreja, é necessário crer e receber Jesus como único e suficiente Salvador.

Não devemos somente confessar Cristo como único e suficiente Salvador, mas também buscar um relacionamento contínuo com ele. A mensagem central da igreja deve ser Jesus. Tudo converge nele. Como igreja, precisamos levar as pessoas ao pleno conhecimento do Filho de Deus.

Minhas anotações

Ore comigo

"Senhor Deus, guia-me pela verdade da tua Palavra, para que a minha vida não seja regida por inclinações humanas, mas conduzida pelo teu Espírito. Ensina-me a servir, para o crescimento e a edificação da tua igreja. Amém."

14 SETEMBRO

LEITURA BÍBLICA
Mateus 13:55-57

Identidade e propósito firmados

Durante o ministério público de Jesus, as pessoas da terra em que ele foi criado, Nazaré, não o reconheciam. Talvez os que o criticaram na passagem de Marcos 6 viram-no crescer, conheciam a família de Jesus e sabiam que ele não havia estudado formalmente, por isso estranhavam a autoridade e a sabedoria com que o Mestre falava.

No entanto, a postura de Jesus nos ensina muitas coisas. Cristo não duvidou de si ou ficou inseguro diante dos comentários e da incredulidade do povo de sua cidade, pois ele sabia quem era e qual era o seu propósito. Ele não queria popularidade, fama ou validação; desejava somente cumprir a vontade do Pai, que o enviara.

Algumas pessoas, por causa da situação em que estão e das pessoas que as cercam, perdem seu senso de propósito e começam a questionar sua identidade. No entanto, ter clareza sobre o propósito de Deus em nossa vida faz que permaneçamos firmados em quem o Senhor diz que somos.

Quando temos convicção de nosso propósito e de nossa identidade segundo aquele que nos escolheu, podemos romper entre a multidão e continuar caminhando em direção àquilo que Deus estabeleceu para nós. O que deve prevalecer em nossa vida é o desejo de cumprir a vontade do Pai. Se for para agradar a alguém, agrade a Deus.

Minhas anotações

Ore comigo

"Deus, perdoa-me por todas as vezes que me desviei do teu propósito e da tua vontade para a minha vida. Firma a minha identidade e o meu propósito em ti e na tua Palavra. Amém."

LEITURA BÍBLICA
Romanos 11:33

15 SETEMBRO

Profundas riquezas

Desde muito cedo, aprendi a valorizar a igreja, a comunhão com os irmãos e os ensinos do Senhor. O estudo bíblico sempre esteve presente em minha vida. Fui ensinado a ter amor e respeito pela Palavra e a apegar-me a ela como o manual da vida. Todo cristão deve dedicar-se intensa e profundamente ao estudo das Escrituras.

Precisamos resgatar o amor pela Palavra do Senhor. Ela foi inspirada por Deus e nos prepara e conduz. A Bíblia é fonte inesgotável de sabedoria, conhecimento e esperança do alto. Ela nos instrui a viver com disciplina, conforme os caminhos do Senhor. Se verdadeiramente desejamos conhecer Deus, seu caráter, sua vontade e seus feitos, precisamos buscar as riquezas contidas nas Escrituras.

O que foi escrito no passado não se tornou obsoleto, porque a Palavra é viva e eficaz (cf. Hebreus 4:12). Alguns pensam que, por se tratar de um tempo distante, as Escrituras estão desatualizadas ou não mais se aplicam a nós, em nosso contexto histórico-cultural. No entanto, isso não passa de um grande engano, porque tudo o que está escrito na Bíblia é "útil para o ensino, para a repreensão, para a correção e para a instrução na justiça" (cf. 2Timóteo 3:16).

Minhas anotações

Ore comigo

"Deus querido, eu te agradeço por tua Palavra divinamente inspirada. Ela é fonte de sabedoria e esperança. Tenho sido ajudado a conhecer-te mais a cada dia em minhas leituras. Obrigado, em nome de Jesus. Amém."

16 SETEMBRO

LEITURA BÍBLICA
João 10:14

O bom pastor

Se você conhece a Bíblia ou está na igreja há algum tempo, já deve ter ouvido que os cristãos são ovelhas e que Jesus é o bom pastor. A figura da ovelha está presente em diversos momentos nas Escrituras. Naquele tempo e lugar, o pastoreio de ovelhas era uma das atividades mais comuns. Por isso, Jesus contou muitas parábolas nas quais os seus discípulos, ou seja, aqueles que escolheram segui-lo, são representados por esses animais.

As ovelhas são animais vulneráveis, dependentes de alguém que as conduza e cuide delas, pois não podem se defender sozinhas. Assim somos nós. Sem alguém para nos guiar, vagamos. Sem alguém para cuidar de nós, caímos, nos perdemos, somos atacados. Contudo, o Bom Pastor é quem nos guia, protege e defende. Ele dá a vida por seu rebanho (cf. João 10:11) e faz de tudo para resgatar a ovelha perdida (cf. Lucas 15:4-6).

O Bom Pastor conhece as suas ovelhas, e elas o conhecem. Conhecem seu cheiro, sua voz. Como seguidores de Cristo, temos de conhecê-lo intimamente. Se conhecemos a voz de nosso Pastor, não seremos atraídos pelo ladrão. Ele nos conhece, sabe das intenções e dos desejos do nosso coração, das nossas fraquezas. Cabe a nós o esforço diário por conhecê-lo cada vez mais.

Minhas anotações

Ore comigo

"Obrigado, meu Senhor, por me protegeres e pelo teu pastoreio. Assim como tu me conheces profundamente, quero te conhecer e distinguir a tua voz e a tua vontade para mim. Ajuda-me a seguir somente a tua voz. Em nome de Jesus. Amém."

LEITURA BÍBLICA
Marcos 7:37

17
SETEMBRO

Jesus faz tudo muito bem

O ministério de Jesus, pela intensidade com a qual foi desenvolvido, é empolgante. Por cerca de três anos e meio de ministério público, por onde quer que Cristo fosse, ele realizava maravilhas. O Mestre não desperdiçou tempo, porque sabia que precisava cumprir a vontade do Pai. Tudo ele fazia muito bem.

Devemos, portanto, nos inspirar na intensidade e no empenho de Jesus em tudo o que nos propomos a fazer. Nós sabemos que temos de cumprir a vontade do Pai. Não sabemos como será o amanhã, por isso precisamos nos dedicar à obra do Reino e ao serviço que nos foi designado, de acordo com o propósito do Senhor.

Os ensinamentos de Jesus e os milagres que ele realizava por onde andava deixavam as pessoas maravilhadas, admiradas. Elas se perguntavam quem era aquele homem tão poderoso, tão cheio de autoridade. Engana-se, porém, quem pensa que os milagres de Cristo estão restritos aos narrados nos Evangelhos. Ele os realiza até hoje, na sua vida e na minha.

Será que temos, como as pessoas que testemunharam o ministério público de Jesus, ficado maravilhados com as obras dele? A caminhada com Cristo ainda deixa você admirado e impressionado? Não podemos deixar de sentir a empolgação de contemplar o agir de Jesus Cristo. Ele fazia, faz e para sempre fará tudo muito bem.

Minhas anotações

Ore comigo

"Senhor, quão maravilhosos são os teus feitos! Ajuda-me a nutrir a minha admiração por ti, para que eu jamais me esqueça de tua grandeza. Quero te ofertar um coração grato e maravilhado. Amém."

18 SETEMBRO

LEITURA BÍBLICA
2Coríntios 10:4-6

Como resistir às batalhas

O mundo tem assistido, perplexo, a violência se disseminar em uma velocidade desenfreada. As batalhas são terríveis e cruéis. Nesse contexto, o papel da igreja é interceder pelos que sofrem e passam necessidades. Há, porém, uma guerra incessante que assola todos nós, a batalha contra as hostes malignas. Não há um dia sequer em que não sejamos atacados pelo Inimigo.

Como seres espirituais, precisamos ficar atentos não somente às demandas da vida terrena, mas também à batalha espiritual em que nos encontramos. Nessa guerra, as nossas armas são espirituais; não podemos vencer a batalha espiritual com recursos carnais. O General, Cristo, nos instrui sobre como devemos proceder e nos dá as estratégias para vencer dia após dia. É imprescindível buscar entendimento espiritual, para que tenhamos os olhos abertos e atentos.

A autoridade de Jesus é a única que pode derrotar o Inimigo. É por isso que precisamos submeter o nosso coração e a nossa mente a Cristo, para que não sejamos desobedientes e caiamos em tentação. Devemos nos revestir do Espírito, prontos para vencer a carne e os desejos e pensamentos que dela provêm. Não há nenhum levante das trevas que prevaleça contra a igreja do Senhor.

Minhas anotações

Ore comigo

"Senhor Deus, perdoa-me por meus pecados e purifica o meu coração. Fortalece-me, por teu Espírito, e capacita-me nesta batalha. Quero seguir os teus comandos e ser orientado por ti. Amém."

LEITURA BÍBLICA
Salmos 103:2

19 SETEMBRO

Bendiga ao Senhor, ó minha alma

A ingratidão é uma das coisas mais prejudiciais e destrutivas para os relacionamentos. Ela corrói aos poucos. A falta de gratidão e reconhecimento ao Senhor e aos seus feitos causa reclamações, insatisfação, orgulho, arrogância e egoísmo. A pessoa ingrata exige sempre mais, sem reconhecer tudo o que Deus já fez por ela. Não percebe quão maravilhoso é poder louvar a Deus por suas bênçãos e apreciar tudo o que ele é e faz.

É por isso que não podemos nos esquecer das bênçãos do Senhor. Devemos anunciar cada uma delas e, com o coração grato, bendizer e louvar a Deus. Nada do que o Senhor faz é por causa de quem somos, mas por quem ele é. Tudo o que recebemos é um sinal de sua bondade, fidelidade, compaixão e graça. Deus não nos deve nada, porque de nada somos merecedores.

Em sua infinita graça, Deus enviou Jesus ao mundo para nos dar a salvação. A nossa atitude, em resposta ao amor e à misericórdia do Senhor por nós, deve ser de gratidão profunda, incondicional e constante. As ações de graças são o sinal de que fomos transformados e reconhecemos que nada somos e não temos nada sem Deus. Louve com gratidão, pois dele, por ele e para ele são todas as coisas (cf. Romanos 11:36).

Ore comigo

"Graças te dou, Senhor amado, pois fizeste por mim infinitamente mais do que mereço. És incomparável e digno de todo o meu louvor, de toda a minha gratidão e de toda a minha adoração. Traz à minha memória as tuas bênçãos, para que eu não me esqueça de nenhuma delas. Amém."

Minhas anotações

LEITURA BÍBLICA
João 14:1

O que governa a sua vida?

Acredito que o pior tipo de conflito seja o conflito interno, na alma. É impossível fugir ou esquivar-se dele. Todavia, temos de aprender a lidar com ele. O primeiro passo é confiar naquele que pode nos dar a paz perfeita, Jesus. Cristo deseja trazer-nos paz em meio ao conflito, pois ele não deseja que permaneçamos aflitos.

Existe uma grande diferença entre estar aflito e permanecer aflito. Permanecer aflito tem a ver com o que nos controla e do que alimentamos o nosso coração. Precisamos escolher o que governa a nossa vida. Não são as circunstâncias que devem nos governar, não são as informações e as notícias sobre o mundo. A paz de Cristo deve dominar o nosso coração (cf. Colossenses 3:15). A nossa alma não pode se alimentar de coisas que trazem perturbação, mas do que pode nos trazer esperança.

Precisamos evitar os conflitos e as confusões internos, por isso é importante controlar o que ocupa a nossa mente. A única forma de encontrar paz e esperança em meio ao caos e aos conflitos é crendo em Deus. Firmados na certeza de que ele tem o controle de todas as coisas, podemos ter paz e descansar no Senhor. Talvez você esteja em meio a um conflito que parece interminável, mas saiba que Jesus pode trazer paz ao seu coração. Creia nele.

Ore comigo

"Senhor, obrigado por tuas bênçãos e por tua provisão. Guarda o meu coração em paz e na certeza de que tu tens cuidado de mim. Ajuda-me a encontrar descanso em teus braços. Amém."

Minhas anotações

LEITURA BÍBLICA
1Timóteo 4:12

21 SETEMBRO

Há lugar no Reino

No Reino de Deus, não há qualquer restrição. O Reino é para crianças, jovens e idosos. É para homens e mulheres. Para ricos e pobres. Não importa onde você nasceu, a cor da sua pele, a textura do seu cabelo, a sua altura, o seu peso e grau de escolaridade, Jesus o convida a caminhar com ele.

Algumas pessoas menosprezam o papel das crianças e dos jovens na igreja e no serviço do Reino, por terem menos experiência. No entanto, cada idade tem muito a ensinar. Precisamos, a cada dia, aprender com a humildade e a sinceridade das crianças, com a força e a coragem dos jovens e com a vivência dos mais velhos.

O apóstolo Paulo, ao escrever para o jovem Timóteo, seu filho na fé, o orientou a ser um exemplo "no procedimento, no amor, na fé e na pureza", a se dedicar ao ensino da Palavra e a exercer o seu dom. Ou seja, o exemplo de um jovem que baseia sua conduta nos princípios bíblicos é valioso para todos, independentemente da idade.

Talvez você se sinta ou já tenha se sentido inapto a exercer um ministério por medo, vergonha ou por ter sido excluído por outras pessoas. Contudo, saiba que há um lugar para você no Reino, e o desejo do Senhor é que você use o dom que ele lhe deu. Não espere ter uma certa idade, estar em determinado lugar ou realizar uma formação específica para servir a Deus.

Minhas anotações

Ore comigo

"Graças te dou, meu Deus, por poder me relacionar contigo. Não há nada mais valioso do que pertencer a ti. Capacita-me para a tua boa obra. Em nome de Jesus. Amém."

22 SETEMBRO

LEITURA BÍBLICA
Eclesiastes 3:1-2

Tempo de plantar

Talvez você já tenha ouvido alguém dizer algo como "Você não pode plantar cenouras e colher tomates." Esse pensamento pode ser sustentado biblicamente, pois as Escrituras afirmam que o homem colhe o que semeia (cf. Gálatas 6:7). Ou seja, não se pode plantar discórdia e esperar colher paz; não se pode plantar ódio e esperar colher amor. A Bíblia é clara ao mostrar que as ações e decisões têm consequências.

Então, convido-o a pensar sobre o que você tem plantado. O que você semeia nos seus relacionamentos, no seu trabalho, no seu ministério e na sua vida espiritual? A sua forma de viver e se comportar deve refletir os princípios cristãos, ou seja, deve refletir o caráter de Jesus. O princípio da semeadura e da colheita nos lembra da necessidade de ser intencionais em tudo o que fazemos.

Portanto, hoje, o primeiro dia da primavera, olhe para as sementes em suas mãos e reavalie se elas representam o que você deseja colher futuramente. Persevere em plantar a boa semente em todas as áreas, pois, no tempo certo, você colherá. Semeie o fruto do Espírito — amor, alegria, paz, paciência, amabilidade, bondade, fidelidade, mansidão e domínio próprio — e colha a vida eterna (cf. Gálatas 5:22; 6:8).

Minhas anotações

Ore comigo

"Deus, eu te agradeço pela verdadeira liberdade que posso encontrar somente em ti. Que o teu Espírito conduza o meu viver, para que eu colha a vida eterna. Dá-me discernimento para tomar as decisões corretas a cada dia. Amém."

LEITURA BÍBLICA
1Crônicas 22:12

23 SETEMBRO

A importância dos conselhos

Os conselhos, quando dados pelas pessoas certas, evitam muitas frustrações. Independentemente do grau de escolaridade, os pais recebem sabedoria do Senhor para orientar os filhos pelo caminho certo. Com sua bagagem e experiências pessoais, tanto boas como ruins, os pais aconselham os filhos de acordo com o que julgam correto e bom.

Muitos filhos desprezam o conselho dos pais e de pessoas mais velhas. No entanto, para determinadas coisas, somente o aconselhamento de pessoas experientes e capacitadas por Deus pode nos ajudar a tomar decisões sábias. Ao ouvir alguém, não podemos somente extrair suas palavras; temos também de absorver as histórias que estão por trás delas.

Como cristãos, devemos buscar por sabedoria incessantemente. Às vezes, porém, Deus nos apresenta o caminho para a sabedoria por meio de pessoas que já passaram por certas provas e, por isso, cresceram em conhecimento e discernimento. Saber ouvir também faz parte da busca por sabedoria.

Como filho, sente-se e ouça. Ouça os seus pais e aqueles que exercem autoridade sobre você. Ouça o Pai. E, se você for pai, inclusive na fé, instrua os seus filhos com sabedoria e profetize sobre a vida deles. Dê orientações segundo a vontade de Deus, para que os seus filhos trilhem o caminho designado pelo Senhor.

Minhas anotações

Ore comigo

"Pai, te dou graças por este dia e pela oportunidade de estar em tua presença. Dá-me sabedoria e discernimento, Senhor. Ajuda-me a ouvir e a seguir o conselho dos sábios. Em nome de Jesus. Amém."

24 SETEMBRO

LEITURA BÍBLICA
1Pedro 5:7

Lance sobre ele o seu fardo

Quem nunca se sentiu ansioso em algum momento da vida? A ansiedade é um sentimento comum a todos. Ela pode anteceder momentos importantes, assim como pode ser um alerta de que a saúde mental precisa de mais cuidado e atenção. Quando a ansiedade se agrava, começa a impactar as outras áreas da vida, como o trabalho, os relacionamentos, a autoimagem e, inclusive, a vida espiritual.

Talvez você já tenha enfrentado ansiedade com relação ao futuro, a questões sociais, profissionais ou até mesmo espirituais. Se, neste momento, você lida com essa dificuldade, é importante tomar algumas medidas. Somos templo do Espírito; isso envolve o corpo, a mente e o coração. Deus não deseja que soframos em nenhuma dessas áreas. Portanto, busque pessoas confiáveis e profissionais que possam ajudar você.

Não temos controle do futuro, mas confiamos no Deus que tem o mundo em suas mãos. Confiamos no Senhor que cuida de nós, mesmo quando não percebemos. Confiamos no Pai cujos planos para a nossa vida são de paz e esperança (cf. Jeremias 29:11). Portanto, lance diariamente a sua ansiedade e as suas inseguranças sobre o Senhor. Se chegamos até aqui, é porque ele tem, por seu amor e sua fidelidade, cuidado de nós.

Minhas anotações

Ore comigo

"Deus, ensina-me a confiar em ti em todo o tempo e traz ao meu coração a certeza de que tens cuidado de mim. Ajuda-me a lançar o fardo que me oprime sobre os teus pés. Obrigado, Senhor, por tua fidelidade. Amém."

LEITURA BÍBLICA
Gênesis 21:1-2

25 SETEMBRO

Ouse sonhar

Deus deseja que tenhamos sonhos. Sonhos grandiosos, extraordinários. Ele mesmo deposita, muitas vezes, desejos profundos em nosso coração. Realizar sonhos é incrível, mas realizar os sonhos de Deus para nós é maravilhoso. E este deve ser o nosso objetivo de vida: sonhar os sonhos do Senhor.

Talvez não exista nada mais triste do que pessoas que já desistiram de sonhar. Seja pela frustração, seja pelo pessimismo ou por causa das circunstâncias contrárias, muitos abrem mão de vislumbrar um futuro melhor. No entanto, a vontade do Senhor para nós é que vivamos em plenitude.

Foi ele quem colocou em nós a capacidade de sonhar e de almejar grandes coisas. Em toda a Escritura, vemos histórias sobre como, diante de barreiras aparentemente intransponíveis, o poder invencível de Deus fez de seus filhos vitoriosos. Lemos sobre como os servos fiéis alcançaram feitos grandiosos pelo poder do Senhor.

Ele fez a estéril gerar um filho na velhice, assim como fez de um jovem pastor de ovelhas o rei da nação de Israel. Fez o cego ver, o paralítico andar e o morto viver. Se os seus sonhos estão mortos, ele pode lhes trazer vida novamente. Se a sua esperança foi roubada, ele pode restituí-la.

Minhas anotações

Ore comigo

"Todo-poderoso Senhor, desejo sonhar os teus sonhos para mim. Remove do meu coração os desejos que não vêm de ti e faz-me sonhar conforme o teu propósito e a tua vontade. Amém."

26 SETEMBRO

LEITURA BÍBLICA
João 11:3

O amor de Jesus é uma certeza

Dentre todos os milagres de Jesus, talvez um dos mais conhecidos seja a ressurreição de Lázaro. Essa história se tornou notória, pois, além de serem poucos os casos de ressurreição narrados na Bíblia, Jesus tinha proximidade com a família de Lázaro. Jesus estabeleceu íntima amizade com o homem e suas irmãs, Marta e Maria.

Quando Lázaro foi acometido por uma doença, as irmãs mandaram dizer a Jesus que aquele a quem Cristo amava estava enfermo. Essa mensagem de Marta e Maria ao Mestre nos ensina como deve ser o nosso relacionamento com Jesus. Temos de ter convicção de que ele nos ama. Como Lázaro, somos aqueles a quem Jesus ama.

As Escrituras nos revelam que amamos porque, primeiro, ele nos amou (cf. 1João 4:19). A Palavra não deixa margem para que tenhamos qualquer dúvida acerca do amor do Senhor por nós. A primeira coisa de que você precisa estar convicto dia após dia é de que há um Deus que o ama profunda e incondicionalmente.

Ainda que Lázaro estivesse gravemente enfermo, o amor de Jesus para com ele não foi questionado por suas irmãs. Essa é a intimidade que devemos buscar diariamente com Cristo. O nosso relacionamento com ele deve ser tão profundo que não tenhamos, nem um segundo sequer, dúvidas de que ele nos ama.

Minhas anotações

Ore comigo

"Deus querido, obrigado por teu infinito e gracioso amor. Faz-me viver os meus dias em resposta ao teu amor. Em nome de Cristo Jesus. Amém."

LEITURA BÍBLICA
Marcos 1:31

27 SETEMBRO

Jesus está por perto

Há sofrimentos que dilaceram o coração e a alma. Algumas dores nos incapacitam, sejam elas físicas, emocionais ou espirituais. Na Bíblia, é possível encontrar muitos relatos de pessoas que, por estarem em sofrimento, ficavam abatidas, prostradas. Uma coisa que sempre me chamou a atenção é a compaixão de Jesus para com a dor do homem.

Cristo sempre foi atraído a lugares nos quais havia dor paralisante, limitante. O olhar de Jesus, cheio de misericórdia e amor, estava atento aos aflitos. Deus tem prazer em tirar o homem do sofrimento. Foi por isso que enviou Jesus para tirar as dores causadas pelo pecado, que produz sofrimento incapacitante e mortal.

Jesus está à procura dos necessitados e feridos. Cristo conhece cada uma das nossas limitações e tem poder para dar fim ao nosso sofrimento. Como fez com a sogra de Simão Pedro, ele se aproxima de nós, segura a nossa mão e nos ajuda a levantar. Jesus está sempre próximo de nós. Ele nunca se distancia de nossa dor ou age com indiferença.

Portanto, que esta mensagem sirva de encorajamento para você em meio às dores e tribulações: Jesus está por perto. O olhar misericordioso e amoroso de Cristo enxerga o seu sofrimento, e ele não deseja que você permaneça incapacitado, abatido, prostrado. Ele deseja segurar a sua mão e ajudá-lo a se levantar.

Minhas anotações

Ore comigo

"Senhor, tu conheces a minha dor e de ti não posso ocultar o meu sofrimento. Meu corpo, coração e espírito precisam de ti e da tua cura. Amém."

LEITURA BÍBLICA
1Crônicas 22:13

Como prosperar

O conceito de prosperidade é, em muitos casos, atrelado ao acúmulo de riquezas, ao sucesso e engrandecimento. Contudo, no contexto bíblico, trata-se de ser bem-sucedido, obter êxito em algo. Na caminhada cristã, nada do que nos propomos a fazer deve visar ao nosso enaltecimento, mas ao do Senhor. Tudo o que fazemos, das tarefas simples às grandes empreitadas, deve glorificar a Deus (cf. 1Coríntios 10:31).

É impossível agradar e glorificar a Deus se não lhe obedecermos ou não cumprirmos sua vontade. Da mesma forma, não podemos ser verdadeiramente prósperos aos olhos do Senhor se não seguirmos os estatutos dele. Deus não deseja que fracassemos ou sejamos desafortunados, mas que sejamos prósperos em seus desígnios para a nossa vida. É por isso que ele nos dá orientações, por intermédio da sua Palavra, a respeito de seus caminhos.

Portanto, se você deseja ser próspero, ter êxito, antes de tudo deve se perguntar se aquilo que deseja fazer é para glorificar a você mesmo ou a Deus. Além disso, deve ter os mandamentos do Senhor gravados em seu coração, para que obedeça sempre à vontade do Pai e não se desvie do caminho que ele tem para a sua vida. Os caminhos do Senhor são sempre melhores do que os nossos.

Ore comigo

"Pai, eu te agradeço por me sustentares e garantires que estás comigo em todo o tempo. Conduz-me por teus caminhos e direciona cada um dos meus passos. Em nome de Jesus. Amém."

LEITURA BÍBLICA
Ezequiel 36:26

29 SETEMBRO

Um novo coração

O coração, na anatomia humana, é um dos órgãos mais complexos e vitais. No contexto bíblico, o coração é o centro de nossas emoções e de nosso ser, como um reservatório de tudo o que nós somos. A Bíblia diz que toda a nossa vida depende do coração (cf. Provérbios 4:23).

É indispensável manter a saúde física do nosso coração, por meio da alimentação, das atividades físicas e dos exames periódicos, porém ainda mais importante é cuidar da saúde espiritual dele. O Senhor, ao examinar o coração do homem do ponto de vista espiritual, chegou ao diagnóstico de que este é corrupto, enganoso, pecaminoso.

O homem nasce com o coração doente. Deus diz que é um coração de pedra, ou seja, insensível às coisas espirituais. Contudo, o desejo do Senhor é nos dar um novo coração, um coração de carne, isto é, sensível. Não é da vontade de Deus que continuemos com o coração duro, impuro, perverso, mas que recebamos um coração puro, bom, amável.

Todo cristão precisa passar por um transplante de coração, no sentido espiritual. O coração do velho homem, contaminado pelo pecado, já não nos serve mais. Ele precisa dar lugar a um novo coração, centrado em Deus, redimido, purificado. O cuidado da saúde espiritual é de nossa responsabilidade.

Minhas anotações

Ore comigo

"Senhor Deus, eu desejo ter um coração puro, limpo e sensível ao teu amor. Dá-me um novo coração, do qual tu sejas o centro. Aperfeiçoa-me conforme o teu querer. Em nome de Cristo Jesus. Amém."

30 SETEMBRO

LEITURA BÍBLICA
João 13:4-5

Amar e servir

Algumas pessoas que não conhecem Deus não entendem o conceito de servir. Servir é quando, em humildade, trabalhamos em favor de outras pessoas. O nosso maior exemplo de serviço é o próprio Jesus, que, mesmo sendo Deus, veio para servir o Pai, a humanidade e seus discípulos, quando lavou os pés deles.

O exemplo de Cristo nos ensina que o serviço não é uma obrigação, uma incumbência árdua, mas um ato de amor para com os nossos irmãos na fé e, principalmente, para com Deus. Servimos porque amamos, não porque temos de fazê-lo. Se o serviço é feito sem amor, sem alegria, sem genuinidade, ele não tem valor algum.

Se reconhecemos Deus como nosso Senhor, significa que voluntariamente nos colocamos debaixo da autoridade dele e assumimos o nosso papel de servos. Como servos, cabe a nós fazer a vontade dele e obedecer aos seus mandamentos. No entanto, a obediência é também uma resposta de amor.

O serviço se apresenta, para nós, de diferentes formas. Muitas vezes, significa estar dispostos a ajudar um irmão no que ele precisar, seja com orações, seja com recursos, com atos de bondade. Outras vezes, teremos de carregar o fardo que está sobre o ombro de alguém amado, para que ele possa suportar a caminhada. Em tudo, porém, serviço e amor estão interligados.

Minhas anotações

Ore comigo

"Meu Deus, tu és o meu Senhor. Coloco-me diante de ti como teu servo, disposto a obedecer à tua vontade. Capacita-me a servir os meus irmãos e torna o meu coração sensível à necessidade dos outros. Amém."

A vida é um sopro

Como em um piscar de olhos, nosso planeta já está prestes a completar mais uma volta ao redor do Sol. A cada ano, temos a sensação de que a velocidade do tempo está aumentando; as horas, dias, meses e anos têm passado tão rápido que, se não estivermos atentos, apenas os veremos passar sem vivê-los em plenitude.

Proponho a você um desafio de lembrar e celebrar. Escreva alguns momentos importantes da sua vida e da sua família mais próxima vividos no último ano. Se possível, imprima e inclua pelo menos uma colagem de fotos para recordar. Aproveite para planejar um tempo de contemplação da vida com as pessoas que você mais ama.

GENEROSIDADE

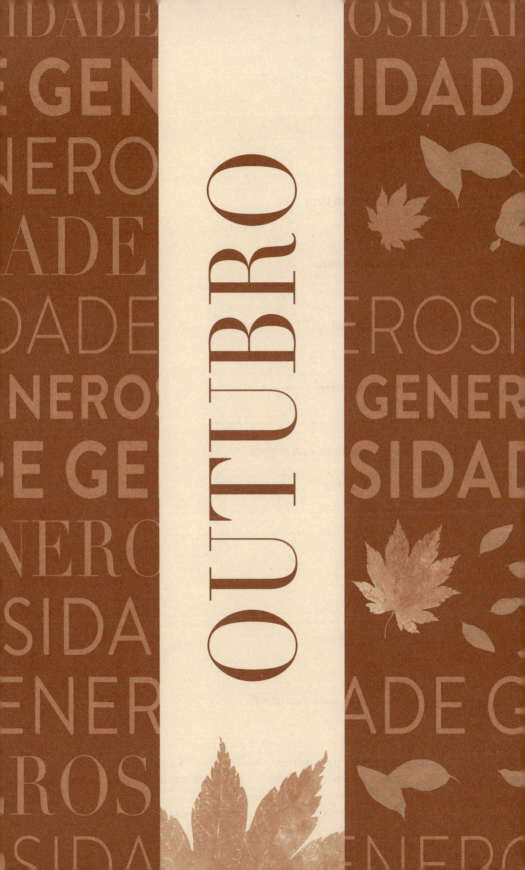

Meu planejamento

Meta

Plano

Leitura bíblica do livro

Atividade em família

Refeição especial

Avaliação alimentar

Tempo de qualidade com amigos

Um filme/série

Um livro/*podcast*

Um médico a agendar

Nota da minha saúde emocional

Atividade física pelo menos três vezes por semana

Participação semanal na comunidade espiritual

Ingestão diária de água

Gestão das finanças pessoais

LEITURA BÍBLICA
Salmos 150

01
OUTUBRO

Todo ser que respira

Grande parte do livro de Salmos é dedicada ao louvor. Davi, o autor da maioria dos salmos, adorava a Deus com cânticos e instrumentos musicais. Não há uma única forma de louvar a Deus; o importante é que ele seja louvado e entronizado, antes de tudo, em nosso coração. O louvor que realmente agrada a Deus é o louvor sincero. Não é necessário ter afinação e extensão vocal para cantar hinos de adoração se eles vierem do coração.

O salmista convida, em Salmos 150:6, todo ser que respira a louvar ao Senhor. Ou seja, tudo o que tem vida deve louvar ao Criador. A sua vida deve ser um tributo a Deus, para a honra e a glória dele. As palavras que saem da sua boca devem engrandecer o Rei dos reis. Em todas as coisas, você deve adorar a Deus com gratidão. Ele deve ser louvado na igreja, na rua, na sua casa, em secreto, onde quer que você esteja.

As músicas cristãs devem engrandecer e glorificar a Deus, não ter o homem como o centro. Para louvar a Deus da maneira que ele merece, precisamos nos esvaziar de nós mesmos para que sejamos cheios dele. Se o Senhor lhe deu uma voz bonita, use-a para adorá-lo. Se ele lhe deu aptidão para tocar instrumentos, toque-os para adorá-lo. Se o Senhor lhe deu vida, use-a para louvá-lo com tudo o que você é.

Minhas anotações

Ore comigo

"Deus, tu és majestoso, grandioso e digno de todo o meu louvor e adoração. Eu te louvo por tua criação perfeita, por teus feitos e por tua fidelidade. Eu te louvo porque me deste a vida e a salvação. Amém."

02 OUTUBRO

LEITURA BÍBLICA
2Timóteo 4:7-8

A corrida da vida

Como é precioso alcançar a velhice e, olhando para trás, ver que a vida foi marcada por dedicação, serviço ao Senhor e amor a Deus e ao próximo. O desejo de todos nós deve ser de que, ao chegar a uma idade avançada, possamos nos recordar dos momentos que o Senhor trabalhou em nosso favor e nos usou como instrumentos para a obra dele.

Quando Paulo, no fim da vida, se dirigiu a Timóteo, seu filho na fé, ele não se lembrou dos cristãos a quem perseguiu antes de sua conversão, de suas transgressões e fraquezas, mas da sua fidelidade. O apóstolo tinha convicção de sua identidade, de seu chamado. Enfrentou tempestades, naufrágios, foi preso, ameaçado, mas em tudo foi fiel a Deus.

A sua maneira de viver determinará como você se sentirá ao olhar em retrospecto e o que as pessoas dirão a seu respeito após a morte. Se você viver uma vida de santidade, busca pela presença de Deus, oração, devoção, serviço, amor, pureza, fidelidade e honra, como Paulo, poderá dizer que lutou o bom combate e guardou a fé.

Mais importante do que começar bem é terminar bem. Algumas pessoas foram dedicadas no início da vida, mas se desviaram do caminho do Senhor, como Salomão e Saul. Outros cometeram atrocidades, mas, após um encontro com Deus, foram transformados e restaurados, como Paulo. Como você deseja terminar a corrida da vida?

Ore comigo

"Senhor, a vida contigo é preciosa. Ajuda-me a lembrar do teu amor e da tua fidelidade todos os dias da minha vida e a viver em dedicação a ti. Em nome de Jesus. Amém."

Minhas anotações

LEITURA BÍBLICA
Lucas 2:36-37

03
OUTUBRO

Orar e jejuar

A oração e o jejum são duas práticas muito importantes na vida do cristão. Elas são formas de aprofundar o relacionamento com Deus e de desenvolver intimidade. É impossível ter um relacionamento com o Senhor sem a oração, porque ela se trata de conversa, diálogo. O jejum, por sua vez, demonstra a nossa dedicação e devoção. Em toda a Bíblia, vemos menções a essas práticas, inclusive no ministério terreno de Jesus.

Muitas pessoas complicam a oração e pensam que ela deve ser feita com palavras rebuscadas, mas a oração que agrada a Deus e comove o seu coração é aquela feita com sinceridade. Na presença do Senhor, não precisamos de máscaras, e sim de transparência. A Bíblia nos instrui a orar em todo o tempo (cf. 1Tessalonicenses 5:17), tanto para apresentar as nossas petições ao Senhor como para agradecer-lhe.

No Evangelho de Lucas, há um breve relato sobre a devoção da profetisa Ana. A Palavra nos mostra que ela nunca deixava o templo e era fiel na adoração, em jejum e oração. O jejum é devoção, adoração. Nessa prática, nos abstemos de algo por um período para buscar a Deus mais profundamente. Abdicamos da carne para buscar crescimento e amadurecimento espiritual. Tanto oração como jejum revelam a nossa percepção sobre Deus e onde está, verdadeiramente, o nosso coração.

Minhas anotações

Ore comigo

"Pai, perdoa-me por todas as vezes que negligenciei o meu relacionamento com o Senhor. Ajuda-me a permanecer firmado em ti e a jamais deixar que outra coisa ocupe o teu lugar em meu coração. Amém."

04 OUTUBRO

LEITURA BÍBLICA
Salmos 126:2

O Senhor nos enche de riso

Uma das marcas dos cristãos deve ser o sorriso. A pessoa que conheceu a Deus e se entregou a ele completamente não pode ser rabugenta, mal-humorada, cabisbaixa, carrancuda. Não, de modo algum. O verdadeiro cristão carrega consigo o semblante de quem teve a vida transformada e pode sorrir diante do futuro.

Isso não significa que não possamos ficar irritados, tristes, cansados de tempos em tempos, mas que a nossa vida não pode ser marcada pelos sentimentos negativos, porque temos a fé e a esperança firmadas no Senhor. É fácil sorrir quando acreditamos que Deus toma conta da nossa vida. É fácil sorrir quando nos lembramos de que somos filhos de um Pai amoroso que deseja o melhor para nós.

A presença do Espírito Santo em nossa vida transforma o pranto em dança e troca vestes de lamento por vestes de alegria (cf. Salmos 30:11). Uma pessoa amargurada é alguém que ainda não conheceu o doce amor de Jesus Cristo e a esperança da eternidade.

Uma vez que nos damos conta de quão precioso é estar na presença do Senhor, até mesmo o nosso coração sorri. O fruto do Espírito é, dentre outras coisas, alegria (cf. Gálatas 5:22). A alegria que temos pelo Espírito não é uma mera felicidade passageira, mas um estado permanente de nossa alma, a nossa resposta à graça de Deus.

Minhas anotações

Ore comigo

"Senhor, graças te dou por tua maravilhosa obra em minha vida. Que, mesmo nas dificuldades, eu possa sorrir em resposta à tua graça e ao teu amor. Em nome de Jesus. Amém."

LEITURA BÍBLICA
Lucas 16:10

05
OUTUBRO

Lidando com as finanças pela perspectiva bíblica

Uma das áreas em que mais precisamos de equilíbrio e, ao mesmo tempo, uma das mais difíceis de equilibrar é a das finanças. Alguns consideram que os cristãos não podem desfrutar de bens materiais e riquezas de maneira alguma, pois entendem essas coisas como vãs. Outros, porém, fazem do dinheiro um ídolo e são tomados pela ganância.

A verdade é que essa área é comum a todas as pessoas e não adianta ser radical em considerar o dinheiro uma inutilidade, como também não podemos fazer que a vida gire em torno dele. Jesus, durante a sua vida terrena, ensinou em diversos momentos sobre a maneira correta de lidar com as finanças e administrar os recursos materiais.

As Escrituras são claras em nos ensinar que somos mordomos, pois a terra e tudo o que nela há pertencem ao Senhor. Portanto, nossos bens não são nossos, mas nos foram confiados por Deus para que os administremos. A forma de lidar com as finanças é, assim como todas as coisas, um reflexo do nosso relacionamento com Deus.

O Senhor deseja que sejamos abençoados na totalidade, ou seja, em todos os aspectos de nossa vida. Para que administremos as finanças da maneira correta, precisamos ter uma postura sábia, honesta, atenta às necessidades do outro e fiel. O dinheiro não pode tomar o lugar de Deus no nosso coração.

Ore comigo

"Pai, dá-me sabedoria para administrar da maneira correta os bens que confiaste a mim. Não permita, Senhor, que eu faça do dinheiro um ídolo ou que eu me torne insensível à realidade das outras pessoas. Amém."

Minhas anotações

06 OUTUBRO

LEITURA BÍBLICA
Êxodo 19:11

Deus deseja exclusividade

O desejo do Senhor é que sejamos propriedade exclusiva dele. Deus não divide sua glória, sua soberania, tampouco a sua igreja. Ele quer exclusividade. A nossa vida, que foi paga com alto preço pelo sangue de Jesus no Calvário, pertence única e exclusivamente a Deus. O Senhor sempre vai ao encontro daqueles que reconhecem que são propriedade dele.

Como povo exclusivo de um Deus santo, ele espera que vivamos em santidade, pureza. Da mesma forma que o Senhor Deus, antes de descer sobre o monte Sinai, ordenou que o povo de Israel se purificasse, Jesus Cristo virá para nos encontrar e espera que nos apresentemos a ele como um povo puro, santo, imaculado, sem manchas, rugas, defeitos ou culpa (cf. Efésios 5:27).

Em breve, ele voltará! E deseja voltar para um povo consagrado, propriedade exclusiva dele. Precisamos estar prontos para a vinda de Jesus e, em todo o tempo, anunciar a verdade do retorno do Senhor, assim como Moisés anunciou o que Deus lhe havia revelado. Precisamos nos santificar e purificar, pois Cristo virá à terra para um povo que está preparado para um encontro com ele nas nuvens.

Minhas anotações

Ore comigo

"Senhor Deus, que eu seja, a cada dia, transformado pelo poder inconfundível da tua presença. Prepara-me para a vinda do teu Filho. Que o teu Espírito me conduza a viver de maneira santa, inculpável, pura, sem mácula. Amém."

LEITURA BÍBLICA
Colossenses 1:21-23

07 OUTUBRO

Reconciliados

Se há algo que encontramos com frequência nas Escrituras é a consequência do pecado na vida de quem o pratica. Aqueles que optam pelo caminho do pecado se tornam vítimas das implicações de sua escolha. O pecado continua produzindo destruição na vida dos que nele permanecem, desde a Queda, no Éden, quando houve separação entre Deus e o homem.

Quando deixamos que o pecado entre em nós pelas brechas, ele tem acesso à nossa vida e começa a causar destruição. É por isso que casamentos fracassam, famílias desmoronam e pessoas desistem. O Inimigo usa as nossas vulnerabilidades para nos corroer e nos afastar cada vez mais do Senhor. É impossível viver em pecado e usufruir da presença de Deus, porque ele é santo.

No entanto, o Senhor, em sua infinita misericórdia e graça, concede aos pecadores uma oportunidade de desfrutar da vida abundante. Basta decidir se entregar a Jesus, confessando os seus pecados e abandonando a velha vida, para poder viver em novidade de vida (cf. Romanos 6:4). Pelo sacrifício de Jesus na cruz, nos foi dada a reconciliação com Deus. É preciso, porém, que tenhamos fé e permaneçamos firmes, escolhendo viver em santidade e distantes das coisas deste mundo.

Minhas anotações

Ore comigo

"Pai santo, eu te agradeço por me dares a oportunidade de ser reconciliado contigo por intermédio do teu Filho amado. Purifica-me, para que eu possa me apresentar diante de ti santo, sem culpa e livre de acusações. Em nome de Jesus. Amém."

08 OUTUBRO

LEITURA BÍBLICA
Marcos 5:34

Seu sofrimento acabou

Ao olhar para as narrativas dos Evangelhos sobre o ministério público de Jesus, podemos ver que certas questões perduram até hoje. A nossa humanidade, no sentido de vulnerabilidade, fraquezas e crises, ainda é algo que nos impulsiona a procurar Cristo por socorro. Jesus era cercado por multidões que careciam de ajuda.

Uma das histórias de cura mais populares é a da mulher que sofria havia doze anos com um fluxo de sangue contínuo. Aquela enfermidade afetou diversas áreas da vida dela: estava debilitada fisicamente, emocionalmente abalada, afastada da sociedade por ser vista como impura e sem dinheiro (v. 26). Ela viu em Jesus a sua última chance.

Da mesma forma acontece conosco; às vezes, um problema emocional reflete no relacionamento conjugal, no trabalho, no ministério, nas finanças. De repente, um problema se torna uma multidão de problemas. No entanto, a obra de Cristo na vida dela foi completa, assim como pode ser na vida de cada um de nós.

Quando Jesus atua em nós, ele não se restringe a apenas um aspecto, mas a todas as áreas da nossa vida, porque sua restauração é sempre plena e integral. O projeto de Deus para você é uma transformação total. Contudo, assim como aquela mulher foi determinada e perseverante, você precisa ter fé de que somente Jesus pode restaurá-lo.

Minhas anotações

Ore comigo

"Deus, tu conheces os problemas que têm me afetado. Creio que tu és a cura e a restauração de que preciso. Ajuda-me, Senhor. Amém."

LEITURA BÍBLICA
2Reis 4:13-17

09 OUTUBRO

O Senhor pode transformar o seu lar

Talvez a área de nossa vida com relação à qual somos mais sensíveis seja a família. O nosso maior tesouro na terra é a família. Por isso, diante de crises familiares, somos impactados nas demais áreas. De nada adianta ter dinheiro, sucesso e bens se não tiver alegria, amor e paz em casa. De nada adianta um lar cheio de riquezas, mas vazio da presença e da unção de Deus.

Alguns lares sofrem de infertilidade biológica, ou seja, não conseguem gerar filhos. Outros, porém, sofrem de infertilidade espiritual, isto é, não conseguem gerar frutos. O desejo do coração de Deus não é que o nosso lar seja espiritualmente estéril, mas que multiplique bênçãos e transborde. Contudo, assim como para qualquer tipo de crise, há esperança no Senhor.

Muitas vezes, pensamos que estamos em um beco sem saída, impossibilitados de prosseguir ou de achar um caminho alternativo. No entanto, da mesma forma que Deus faz que a mulher estéril gere filhos (cf. Salmos 113:9), ele também pode mudar a realidade dos lares espiritualmente estéreis. Se você deseja vencer crises familiares, precisa intencionalmente criar espaço para Deus, que intervém em nosso favor e supre as nossas necessidades.

Minhas anotações

Ore comigo

"Meu Deus, eu te agradeço por minha família. Meu desejo é que estejamos sempre em tua presença, cobertos por tua graça e proteção. Ajuda-nos a caminhar em direção ao teu coração. Amém."

10 OUTUBRO

LEITURA BÍBLICA
Isaías 40:29

Deus está com você

Nunca se falou tanto em saúde mental como nos últimos anos. A sociedade tem voltado o seu olhar para aspectos tão importantes, mas invisíveis, da saúde. Outrora negligenciados, eles também merecem atenção dentro da igreja, porque Deus se importa com cada parte da vida de seus filhos.

Um bom pai não é insensível ao sofrimento de seus filhos, independentemente da origem da dor. Da mesma forma, o Bom Pai não deseja o nosso sofrimento. Ele dá força, ânimo, vigor, descanso, paz, alegria, refúgio e consolo aos que necessitam. Se alguém precisa de alívio, ele não nega.

Não conheço a sua história, mas tenho certeza de que ela não é isenta de dores e dificuldades. Não sei como está o seu coração neste momento, mas sei que há um Deus que deseja cuidar de você. Ele conhece os seus pensamentos mais profundos e os desejos do seu coração. Ele está com você e deseja dar-lhe esperança, renovo e descanso.

Talvez você tenha se sentido abandonado pelas pessoas ao seu redor, mas Deus nunca o abandonou. Pode ser que alguém em quem você confiava o tenha decepcionado, mas o Senhor nunca quebra a nossa confiança. Quer você se sinta injustiçado, quer se sinta excluído, frustrado, ansioso, fraco, incapaz, desesperançoso, Deus está com você e deseja suprir cada uma das necessidades da sua alma.

Minhas anotações

Ore comigo

"Meu Deus, só tu sabes como têm sido os meus dias. Creio que conheces o íntimo do meu ser e que estás comigo em todo o tempo. Sê a minha esperança, paz e refúgio, em nome de Jesus. Amém."

LEITURA BÍBLICA
Marcos 4:38-39

Paz em meio à tempestade

Nossa vida na terra é uma jornada rumo ao propósito. Essa jornada nem sempre é pacífica. Por vezes, as tempestades e os mares agitados sacodem o nosso barco. O nosso lado humano teme. Entretanto, Deus espera que sejamos guiados pela fé e que tenhamos paz em meio à tempestade. Talvez você se questione sobre como é possível ter paz durante a tribulação. A resposta: Jesus.

Na brisa suave ou na ventania, o Senhor está conosco. Ninguém pode dizer que enfrenta uma vida feita de calmaria; pelo contrário, passamos por agitações no trabalho, na família, nos estudos. Em alguns casos, o caos pode até mesmo ser interno, com relação à nossa saúde emocional ou espiritual. A verdade é que não podemos evitar que venham esses momentos, mas podemos garantir que Jesus esteja conosco no barco.

É a paz de Cristo que nos faz prevalecer. O mar violento e o vendaval não têm força diante da paz que vem do Senhor. A presença de Jesus no nosso barco nos permite descansar, pois temos a certeza de que ele tem governo e autoridade sobre toda e qualquer circunstância. Pela fé, sabemos que a tempestade e o vento forte não podem impedir o cumprimento do propósito de Deus na nossa vida.

Minhas anotações

Ore comigo

"Senhor, clamo a ti para que me preenchas com a tua paz perfeita e completa. Que, em tempos de agitação, a minha fé permaneça alicerçada no teu poder e na certeza de que estás comigo em todo o tempo. Em nome de Jesus. Amém."

12 OUTUBRO

LEITURA BÍBLICA
Provérbios 22:6

Ensine a criança

A nossa maneira de viver impacta grandemente as pessoas ao nosso redor. O nosso modo de falar e agir, bem como os nossos princípios e valores, influencia aqueles que estão por perto. Essa realidade é intensificada no núcleo familiar. Os filhos aprendem com o exemplo dos pais, quer bom, quer ruim, e com seus ensinos e instruções.

Eu sou filho de pastor, criado no ambiente pastoral, portanto cresci dentro da igreja. A minha vida foi moldada nesse contexto de serviço, comunhão e bênçãos. Desde pequeno, fui ensinado a amar a igreja e as coisas do Reino de Deus, e esse amor permaneceu e cresceu na vida adulta, de modo que, hoje, posso transmiti-lo às minhas filhas.

Devemos ensinar sobre as Escrituras e os caminhos do Senhor às crianças. Contudo, não basta falar se a nossa conduta não for condizente com as nossas orientações. Se a adoração, o estudo da Palavra, o trabalho ministerial, o amor ao próximo e a santidade fazem parte do seu estilo de vida, os seus filhos aprenderão com o seu modelo.

Deus espera que os pais sejam exemplo na vida dos filhos, para que, quando crescerem e tomarem suas próprias decisões, não se desviem do caminho no qual aprenderam a andar. De nada adianta pregar o evangelho se, primeiro, não o vivemos em nossa casa. O nosso lar deve ser consagrado ao Senhor dia após dia.

Ore comigo

"Pai, graças te dou por minha família. Abençoa-nos e guarda-nos em todo o tempo, Senhor. Que o Espírito Santo me ensine a viver nos teus caminhos, para que eu possa ser um exemplo em minha casa. Amém."

Minhas anotações

LEITURA BÍBLICA
Joel 2:12

13 OUTUBRO

Um chamado ao arrependimento

A vida longe de Deus é amarga. Há somente duas decisões para aqueles que já foram apresentados ao evangelho: andar com Deus ou estar distante dele. Viver sem o Senhor é escolher perecer. A única forma de ter vida em abundância é fazer de Jesus o centro de sua vida. Para isso, porém, é necessário confrontar o pecado. É impossível estar na presença de Deus se ainda houver desejo de permanecer no pecado.

O pecado rouba a vida. Sabemos que, mesmo após decidir entregar a vida a Jesus, a nossa carne continua inclinada ao pecado. No entanto, há uma grande diferença entre pecar e permanecer no pecado. Permanecer no pecado significa estar entregue à carne. Todavia, quando decidimos viver no Espírito, temos de renunciar ao pecado a cada dia, em um contínuo processo de santificação.

Um lindo fato sobre a forma de Deus agir é que sempre há oportunidade para arrependimento. O Senhor não deseja que a humanidade pereça, mas que viva nele. O pecado separa o homem de Deus, e foi por isso que ele enviou o seu Filho ao mundo, para que não sejamos mais separados. Para romper com a distância, basta que nos arrependamos genuinamente e nos voltemos aos caminhos do Senhor de todo o coração.

Minhas anotações

Ore comigo

"Deus, sei que tu és infinitamente mais misericordioso e gracioso do que eu mereço. Perdoa-me por minhas transgressões e conduz-me por tuas veredas. Purifica-me e permite que eu continue na tua presença. Em nome de Jesus. Amém."

LEITURA BÍBLICA
Gênesis 39:2

Deus não se esquece de suas promessas

A história de José é a de um jovem que sonhou os sonhos de Deus. O Senhor fez a ele promessas grandiosas. Da mesma forma, Deus tem sonhos para nós. No entanto, entre a revelação de um plano dele para a nossa vida e a concretização, há um processo. O processo é, muitas vezes, permeado de dificuldades, lutas, dores, porém nenhuma dessas coisas anula o sonho do Senhor.

Assim foi na vida de José. Ele sofreu injustiças, abandono e traições, mas, em nenhum momento, foi desamparado por Deus. A Palavra revela que o Senhor estava com ele e, por isso, foi bem-sucedido. Essa história nos ensina que Deus jamais se esquece de suas promessas e que os sonhos dele para a nossa vida não podem ser frustrados.

Além disso, outro aspecto que temos de aprender com a história desse jovem é que a nossa postura deve ser honrosa mesmo nas adversidades. José permaneceu fiel, correto, justo e bom, ainda que tudo ao seu redor estivesse desmoronando. Da mesma forma, a nossa integridade não deve oscilar por causa das tribulações.

Muito tempo se passou até que José finalmente contemplou o cumprimento das promessas de Deus na vida dele; ainda assim, esse servo do Senhor jamais esteve desamparado. A certeza da presença de Deus nos fortalece a perseverar em direção aos sonhos dele para nós. Portanto, continue, pois o Senhor tem sonhos para você.

Ore comigo

"Senhor, sei que estás comigo em todo o tempo e que a tua presença me fortalece. Que, como José, eu possa me manter fiel a ti. Prepara o meu coração para viver os teus sonhos. Em nome de Jesus. Amém."

Minhas anotações

LEITURA BÍBLICA
João 7:14-16

O ensino de Jesus

Uma das heranças que temos do tempo em que Jesus Cristo esteve na terra é o registro de seus ensinamentos nas Escrituras. Ele ensinava não somente por meio de palavras, como também por sua maneira de agir, tratar as pessoas e buscar, em todas as coisas, glorificar o Pai e fazer a vontade dele.

Jesus era chamado de Mestre e Rabi, o que evidencia que muitos respeitavam sua autoridade como mestre, ainda que ele não tivesse uma formação erudita. Quando questionado de onde vinha o seu conhecimento, ele afirmou que o seu ensino vinha daquele que o enviou.

É certo que não havia ninguém mais capacitado para instruir no conhecimento de Deus do que o Filho. Nenhum dos mestres da Lei poderia ensinar com tanta autoridade e propriedade quanto o Rabi. Jesus não precisava estudar formalmente ou ser instruído por um rabino, porque a sua sabedoria vinha dos céus e era infinitamente mais elevada do que a de qualquer homem.

O que muitas vezes não percebemos é que nos foi dado o maravilhoso privilégio de ser instruídos pelo Mestre. A Palavra está repleta de seu ensino. Desde pregações a multidões até a descrições de momentos que, sozinho, ele clamou ao Pai, a vida de Jesus deve ser a nossa maior lição.

Ore comigo

"Quão preciosos são os teus ensinamentos, meu Mestre. Ajuda-me a gravar cada uma de tuas palavras em meu coração e em minha mente. Capacita-me a ensinar outras pessoas pela minha forma de falar e agir. Amém."

Minhas anotações

16
OUTUBRO

LEITURA BÍBLICA
Salmos 121

Socorro e proteção

Há momentos que precisamos de segurança. Em situações em que nos sentimos ameaçados, acuados ou inseguros, temos a tendência de buscar socorro. Em tempos de tensão, preocupação ou angústia, procuramos um escape. Que maravilha é saber que a Palavra de Deus sempre vai nos ajudar a encontrar uma saída, um refúgio.

Talvez neste momento você esteja em busca de um porto seguro. Visto que toda fonte de socorro no âmbito espiritual vem dos céus, convido você a elevar os seus olhos. Em Tiago 1:17, está escrito: "Toda a boa dádiva e todo o dom perfeito vem do alto, descendo do Pai das luzes, em quem não há mudança nem sombra de variação" (ACF).

Em Deus, não há instabilidade. Os ventos fortes e as tempestades não estremecem o Todo-poderoso. É por isso que você tem de fixar os olhos nele; do contrário, continuará enxergando apenas problemas e dificuldades, e não encontrará socorro e proteção. O seu olhar precisa permanecer voltado para as coisas do céu, não da terra.

A falha do homem é persistir em buscar por socorro em fontes secas ou em águas poluídas. Quando, porém, você tiver certeza de que o socorro vem do Senhor, não mais recorrerá a fontes secas ou águas contaminadas, mas à Fonte de águas vivas. Que bom é ter uma fonte segura, presente e poderosa de socorro e proteção em meio às necessidades.

Ore comigo

"Deus todo-poderoso, sê o meu socorro em todo o tempo, Senhor. Preciso de ti. A minha vida depende da tua bondade e da tua misericórdia. Amém."

Minhas anotações

LEITURA BÍBLICA
Romanos 4:20-21

17 OUTUBRO

Fé que fortalece

A base daquilo que vivemos é a nossa fé. Fé em um Deus que age em nosso favor, ainda que não tenhamos compreensão plena. Mesmo sem ver, sabemos que ele está trabalhando por nós. Ainda que não entendamos, acontecem coisas ao nosso redor no mundo espiritual porque cremos em Deus.

Quando olhamos para a vida de fé, é importante lembrar que tudo vem do Senhor. Ele nos amou primeiro e, em resposta, nós o amamos. O Pai revelou seu amor para conosco na pessoa de Jesus Cristo, que, por sua graça, nos atraiu. O único caminho que pode nos levar à plenitude das promessas de Deus passa pela cruz.

É a fé no Deus que, por amor, opera o extraordinário por nós que nos fortalece em meio aos processos pelos quais passamos até chegar na promessa do Senhor. A fé vem de ouvir a Palavra (cf. Romanos 10:17). Ao ouvir de sua fidelidade, somos cheios da firme convicção de que aquilo que o Senhor nos prometeu acontecerá.

Para que a nossa fé seja sólida, precisamos conhecer Deus profunda e intimamente, de modo que a nossa percepção sobre ele não se abale pelas tribulações, pelo mundo ou pela ação do Maligno. Temos de estar tão firmados nas Escrituras que nenhuma maré derrube a nossa fé naquele que pode todas as coisas e é fiel para cumprir o que prometeu.

Minhas anotações

Ore comigo

"Obrigado, meu Deus, por tua fidelidade e teu amor para comigo desde muito antes de eu vir ao mundo. Firma o meu coração em ti e na tua Palavra, para que a minha fé não seja estremecida. Amém."

18 OUTUBRO

LEITURA BÍBLICA
João 9:7

Jesus cura

O tanque de Siloé foi um dos cenários de milagres de Jesus. Suas ações na terra comprovavam que ele era o Cristo. Siloé significa "enviado", ou seja, ao toque do Enviado, somos curados. No caso de muitos milagres, tratava-se da cura física, a qual ele ainda opera nos nossos dias; mais do que isso, ele tem poder para nos curar emocional e espiritualmente.

Jesus é o Médico dos médicos. Ele conhece as nossas mais profundas dores e vê as enfermidades de nosso corpo físico, bem como de nossa alma. O nosso Senhor tem poder para curar com apenas um toque, assim como para nos conduzir por um processo de cura, conforme sua vontade e seu plano para a nossa vida. Cristo é a esperança para qualquer tipo de mazela. Ele cura, restaura e renova aqueles que nele creem.

No entanto, Deus trabalha com cada um de maneira particular. Nas Escrituras, podemos ver que cada cura aconteceu de modo singular, único. Em determinados casos, bastou um toque; em outros, ele deu ordens. Às vezes, leva um instante; outras vezes, leva anos. Portanto, precisamos estar dispostos a seguir as orientações de Jesus.

Minhas anotações

Ore comigo

"Senhor, eu creio que tu tens poder para curar qualquer tipo de enfermidade. Toma a minha vida em tuas mãos e faz o teu querer, segundo o teu tempo e a tua vontade. Que a tua obra em minha vida seja testemunho do teu poder. Em nome de Jesus. Amém."

LEITURA BÍBLICA
Josué 24:15

19 OUTUBRO

Eu e a minha família serviremos ao Senhor

Algumas de nossas decisões afetam não somente a nossa vida, como também a de outras pessoas. Da mesma forma, as escolhas das pessoas também podem nos impactar. Tudo isso mostra que Deus foi bondoso ao nos dar a liberdade para decidir. Todavia, ele também é justo, pois cada escolha tem uma consequência, seja boa, seja ruim.

Decisões são importantes. Tomar decisões precipitadas pode pôr tudo a perder. Algumas pessoas fazem escolhas erradas quanto à profissão, ao cônjuge, a compras grandes e a mudanças significativas e, por isso, prejudicam a si mesmas e prejudicam pessoas próximas. Outras tomam decisões impulsivas que geram consequências catastróficas.

A decisão mais importante que alguém pode tomar é a de entregar a vida ao Senhor e andar em seus caminhos. Essa é uma decisão que influencia a família. Ninguém pode escolher pelo cônjuge ou pelos filhos, mas eles certamente serão impactados. A sua decisão de servir a Deus influencia a sua vida e a sua casa.

A sua conduta em casa deve refletir a decisão de servir ao Senhor. A forma de você tratar os seus familiares tem de demonstrar a sua fé em Deus. Se você deseja que a sua família seja separada do mundo e consagrada a Deus, comece pela decisão de se dedicar a ser um exemplo. Seja intencional em agir conforme a vontade do Senhor.

Minhas anotações

Ore comigo

"Pai querido, eu entrego a minha vida e a minha família nas tuas mãos. Ajuda-me a viver segundo a tua vontade e a refletir o teu caráter no meu lar. Em nome de Jesus. Amém."

20 OUTUBRO

LEITURA BÍBLICA
Isaías 6:8

Aqui estou!

Será que Deus pode contar com você para a obra dele? Como você se posiciona com relação à expansão do Reino do Senhor? Muitos acreditam que, depois de aceitar Jesus, basta ir à igreja aos domingos e não viver uma vida de mentira, futilidades, contendas, imoralidade, entre outros. Estes negligenciam o mandamento dado por Jesus de anunciar o evangelho.

A Bíblia nos ensina que a fé sem obras é morta (cf. Tiago 2:17). Também afirma que a seara é grande, porém são poucos os trabalhadores (cf. Lucas 10:2). Somos chamados a participar da maravilhosa obra do Reino, mas, infelizmente, alguns não veem quão precioso é fazer parte do plano de Deus para a humanidade.

É o amor a Deus que nos faz dizer: "Senhor, aqui estou!" O nosso desempenho ministerial e vocacional não deve ser medido com base em um falso senso de obrigação, mas fundamentado no nosso amor pelo Senhor e por seu Reino, bem como pela inquietação na alma ao ver que ainda há tantas pessoas que não conhecem o amor de Jesus.

Se a nossa alma não se compadece dos perdidos, algo está errado. Se o nosso coração não é consumido pelo ardente desejo de que todos sejam salvos, talvez não tenhamos compreendido o que significa amar ao próximo. Trabalhemos no Reino de Deus com intenções genuínas e pura demonstração de amor ao Senhor e ao próximo.

Ore comigo

"Pai, ensina-me a amar os teus filhos como tu os ama. Enche o meu coração de compaixão por aqueles que precisam te conhecer e capacita-me para espalhar o teu grande amor. Em nome de Cristo Jesus. Amém."

Minhas anotações

LEITURA BÍBLICA
João 9:15

21 OUTUBRO

Era cego e agora vejo

Cada um de nós nasceu com uma condição debilitante, a cegueira espiritual. Outrora, essa condição fazia que não enxergássemos os caminhos de Deus. Vagamos com um vazio existencial até que nos encontramos com Jesus, a luz do mundo. Ao conhecê-lo, fomos curados de nossa cegueira espiritual e nossos olhos foram abertos.

No entanto, até quando não enxergávamos o Senhor nos via. Ele via o nosso sofrimento e a nossa agonia. Via que estávamos vazios e sabia que somente a presença dele poderia nos preencher verdadeiramente. Nada passa despercebido a Deus, pois ele é o Deus que nos vê (cf. Gênesis 16:13).

Não há nada que possamos fazer para apagar o passado ou consertar a época em que vivíamos sem luz, sem percepção. Contudo, uma vez que nossos olhos são abertos, precisamos ajustar as nossas atitudes se queremos uma vida extraordinária segundo a vontade de Deus.

Não importa como foi o seu passado, mas como você tem vivido desde que se encontrou com Jesus e como tem testemunhado do que ele fez. O seu testemunho pode impactar a vida de outras pessoas. Para viver uma vida extraordinária, precisamos entender que a cura da cegueira espiritual é a primeira coisa que precisa acontecer.

Minhas anotações

Ore comigo

"Senhor Deus, obrigado por me curares e abrires os meus olhos para os teus caminhos. Guia-me nas tuas veredas e dá-me coragem para testemunhar do que fizeste por mim. Em nome de Jesus. Amém."

22 OUTUBRO

LEITURA BÍBLICA
Marcos 10:51-52

Uma vida extraordinária

Cada um de nós é escritor. Somos escritores da história da nossa vida, da nossa família, da nossa geração. Não determinamos como será essa história, mas determinamos como a escrevemos. Talvez os primeiros capítulos sejam marcados pelo pessimismo, pela melancolia. Todavia, após um encontro verdadeiro com Jesus, essa história passa a ser escrita com a expectativa do futuro e com a alegria de uma vida extraordinária.

Todos estamos em busca de uma vida melhor, porém é impossível encontrar uma vida extraordinária sem encontrar Jesus. Podemos ser promovidos, estudar na melhor universidade, mudar de país, nos casar, ter filhos, viajar pelo mundo, aprender diversos idiomas e, ainda assim, nos faltará algo. Somente Cristo pode transformar vidas ordinárias em extraordinárias.

O cego Bartimeu, cuja história é relatada em Marcos 10, não desperdiçou a oportunidade de dar início a uma vida extraordinária. Foi curado por Jesus, tamanha a sua fé, e transformado pelo encontro com o Senhor. Portanto, não desperdice as oportunidades que Deus lhe dá de mudar a sua realidade. Permita que Cristo transforme a sua história e a maneira como você a tem escrito.

Minhas anotações

Ore comigo

"Deus, tu conheces a minha história e sabes exatamente do que preciso. O meu desejo hoje, meu Senhor, é viver o extraordinário. Não quero viver os meus desejos para a minha vida, mas os teus. Amém."

LEITURA BÍBLICA
João 10:10

23 OUTUBRO

Plano perfeito

Uma das coisas mais fascinantes sobre o plano de Deus na nossa vida é que ele é perfeito. O Senhor não falha em seus projetos, e aquilo que ele sonha a nosso respeito vai além do que conseguimos pensar ou imaginar. Ele tem planos de nos surpreender com o extraordinário.

Essa perspectiva é uma realidade mesmo diante de um cenário de impossibilidades. Os planos do Senhor para a nossa vida não são comprometidos quando o cenário é adverso. Muitas vezes, pensamos que ele depende de um cenário favorável para nos abençoar, mas a bênção de Deus não depende da circunstância porque ele é o Deus de toda bênção.

Somente em Jesus a perspectiva de dias melhores permanece intacta. Mesmo nas adversidades, podemos ter a certeza de que a esperança que move o nosso coração não falha, porque está fundamentada na promessa do Deus que não pode mentir. Temos a promessa da vida plena e abundante em Jesus.

Não dependemos de argumentos humanos ou de promessas temporárias; estamos alicerçados na palavra do Deus cuja palavra não passa. A vida que o Senhor tem para você não é de sofrimento, miséria e desgraça, mas de plenitude, abundância e promessa. Creia que o Pai tem um plano perfeito para a sua vida.

Minhas anotações

Ore comigo

"Senhor amado, tu tens feito em minha vida muito mais do que eu poderia imaginar ou sonhar. Que eu honre a tua soberana vontade e viva plenamente o teu plano perfeito para a minha vida. Amém."

24 OUTUBRO

LEITURA BÍBLICA
Tiago 1:4

Maduros e completos

As provações fazem parte da caminhada cristã desde o início da história da igreja. O cristianismo sempre estará na contramão do sistema, pois não somos deste mundo (cf. João 17:16). Da mesma forma, os mártires sempre fizeram parte da história do cristianismo, visto que perseveraram pela fé que professavam, e o fazem até hoje. Deus tem, porém, sempre um propósito maior para a igreja.

A nossa falta de entendimento das coisas que Deus está fazendo nos impede de desfrutar delas com plenitude. O Senhor usa até mesmo o dia mau para abençoar o seu povo. As provações são oportunidades para que Deus molde a sua igreja e a ensine, conforme sua soberana vontade. Por isso, as Escrituras nos ensinam a perseverar nas provações, a fim de que o Senhor produza algo em nossa vida por meio das provas de nossa fé.

A igreja do Senhor sempre permanecerá, porque ela não está alicerçada sobre homens falhos, mas edificada sobre a Rocha, que é Jesus Cristo. Ele está sempre à frente, quer nas batalhas, quer nas provações. O Espírito trabalha para que tenhamos maturidade para responder com perseverança às provações. Em Deus, sempre há propósito para o seu povo, até quando o dia mau chega.

Minhas anotações

Ore comigo

"Pai, que a tua Palavra me encoraje a perseverar nas provações e que o teu Espírito fortaleça e amadureça o meu coração. Em nome de Jesus. Amém."

LEITURA BÍBLICA
Lucas 9:51-52

25 OUTUBRO

Clareza do propósito

Desde o seu nascimento, Jesus sabia de seu propósito: cumprir a vontade do Pai. Em nenhum momento, isso se perdeu em seu coração. Se nós queremos caminhar em direção ao cumprimento da vontade de Deus para a nossa vida, precisamos ter essa mesma clareza e convicção.

Nenhum de nós está neste mundo por acaso. Há um tempo, lugar e circunstância apropriados para o cumprimento do propósito do Senhor para a sua vida. Entretanto, para isso, você precisa ser preparado, moldado e ensinado por Deus, e a primeira coisa que deve estar firmada em seu coração é isto: Deus tem um propósito para você.

Quando somos guiados por um propósito, não nos distraímos por qualquer coisa nem andamos sem direção. Em sua estada na terra, Jesus nunca perdeu de vista o objetivo de sua vinda. Ele não perdeu tempo com coisas superficiais, mas se dedicou a viver plenamente o que lhe fora reservado pelo Pai.

A exemplo do Mestre, precisamos caminhar em direção ao propósito, pois nascemos por um motivo. Temos de ser intencionais em tudo o que fazemos e não desperdiçar tempo, pois somos mensageiros enviados para fazer os preparativos da segunda vinda de Jesus. Por isso, em tudo o que fazemos e falamos, devemos revelar Jesus.

Minhas anotações

Ore comigo

"Meu Deus, eu te agradeço porque fui criado com um propósito. Capacita-me, por teu Espírito, a caminhar conforme a tua vontade e os teus desígnios. No nome santo e poderoso de Jesus Cristo. Amém."

26 OUTUBRO

LEITURA BÍBLICA
Lucas 9:13-15

Como desenvolver estratégias

Estratégias são métodos empregados para alcançar êxito em uma tarefa ou obter algo. Elas são imprescindíveis nas forças militares, na economia, no marketing e na política, por exemplo. Além disso, são importantes na vida do cristão. Quando lidamos com problemas, Jesus não espera que sejamos a solução, mas que tenhamos estratégias para fazer parte dela.

Deus disponibiliza ferramentas, recursos e conhecimentos necessários para que sejamos bem-sucedidos e superemos obstáculos. Cabe a nós saber usá-los de maneira sábia. No entanto, desenvolver estratégias não significa que temos de resolver por conta própria; pelo contrário, precisamos entregar as situações nas mãos de Jesus e ouvir dele como devemos proceder, colocando-nos à disposição para obedecer aos seus comandos.

Portanto, se você está diante de obstáculos e precisa desenvolver uma estratégia, antes de tudo, ore e busque na Palavra. O Senhor certamente lhe dará meios para resolver, de acordo com a vontade dele, pois nenhum obstáculo é grande demais para Deus. Se você for à batalha com Jesus ao seu lado, certamente será vitorioso. Esteja à disposição para ouvir a voz do Senhor e seguir as orientações dele.

Minhas anotações

Ore comigo

"Senhor Deus, tu sabes quais são as situações que têm me desafiado e conheces as intenções do meu coração. Ajuda-me a desenvolver estratégias de acordo com a tua vontade. Em nome de Jesus Cristo. Amém."

LEITURA BÍBLICA
Lucas 10:41-42

27 OUTUBRO

Escolhendo a melhor parte

Todos os dias, temos a opção de decidir no que investiremos nosso tempo e nossos esforços. Precisamos aprender a discernir o bom do melhor. Quando nos relacionamos com Jesus, ele espera que nos dediquemos a ele integralmente. Jesus está conosco todos os dias, não somente quando vamos à igreja; ele habita em nós.

Em nosso tempo e cultura, há uma tendência muito comum de estarmos sempre ocupados, porém o relacionamento com o Senhor nos mostra que devemos buscar algo melhor. Escolher o melhor é estar no lugar certo e desfrutar da porção que Jesus nos oferece. Às vezes, gastamos o nosso tempo com demandas profissionais, ministeriais, familiares e domésticas, mas nos esquecemos de nos sentar aos pés de Cristo.

A preocupação com muitas coisas e a produtividade excessiva podem nos distanciar dos pés do Senhor. A melhor parte é dedicar tempo para ouvir Jesus, ainda que tenhamos tarefas a realizar. É ser intencional em investir tempo na comunhão com o Senhor e priorizar o que é verdadeiramente precioso: ouvir o que ele tem a nos dizer.

Todas essas demandas são, sim, importantes. No entanto, precisamos aprender a priorizar e a distribuir o nosso tempo da melhor forma. Muitas coisas disputam nossa atenção, mas, quando estamos aos pés de Jesus, nada pode ser mais importante, pois não há nada melhor.

Minhas anotações

Ore comigo

"Senhor, aqui estou, aos teus pés, pronto para ouvir o que tens a dizer. Ensina-me a discernir o que é melhor e a ser intencional em estar contigo. Amém."

28 OUTUBRO

LEITURA BÍBLICA
Isaías 43:11

Não há outro Salvador

Normalmente, em momentos difíceis, a nossa humanidade nos faz questionar a fidelidade de Deus quando, na verdade, o que nos mantém de pé é o fato de que Deus é fiel. As circunstâncias em que uma pessoa se encontra podem levá-la a pensar que nada melhor a espera ou, ainda, que o Senhor se esqueceu dela.

Contudo, a Palavra pode nos trazer esperança e a certeza de que Deus está conosco em meio às tribulações. Ela nos revela, na verdade, que não há esperança nenhuma senão no Senhor. Ele é o único que pode nos salvar e resgatar, transformar morte em vida, choro em riso e medo em fé.

Quando as circunstâncias nos abalam, Deus nos diz que ele é o Senhor e que não há outro salvador além dele. Ele diz que não há nada impossível para o Deus onipotente. Até nas situações em que achamos que fomos abandonados ou esquecidos, ele permanece fiel e nunca nega socorro aos seus.

Nos momentos de dificuldade, lembre-se de que ele é o único Senhor e Salvador. Recorde-se de que a fidelidade dele está em cada página das Escrituras e em cada dia da sua vida, tanto nos tempos de alegria quanto nos de dificuldade. As situações em que temos percepção de nossa impotência e incapacidade nos lembram de que ele está no controle de tudo.

Minhas anotações

Ore comigo

"Meu Deus, eu te agradeço por todas as vezes que me socorreste, até mesmo quando não percebi. Graças te dou por todos os teus livramentos. Que eu nunca me esqueça de tua infinita fidelidade para com a minha vida. Em nome de Jesus. Amém."

LEITURA BÍBLICA
João 14:15

29 OUTUBRO

Você escolheu viver para Deus?

Um doce fato sobre Deus é que, mesmo sendo soberano, ele não força ninguém a cumprir a sua vontade. Ele não impõe, não subjuga; pelo contrário, concedeu-nos o arbítrio de escolher qual caminho desejamos percorrer. Para o cristão, a obediência não é uma imposição, mas uma escolha.

A entrega a Cristo deve ser uma decisão voluntária e genuína. No entanto, uma vez que optamos por seguir os caminhos do Senhor, ele espera que vivamos em obediência, santidade e fidelidade. Ainda assim, trata-se de uma escolha. A Bíblia é clara ao tratar da obediência como uma forma de demonstrar o amor a Deus. Não obedecemos porque somos obrigados, mas porque o amamos.

A orientação do Espírito Santo e os ensinamentos das Escrituras nos revelam como podemos viver de maneira reta e pura, de acordo com a vontade e os preceitos do Senhor. A cada dia, somos colocados diante de escolhas que podem nos edificar ou corromper. A forma pela qual respondemos a essas decisões revela se verdadeiramente amamos ao Senhor.

Por vezes, para cumprir a vontade dele, temos de renunciar aos nossos desejos, sonhos e planos quando estes não estão em concordância com o que Deus quer para nós. Essa deve ser uma escolha consciente e intencional, por amor àquele que nos criou, redimiu e transformou. Qual é a sua decisão hoje?

Ore comigo

"Pai santo, graças te dou por tuas bênçãos em minha vida. Perdoa-me por todas as vezes que pequei contra ti. Que o teu Espírito me guie em todas as decisões, para que eu possa ser obediente e revelar o meu amor por ti. Amém."

Minhas anotações

30 OUTUBRO

LEITURA BÍBLICA
Marcos 16:15

A toda criatura

Tudo o que precisamos para sermos confrontados, tratados e sarados é de uma exposição constante da Palavra de Deus. O desejo do Senhor para nós não é somente que conheçamos as Escrituras, mas que as tornemos conhecidas. No nosso dia a dia, podemos anunciar as boas-novas de diferentes formas. A primeira delas é por meio de nosso estilo de vida condizente com a vontade de Deus. Pelo nosso modo de agir, demonstramos que fomos transformados e redimidos pelo sangue de Jesus.

Além disso, recebemos o mandamento de pregar o evangelho a toda criatura. Essa ordem não foi dada somente a pastores, ministros e evangelistas, mas a todo aquele que recebeu Jesus como seu Senhor e Salvador. O mundo está sedento e carente, e a única coisa que pode trazer esperança é a palavra da salvação. Temos de testemunhar os feitos de Deus em nossa vida e professar a nossa fé, para que outros se acheguem ao Pai.

Quantas vezes escondemos a nossa luz, em vez de colocá-la em um lugar apropriado, para que todos vejam? A vontade de Deus é que façamos resplandecer a luz de Jesus no mundo. As pessoas precisam reconhecer que vivemos de maneira diferente porque fomos salvos e libertos da escravidão do pecado. Portanto, faça brilhar a luz de Cristo!

Minhas anotações

Ore comigo

"Querido Deus, quão preciosos são os teus ensinamentos. Capacita-me, Senhor, a pregar a tua Palavra a todos aqueles que ainda não a conhecem. Em nome de Jesus, usa-me para alcançar vidas. Amém."

LEITURA BÍBLICA
Efésios 2:8

31 OUTUBRO

Salvos pela graça, por meio da fé

Talvez o principal pilar da Reforma Protestante seja a doutrina que afirma que a fé é o único instrumento dado por Deus para que possamos nos apossar da graça salvadora que há em Cristo Jesus. Essa doutrina nos ensina que a salvação não é um produto vendido pela Igreja de acordo com a quantidade de pecados de alguém, como muitos pensavam naquela época.

A salvação também não nos é concedida por nosso mérito ou nossas obras, não pode ser comprada por uma quantia, porque foi paga pelo precioso sangue de Jesus no Calvário. Esse foi o ensinamento do apóstolo Paulo à igreja de Éfeso. Fomos salvos pela graça, mediante a fé. Se não for única e exclusivamente pela fé, não é possível passar pela genuína transformação ou ter um relacionamento real com Deus.

A fé é a convicção das coisas que esperamos e do que não vemos (cf. Hebreus 11:1). O cristão não precisa ver seu nome escrito no Livro da Vida para ter a certeza de que foi salvo. A fé é a convicção de que Jesus pagou o preço para que pudéssemos ser redimidos e libertos do pecado. Não há nada que possamos fazer para nos salvar; fomos salvos pelo amor, pela graça, pela misericórdia e pela bondade do Senhor. Deus espera que tenhamos fé.

Minhas anotações

Ore comigo

"Bom Deus, graças te dou pela dádiva da salvação por intermédio de Jesus Cristo. Sei que nunca vou compensar o alto preço pago por teu Filho na cruz, mas entrego a minha vida e o meu coração a ti. Amém."

Meu planejamento

Meta

Plano

Leitura bíblica do livro

Atividade em família

Refeição especial

Avaliação alimentar

Tempo de qualidade com amigos

Um filme/série

Um livro/*podcast*

Um médico a agendar

Nota da minha saúde emocional

Atividade física pelo menos três vezes por semana

Participação semanal na comunidade espiritual

Ingestão diária de água

Gestão das finanças pessoais

LEITURA BÍBLICA
Marcos 8:29

01
NOVEMBRO

Quem vocês dizem que eu sou?

Em um relacionamento, independentemente do tipo de natureza, é esperado que você conheça o outro cada vez mais. Esse conhecimento não é superficial, mas profundo. No relacionamento com Jesus, após um tempo na caminhada com ele, também é esperado que o conheçamos mais intimamente e tenhamos certeza de quem ele é.

Ter entendimento claro sobre quem é Jesus é primordial para uma vida cristã coerente e frutífera. A ciência, a história e a filosofia humanas têm buscado, através dos séculos, definir quem é Jesus. No entanto, tudo o que precisamos saber sobre ele está narrado nas Escrituras ou nos é revelado pelo Espírito Santo e pelo relacionamento constante e íntimo.

Quem é Jesus para você? Se não tivermos condições de afirmar, de maneira pessoal, quem é Jesus para nós, precisamos reavaliar a nossa vida cristã. O evangelho de Jesus envolve relacionamento pessoal com ele. Ele não está interessado no que os pesquisadores dizem a respeito dele, mas no que você diz.

A única forma de estabelecer um relacionamento real e profundo com Deus é conhecer Jesus de modo pessoal e íntimo. A nossa concepção sobre ele não deve estar fundamentada no que os nossos pais nos ensinaram, no que a igreja diz, tampouco no que o mundo diz, mas em um relacionamento verdadeiro com Jesus.

Minhas anotações

Ore comigo

"Senhor, que imenso privilégio é poder te conhecer a cada dia e me relacionar contigo. Revela a mim o teu caráter e transforma o meu coração, para que seja mais parecido com o teu. Em nome de Jesus. Amém."

02 NOVEMBRO

LEITURA BÍBLICA
João 11:25-26

Da morte para a vida

Muitas pessoas têm medo da morte. No entanto, para nós, que cremos em Deus e aceitamos seu Filho como nosso Senhor e Salvador, a morte física não deve ser assustadora. O apóstolo Paulo escreveu que, para ele, morrer era lucro (cf. Filipenses 1:21). Não o fez porque estava deprimido, mas porque tinha convicção de que os cristãos não têm por que temer a morte.

Estávamos condenados à morte eterna, mas Deus, por sua infinita graça e misericórdia, enviou o seu amado Filho à terra. Éramos um vale de ossos secos, até que o poder do Senhor nos trouxe à vida (cf. Ezequiel 37). Cristo se ofereceu como sacrifício para que pudéssemos ter a vida eterna. Essa é a beleza do evangelho. Deus é o doador da vida. É o criador dos céus, da terra, dos mares e de tudo o que neles há.

Jesus é a ressurreição e a vida. Por seu sacrifício na cruz, fomos libertos da condenação pelo pecado e de sua consequência, a morte. Nem mesmo a morte foi capaz de derrotar Cristo; pelo contrário, ele a venceu. Não temos controle da vida, tampouco sabemos quando a morte de nosso corpo físico virá; no entanto, se cremos em Jesus, temos a esperança da eternidade.

Minhas anotações

Ore comigo

"Deus amado, tu me deste muito mais do que eu mereço. Deste a mim a esperança da vida eterna, ainda que o salário do pecado seja a morte. Graças te dou pelo sacrifício do teu Filho no Calvário e pela convicção de que ele venceu a morte. Em nome de Jesus. Amém."

LEITURA BÍBLICA
Êxodo 14:13-14

03
NOVEMBRO

Não tenha medo

Deus muda realidades. Ele intervém em meio ao sofrimento do seu povo, porque não criou a humanidade para trazer aflição e dor. Em cenários de medo e insegurança, ele demonstra sua bondade e misericórdia. O que nós devemos fazer quando o dia mau chegar? Qual é a nossa responsabilidade diante desses cenários?

Em meio à aflição, há esperança no Senhor. Por isso, precisamos prosseguir na certeza de que Deus está conosco e luta por nós. Não há por que temer o dia mau se estamos ao lado do Senhor. Nenhum adversário é tão forte ou batalha é tão árdua que o Todo-poderoso não possa vencer.

A nossa confiança tem de estar depositada na convicção de que ele é fiel e poderoso para nos guardar. Sem a direção de Deus na adversidade, desistimos. Com ele, porém, somos orientados a prosseguir. Portanto, no dia mau, não permita que o desespero o paralise, mas seja encorajado pela Palavra a avançar.

Se a situação em que você se encontra hoje tem abalado a sua esperança e trazido inquietação ao seu coração, descanse no Senhor. O Espírito pode trazer conforto e paz à sua alma. Para que Deus possa lutar por nós, temos de entregar nossas batalhas nas mãos dele e dar o tempo e o espaço necessários para que ele intervenha.

Minhas anotações

Ore comigo

"Meu Deus, tu és o meu refúgio e abrigo. Que o teu Santo Espírito traga paz e consolo à minha alma, bem como a certeza de que estás comigo.
Em nome de Jesus. Amém."

04 NOVEMBRO

LEITURA BÍBLICA
1Coríntios 16:9

Portas abertas

Toda estação traz novos desafios, mas, além disso, nos proporciona novas oportunidades de fazer coisas ainda maiores para glorificar a Deus. Às vezes, as situações são de improbabilidades, mas o Senhor sempre abre portas para manifestar seu poder e transmitir as boas-novas por nosso intermédio. Ele nos chama para fazer parte de sua obra e dá as condições necessárias para que o façamos.

O papel primordial da igreja é a pregação do evangelho de Jesus Cristo. Por isso, Deus abre portas para o avanço do Reino de Deus e para oportunidades de falar de seu amor e da salvação por meio de Jesus. Pelo poder do Espírito Santo, somos capacitados a entrar pelas portas abertas por Deus e realizar sua vontade. Ao passar por elas, devemos estar dispostos a obedecer-lhe e glorificá-lo.

O Senhor deseja que tenhamos coragem para cumprir o seu propósito e usufruir das oportunidades que ele nos concede. Não podemos nos acovardar. A nossa fé deve estar firmada em Cristo. Somente pela fé podemos atravessar as portas e cumprir o que fomos chamados a fazer. Por isso, com coragem e fé, aceite as oportunidades que Deus lhe dá para tornar o nome dele conhecido.

Minhas anotações

Ore comigo

"Obrigado, Senhor, pelas portas que tens aberto em minha vida e pelas oportunidades que tenho de demonstrar o teu amor e pregar o evangelho. Reveste-me de coragem e fé, para que eu realize o teu querer. Amém."

LEITURA BÍBLICA
Josué 3:9-10

05
NOVEMBRO

Quem orienta você?

Para enfrentar as diversas situações da vida, precisamos da orientação do Senhor. Sem ela, andamos sem direção, sem propósito. Por isso, é importante que sejamos direcionados pela Palavra e pela voz do Espírito Santo. Deus está conosco em todo tempo, onde quer que estejamos, porém é necessário que sigamos suas instruções.

Os caminhos pelos quais Deus nos conduz nunca são danosos ou prejudiciais. Ele não deseja o nosso mal; pelo contrário, seus desígnios para a nossa vida são infinitamente melhores do que poderíamos pedir. Ele nos chama a nos posicionar segundo sua direção e caminhar conforme sua vontade e em seu tempo.

Se obedecermos à voz de Deus, ele vai nos posicionar no lugar correto. Para sermos posicionados, é necessário seguir seus direcionamentos em submissão e buscar viver em santidade. A nossa atitude e o nosso compromisso de pureza com Deus influenciam o modo como caminhamos.

O privilégio de ouvir a voz do Senhor e conhecê-lo por intermédio das Escrituras e da voz do Espírito nos revela que Deus está em nosso meio. Essa certeza traz consolo, paz e esperança incomparáveis ao nosso coração, pois com ele e debaixo da orientação dele seremos vitoriosos.

Minhas anotações

Ore comigo

"Senhor Deus, que a tua Palavra e o teu Espírito me orientem a viver conforme a tua vontade e a me posicionar segundo a tua direção. Ajuda-me a viver em santidade e pureza. Em nome de Jesus. Amém."

06 NOVEMBRO

LEITURA BÍBLICA
Josué 4:7

Erga um memorial

Deus instrui seus filhos em cada fase da vida. Ao entrar em uma nova estação, o Senhor espera que ofereçamos a ele o nosso louvor e a nossa gratidão. Algumas pessoas se esquecem de onde vieram, das tribulações pelas quais passaram e de como Deus cuidou delas. Todavia, nos esquecer do que ele fez é um perigo, pois gera ingratidão, orgulho, arrogância, prepotência.

Não podemos pensar que as conquistas ou os obstáculos superados ocorrem somente por mérito próprio. Se conquistamos algo, se realizamos sonhos e planos, é porque o nosso Deus nos sustentou, capacitou e concedeu bênçãos. Se passamos por uma tribulação, não foi pela nossa força, mas por causa da misericórdia e da graça do Pai. É por isso que precisamos erguer memoriais de gratidão.

Os monumentos que erguemos em louvor a Deus ajudam a nos lembrar de sua fidelidade, bondade, misericórdia e graça. Eles mostram para nós e para os outros o que o Senhor tem feito em nossa vida. Revelam as profundas transformações em nossa história. A única forma de sobreviver a uma nova fase é pelo coração grato a Deus. Acima de tudo, devemos erigir um altar de gratidão ao Senhor em nosso coração.

Minhas anotações

Ore comigo

"Pai, graças te dou por tudo o que fizeste por mim. Eu te agradeço por teu amor, o qual eu não mereço. Louvado seja o teu santo nome por todos os teus feitos, pelas bênçãos e pelos livramentos. Tu és tudo de que preciso. Amém."

LEITURA BÍBLICA
João 8:31

07
NOVEMBRO

O discipulado

Muitos gostam de atalhos, caminhos mais curtos e fáceis. A maioria das pessoas tenta encurtar processos para alcançar o objetivo final. Processos levam a lugares determinados, e a vida é feita deles. Como discípulos de Jesus, somos chamados a fazer parte de um processo de transformação, restauração. O discipulado não acontece de uma hora para outra.

Ser discípulo, porém, é muito diferente de apenas conhecer Jesus. Muitos convertidos não passam pelo discipulado. Esse é um processo que envolve conhecimento e obediência às Escrituras. Todo cristão deve passar pelo processo de conhecer, obedecer e permanecer na Palavra. A única maneira de ser um discípulo de Jesus é buscar a profundidade da Palavra do Senhor.

O discípulo é formado por sua exposição contínua, constante, ao relacionamento com Jesus. Somos fruto de nossos relacionamentos. Portanto, quanto mais nos relacionamos com Cristo, mais passamos a revelar suas marcas e refletir seus atributos. É, porém, um processo constante. A Palavra de Deus precisa encontrar espaço em nossa vida, para que sejamos transformados diariamente e vivamos como verdadeiros discípulos.

Minhas anotações

Ore comigo

"Senhor amado, eu te agradeço pelo precioso dom de poder me relacionar contigo e conhecer quem tu és por meio das Escrituras. Em nome de Jesus, ajuda-me a permanecer em ti. Amém."

08 NOVEMBRO

LEITURA BÍBLICA
Marcos 5:6

A autoridade do poder de Deus

Existem inúmeras forças, visíveis e invisíveis, agindo em todos os lugares, em todo o tempo. Essas forças atuam para ajudar ou para prejudicar. Os domínios de diferentes naturezas se opõem e tentam prevalecer. No entanto, o poder das trevas não prevalece diante do poder de Deus.

A força das trevas traz morte, escuridão e desespero. Contudo, há uma força maior e mais poderosa. Há um poder que pode transformar toda e qualquer história. Diante da força e do poder da presença de Jesus Cristo, as trevas ouvem o seu nome e tremem. Diante dele, todas as outras forças são derrotadas. A força da presença de Jesus Cristo traz vida, luz e esperança.

Há, ainda, uma terceira força: a do homem. Às vezes, tentamos nos livrar da ação das forças das trevas pelas forças carnais, que são falhas. Não é possível resistir à força das trevas com a força humana, pois somente o poder do nome de Jesus pode derrotar e dominar a força das trevas.

No reino espiritual, todas as coisas estão debaixo do domínio do Todo-poderoso. A autoridade do nome de Jesus é maior do que qualquer tentativa do Maligno de prevalecer. Todas as forças, tanto das trevas quanto humanas, se submetem e se curvam perante Jesus Cristo.

Minhas anotações

Ore comigo

"Deus todo-poderoso, eu creio em ti e em teu poder. Ajuda-me, pela tua força, a resistir às forças que prejudicam a minha vida e a minha família. Protege-me de todo o mal. Em nome de Jesus. Amém."

LEITURA BÍBLICA
1Coríntios 9:25

09 NOVEMBRO

Correndo para vencer

Todos querem vencer. Esse espírito competitivo é, para nós, inato. O Criador colocou em nós o desejo de vencer. Aquele que é vencedor nos criou para ser vitoriosos. Quando vivemos uma sucessão de fracassos, nossa alma fica enferma, porque Deus nos criou para coisas grandiosas.

Precisamos manter a chama da vitória acesa. O desejo do Senhor de que sejamos mais que vencedores não é inatingível, mas compatível com o que ele diz sobre nós na Palavra. Vencer, na vida cristã, é mais do que conquistar coisas. Ser vitorioso é viver em santidade, pureza, obediência; é ser um verdadeiro discípulo de Cristo.

Para que você seja vitorioso, o primeiro passo é acreditar, pela fé, que vai vencer. A atitude de vencedor muda o resultado. Além disso, é necessário assumir a disciplina de um vencedor, mudar os hábitos. Não adianta almejar a vitória se não houver disciplina e esforço para alcançá-la.

Na corrida da vida cristã, não temos como prêmio o ouro, a prata, troféus ou medalhas, mas a coroa. Jesus Cristo venceu a morte na cruz para que pudéssemos viver uma vida vitoriosa, em busca da eternidade com Deus. Decida vencer, dar fruto, crescer em sabedoria e ter disciplina, como um vencedor.

Minhas anotações

Ore comigo

"Senhor, perdoa-me pelas vezes que desisti. Que o teu Espírito me fortaleça e capacite para viver como um vencedor, pelo teu poder e para a tua glória. Amém."

10 NOVEMBRO

LEITURA BÍBLICA
Marcos 6:2

Admiração por Jesus

Você se lembra de ter sentido admiração avassaladora por Jesus ao conhecê-lo, ouvir de seus feitos e testemunhar de seu amor? Um dos maiores erros que um cristão pode cometer é se esquecer da grandiosidade de Cristo e de sua maravilhosa graça. É um perigo imenso fazer do ambiente da adoração e do relacionamento com Jesus algo comum.

Como em outros relacionamentos, corremos o risco de cair na rotina. A admiração, fascinação e paixão ardente se esvaem e dão lugar ao conforto e familiaridade. Não podemos desvalorizar aquilo que é valoroso. O excesso de familiaridade nos faz acostumar com o que é bom. Tornamos ordinário o extraordinário.

No entanto, temos de ir além e enxergar a grandiosidade de Jesus na familiaridade do cotidiano. É nas coisas comuns do dia a dia que o Senhor realiza milagres extraordinários e nos mostra o seu poder. Na simplicidade de nossos dias, ele faz algo novo e maravilhoso, nos revela seu caráter e nos permite ter um relacionamento com ele.

Jesus é digno de nossa honra e admiração. Ele produz riquezas em nossa vida em todo o tempo. O meu desejo para a sua vida é que você sinta o anseio diário de estar na presença de Jesus e não trate a salvação, a vida que o Senhor lhe deu e as preciosidades do relacionamento com Cristo como comuns.

Minhas anotações

Ore comigo

"Senhor, graças te dou por me permitires viver a tua bondade e contemplar o teu poder. Ajuda-me a ter expectativa por um relacionamento diário. Quero te amar e ansiar por ti cada vez mais. Em nome de Jesus. Amém."

LEITURA BÍBLICA
Provérbios 16:1-3

11 NOVEMBRO

Planos segundo o coração de Deus

Nenhum de nós tem poder em si mesmo de caminhar sozinho em direção ao melhor de Deus para a nossa vida. O coração do homem naturalmente se inclina para a sua carne; por isso, de tempos em tempos, nos frustramos quando as coisas não acontecem conforme a nossa vontade e os nossos planos. Precisamos entender, porém, que a nossa vontade é infinitamente inferior à do Eterno.

Em um plano perfeito e agradável, Deus tem a palavra final, porém a responsabilidade de planejar é nossa. Todos nós devemos sonhar, desenvolver projetos e elaborar planos. No entanto, é imperativo que esses planos sejam submetidos à vontade de Deus. O Senhor, em sua infinita graça, pode adicionar coisas aos nossos planos; pode também, em sua infinita misericórdia, subtrair coisas.

À luz da Palavra, devemos examinar quais são os desígnios de Deus para nós. Quando sonhamos os sonhos do Senhor, encontramos verdadeiro contentamento. Deus nos pede para fazer planos, e, no processo do planejamento, revelações nos são dadas, o nosso eu é trabalhado e o nosso coração transformado segundo o dele. Quando o nosso coração é alinhado ao de Deus, tudo o que pedimos é feito, porque sonharemos conforme o coração do Senhor.

Minhas anotações

Ore comigo

"Pai amado, eu te agradeço por tua infinita bondade em minha vida. Alinha o meu coração ao teu, para que a tua vontade seja a minha e os teus planos sejam os meus. Amém."

12 NOVEMBRO

LEITURA BÍBLICA
Colossenses 1:4-6

Características de uma igreja saudável

O que faz que uma igreja seja saudável não é o número de membros, a quantidade de batismos por ano ou a expansão do espaço físico, embora essas coisas também sejam importantes. Uma igreja saudável deve ter três características, com base na carta de Paulo à igreja de Colossos.

A primeira marca de uma igreja saudável é ter a fé depositada no Senhor da igreja. Uma fé que não é confundida nem confusa, fundamentada em Jesus. O perigo dos dias presentes é que, se não tomarmos cuidado, o sincretismo religioso encontrará espaço na igreja. Por isso, a fé da igreja deve ser única e exclusivamente em Jesus Cristo.

Em segundo lugar, temos o amor. Uma igreja saudável precisa ter como qualidade evidente o amor; precisa ser amorosa. O apóstolo ressalta o amor entre os irmãos. O amor é uma marca produzida pelo Espírito Santo, não somente verbalizado, mas demonstrado por meio de atitudes, gestos e cuidado mútuo.

Por fim, uma igreja saudável também tem como atributo a esperança. O evangelho produz na igreja a esperança da eternidade. Essas características, três pilares de sustentação de uma igreja saudável, devem ser buscadas, nutridas e mantidas para que a igreja prevaleça e não se deteriore ou corrompa.

Minhas anotações

Ore comigo

"Senhor, clamo a ti pela tua igreja. Ajuda-nos, Deus, a resgatar os princípios que devem reger a nossa conduta e a fundamentar a nossa fé, o nosso amor e a nossa esperança em ti. Em nome de Jesus. Amém."

LEITURA BÍBLICA
Tiago 1:27

13 NOVEMBRO

Cristão que aponta para Jesus

Toda a Bíblia aponta para a gentileza e a generosidade do Senhor Jesus. Não somente no Novo Testamento, mas em cada parte das Escrituras, vemos como Jesus se encaixa no maravilhoso plano de Deus para a humanidade. A nós, seguidores de Jesus, foi dada a responsabilidade de viver como ele.

Como imitadores de Cristo, temos de ser intencionais em demonstrar a gentileza do nosso Senhor. Cada vez que a igreja acolhe o órfão e a viúva, perdoa um inimigo, mostra misericórdia para com um ofensor ou protege os vulneráveis, aponta para Jesus. Um cristão que não aponta para Jesus, por sua vez, não é um cristão de verdade.

Ao refletir o caráter gentil e generoso de Jesus, apontamos para o dia em que o Reino chegará em plenitude e não mais haverá choro, dor ou sofrimento. O papel da igreja na terra é viver como a extensão de Cristo, dando continuidade às suas obras. Os irmãos devem cuidar uns dos outros, encorajar, dar ânimo e tratar com bondade.

Por seu sacrifício redentor na cruz do Calvário, Cristo estendeu sua bondade a todo aquele que nele crê, a fim de que tenhamos a eternidade com o Pai. Para anunciar as boas-novas, as nossas palavras, as nossas atitudes e o nosso estilo de vida devem apontar para Jesus, para que ele seja conhecido por todos.

Minhas anotações

Ore comigo

"Pai, perdoa-me por todas as vezes que negligenciei os meus irmãos e falhei em refletir o amor do teu Filho. Que o meu viver revele quem tu és, glorificando o teu nome e tornando-o conhecido. Amém."

14 NOVEMBRO

LEITURA BÍBLICA
Neemias 6:3

Não vou parar

Quando estamos cumprindo o chamado de Deus para a nossa vida, diversas situações tentam nos fazer desistir ou nos distrair de nosso propósito. No entanto, todas as vezes que nos propomos a fazer algo para Deus, ele nos concede a vitória. Para isso, porém, precisamos nos manter firmes e não desistir ou interromper os planos dele por causa das distrações.

As distrações vêm em diversas formas: trabalho, família, amigos, estudos, lazer, sentimentos e pensamentos contrários à Palavra de Deus e até mesmo tentativas claras do Inimigo em nos fazer parar. Todavia, se tivermos consciência de nossa prioridade e nos mantivermos firmes às verdades do Senhor sobre nós, não seremos abalados. Não podemos parar as distrações, mas podemos ter o controle de nosso coração e nossa mente, de modo que não sejamos distraídos.

Quando Deus escolhe alguém para realizar sua obra, ele capacita, sustenta e providencia as condições necessárias para que a obra seja finalizada. Entretanto, cabe a cada um de nós ser intencional quanto à nossa participação nos planos de Deus. Isso significa que teremos de renunciar a certas coisas, investir tempo no estudo das Escrituras e em oração e, principalmente, buscar ser revestidos pelo Espírito Santo a cada dia.

Minhas anotações

Ore comigo

"Eu te agradeço, Senhor, por me chamares e pela capacitação para a tua obra. Sustenta-me, por tua forte mão, para que eu não tropece ou desanime na caminhada. Que o teu Espírito me dê discernimento para evitar as distrações. Amém."

LEITURA BÍBLICA
Gênesis 21:7

15 NOVEMBRO

Nada é impossível para Deus

Deus é infinito. Infinito em misericórdia, bondade, graça, amor, soberania, justiça, fidelidade. É também infinito em poder. Para ele, nenhuma barreira é alta demais, nenhum fardo é pesado demais. Nada que é impossível aos olhos humanos é impossível para Deus. E, em cenários de impossibilidades, ele se manifesta e nos permite contemplar sua infinitude.

Nós, muitas vezes, não enxergamos além de nossa realidade. Entretanto, o Senhor tem planos para realizar em nossa vida para abençoar outras pessoas. É doloroso ver os nossos sonhos se realizando na vida de outras pessoas, mas não na nossa. É duro quando outras pessoas dão à luz os nossos sonhos, e o nosso ventre permanece seco. A esterilidade, não somente no sentido biológico, fere aqueles que sonham.

Em certas situações, estamos tão estagnados que nos sentimos inférteis, como se nossos sonhos não pudessem frutificar. O infinito poder de Deus, porém, nos mostra que os sonhos dele para nós são ainda melhores. O favor do Senhor em nossa vida transforma o choro em riso, para que todos os que souberem de seus feitos riam conosco. Não há nada impossível para o Deus que dá filhos às estéreis.

Minhas anotações

Ore comigo

"Permite-me, bondoso Deus, gerar os teus sonhos e as tuas promessas para a minha vida. Eu louvo o teu nome, pois não há nada impossível para ti, Senhor. Amém."

16 NOVEMBRO

LEITURA BÍBLICA
Juízes 3:31

Como vencer os obstáculos

Talvez você já tenha se visto em uma situação de desvantagem, a ponto de questionar se vale a pena continuar lutando. Diante de um adversário, alguns se veem em posição desfavorável e, portanto, pensam em desistir. A Bíblia é repleta de histórias em que Deus agiu em casos nos quais parecia impossível que o lado com menor força ou número saísse vencedor. Contudo, em situações como essas é que o Senhor gosta de revelar o seu grande poder.

Deus é especialista em agir em batalhas que julgamos perdidas. Em situações em que achamos que não há mais a quem recorrer, o Senhor se mostra presente. Ele nos usa e usa as ferramentas que temos para fazer o extraordinário. Nem sempre precisamos estar em uma posição privilegiada para vencer um obstáculo. O importante não é a nossa posição em um campo de batalha, mas a nossa posição diante de Deus.

As grandes oportunidades para a manifestação do poder de Deus em nossa vida normalmente acontecem em ambientes comuns. O Senhor quer que experimentemos o extraordinário dele em situações corriqueiras: em casa, na família, no trabalho. Deus deseja nos usar no lugar em que estamos, com as ferramentas que temos, ainda que a situação não nos favoreça. Por seu poder e glória, ele nos faz vencedores.

Ore comigo

"Poderoso Deus, eu te agradeço por me dares forças e estratégias para vencer, dia após dia, as circunstâncias não favoráveis. Que o teu grandioso nome seja glorificado em minha vida e por meio dela. Em nome de Jesus. Amém."

Minhas anotações

LEITURA BÍBLICA
Efésios 3:19

17
NOVEMBRO

Fortalecidos no íntimo

Em meio à caminhada, nada melhor do que nos voltarmos para a Palavra de Deus, a lâmpada que deve nortear os nossos passos. O Senhor deseja que vivamos em plenitude, e as Escrituras nos ensinam e orientam a esse respeito. Toda a nossa conduta deve ser baseada nos preceitos divinos.

Para ter uma vida plena, precisamos ser fortalecidos espiritualmente. A nossa vida espiritual tem de ser nutrida pela Palavra e pelo relacionamento com o Pai. Assim como o nosso corpo carece de nutrientes para ser fortalecido e funcionar de maneira saudável, o nosso íntimo precisa ser alimentado da Fonte da vida.

É pela leitura e meditação nas Escrituras, pela vida constante de oração, pela comunhão com a igreja, pelo serviço, pela entrega total ao Senhor, que somos fortalecidos. Quando nos esvaziamos de nós mesmos e nos permitimos ser cheios do Espírito, somos fortalecidos. Quanto mais do Espírito há em nós, mais força há. Quanto mais do Espírito há em nós, mais plenitude há.

Se há algo em que devemos investir incessantemente é na nossa vida espiritual, em conhecer a largura, a altura e a profundidade do amor de Cristo (cf. Efésios 3:18). A Palavra e a presença de Deus derramam sobre nós as riquezas da glória do Senhor. Portanto, alimente, a cada dia, o seu espírito, a fim de que seja fortalecido.

Minhas anotações

Ore comigo

"Meu Deus, eu sou fraco sem ti. Fortalece o meu íntimo pelo poder do Espírito Santo, para que eu viva plenamente em ti. Amém."

18 NOVEMBRO

LEITURA BÍBLICA
Lucas 1:5-6

Sacerdócio

Por cerca de quatrocentos anos, em um período crítico para Israel, o Senhor ficou em silêncio e não se revelou a ninguém. Esse hiato revela a gravidade daquele tempo. Você já imaginou que terrível seria não ouvir a voz de Deus? Não existe nada mais desesperador do que caminhar sem a voz dele. A voz de Deus nos dá direção, paz, acalento e esperança. Todavia, mesmo no silêncio, havia um casal que cumpria com a vontade de Deus.

Zacarias e Isabel são descritos nas Escrituras como justos e obedientes. Mesmo no silêncio, aquele casal temente servia a Deus. Eles amavam a casa do Senhor; tinham em sua linhagem o privilégio de servir a Deus. Isso nos mostra a importância e a dádiva de estar envolvidos na igreja, em comunhão com os irmãos. Servir a Deus é um privilégio, uma honra.

Zacarias e Isabel dependiam de sua linhagem para serem sacerdotes, mas nós não. Por meio de Cristo Jesus, fomos feitos sacerdócio. Somos sacerdotes no Reino de Deus. Temos, portanto, de resgatar o anseio por estar na casa do Senhor, por viver em devoção a Deus. Está na hora de vivermos e honrarmos o propósito para o qual fomos criados.

Minhas anotações

Ore comigo

"Senhor, coloco-me diante de ti como teu servo. Traz ao meu coração a convicção de que te amar e servir é um privilégio que me foi concedido por meio do teu Filho. Capacita-me para a tua boa obra. Amém."

LEITURA BÍBLICA
Lucas 1:25

19 NOVEMBRO

As recompensas da espera

Infelizmente, muitas pessoas têm uma fé emocional. Elas dependem de sensações e momentos para acreditar. Todavia, a nossa fé não pode se apoiar nessas coisas, pois, ainda que não estejamos ouvindo a voz de Deus ou sentindo sua presença, ele é Deus, poderoso, maravilhoso, imutável, justo, bom, compassivo, amável. Ainda que você sinta que lhe falta algo, escolha servir, amar e obedecer ao Senhor.

É um desafio servir a Deus quando algo ainda não vai bem. No entanto, há recompensas para aqueles que permanecem fiéis e obedientes aos preceitos do Senhor. Quando decidimos continuar sendo fiéis mesmo com o nosso coração ferido, Deus pode nos surpreender. A nossa devoção não deve ser condicional, tampouco o nosso amor a Deus. Devemos oferecer o nosso melhor ao Senhor independentemente das dificuldades.

Vale a pena ser fiel mesmo quando pensamos que nada está acontecendo em nossa vida. Enquanto esperamos, Deus trabalha. Há propósito na espera, pois nada que o Senhor faz é em vão. Deus nos ouve durante a espera. A resposta dele é sempre maior e melhor do que imaginamos. As bênçãos que o Todo-poderoso gera para nós têm poder para impactar a nossa vida e a vida das pessoas ao nosso redor.

Minhas anotações

Ore comigo

"Senhor Deus, peço que ensines o meu coração a permanecer fiel a ti em todo o tempo. Ajuda-me a entender que os teus planos são maiores e melhores do que os meus e que a tua vontade é perfeita. Em nome de Jesus. Amém."

20 NOVEMBRO

LEITURA BÍBLICA
Lucas 13:10-13

O Deus compassivo

Muitas vezes, sentimos que vivemos no anonimato. Pensamos que ninguém nos vê, que ninguém conhece a nossa história. Muitos de nós carregamos por anos histórias de dor. Se há um lugar em que precisamos estar, não somente na dor, como também na bonança, é na casa de Deus.

O Senhor nos vê. Ele conhece a nossa dor e se compadece dela. Deus não é insensível quanto à nossa dor, não ignora o nosso sofrimento. Ele não deseja que vivamos prostrados diante das decepções. Se temos de nos prostrar, que nos prostremos diante dele em postura de adoração, não diante das circunstâncias.

Por vezes, carregamos um fardo que nos é imposto, seja pela sociedade, seja pelos traumas, seja por relações familiares conturbadas. No entanto, Jesus Cristo nos chama a deixar esse peso aos pés dele, para que não mais arrastemos a carga das injustiças cometidas contra nós. Em seguida, ele nos diz: "Você está livre."

Cada um de nós, independentemente de nossa naturalidade, raça, situação familiar ou condição social, foi chamado para a liberdade que há somente em Cristo. Jesus ama sem acepção. Jesus salva sem acepção. Jesus cura sem acepção. Basta que você escolha caminhar até ele.

Minhas anotações

Ore comigo

"Graças te dou, Senhor, pois tu és o Deus que me vê e se compadece da minha dor. Ensina-me a amar como tu amas e a olhar para as pessoas da mesma forma que tu olhas. Em nome de Jesus. Amém."

LEITURA BÍBLICA
Filipenses 2:5

21 NOVEMBRO

Mudança de atitude

A nova realidade gerada pela escolha individual de seguir a Cristo faz que ele seja o modelo em todas as coisas. O evangelho é, idealmente, ter como referência ser igual a Jesus. Quando uma pessoa se entrega ao Senhor, a expectativa de Deus é de que, dia após dia, ela comece a revelar em sua vida características de Jesus Cristo. Com o passar do tempo, o cristão deve ter em si cada vez mais evidências da vida do Mestre.

A expectativa que deve valer para o cristão é a de Deus, não a dos homens. Não se deve viver segundo as expectativas dos outros, mas segundo as do Senhor, porque cada um foi criado por ele para um propósito. Quem vive para agradar os outros não agrada a ninguém e vive infeliz e distante dos planos de Deus. Contudo, quem vive para agradar a Deus tem uma vida plena. As atitudes revelam o que move o coração das pessoas. A expectativa de Deus para seus filhos é que sua atitude seja como a de Cristo. Sentimentos e intenções governam atitudes.

Portanto, saiba que as suas atitudes revelam onde está o seu coração. Se o seu coração está em Cristo, aja dessa forma. Quanto mais do seu eu estiver presente, menos cheio você estará da glória de Deus. Por isso, esvazie-se de você mesmo, para que haja espaço para que o Espírito Santo governe o seu coração e a sua mente.

Minhas anotações

Ore comigo

"Pai, ajuda-me, por teu Espírito, a me esvaziar de mim mesmo. Enche-me de ti, até que eu transborde. Amém."

22 NOVEMBRO

LEITURA BÍBLICA
Efésios 5:15

Um estilo de vida diferente

O nosso Deus é especialista em fazer coisas novas. O livro de Gênesis nos mostra isso, visto que relata a criação do mundo. O Senhor tem poder para criar algo novo e para transformar as coisas que já existem. Ele muda o coração, o caráter, a história e a identidade das pessoas. Deus é um Deus de novidades.

Do início ao fim, as Escrituras falam sobre como Deus faz coisas novas. Isso também significa que ele sempre nos dá a oportunidade de recomeçar. Dia após dia, recebemos a chance de zerar e começar de novo, a fim de viver da maneira que lhe agrada. A Palavra nos ensina como viver dessa nova maneira.

Um estilo de vida diferente exige de nós esforço. Não podemos dizer que nascemos de novo em Jesus se não assumimos nele um novo estilo de vida. O cristão não pode continuar vivendo como o velho homem, falando as mesmas coisas, agindo da mesma maneira. Temos de nos revestir do novo homem (cf. Efésios 4:24).

A Bíblia nos orienta a ser cuidadosos com o nosso novo estilo de vida. A caminhada com Deus exige intencionalidade, exige a decisão coerente, sensata e espiritual quanto ao nosso modo de agir, falar e pensar. Não somos o povo da escuridão, das trevas, mas da luz. Em tudo o que fazemos, a luz de Cristo deve resplandecer.

Ore comigo

"Senhor, eu te agradeço por me dares a chance de recomeçar. Peço que o teu Espírito direcione o meu modo de viver, a fim de que a luz de Cristo resplandeça em tudo o que eu fizer e disser. Em nome de Jesus. Amém."

Minhas anotações

LEITURA BÍBLICA
Lucas 5:6

23 NOVEMBRO

Com Jesus no barco

Em determinadas situações, sentimos que tentamos, nos esforçamos e investimos em uma tarefa, mas, ainda assim, não somos bem-sucedidos. Vêm, então, a frustração, as preocupações e o peso do fracasso. Assim estavam os pescadores a quem Jesus encontrou após uma noite malsucedida na pesca. Provavelmente questionavam a si mesmos de onde viria o sustento.

Entretanto, tudo muda quando Jesus entra no barco e dá um direcionamento. Os barcos, antes vazios, ficam cheios, a ponto de começarem a afundar. Assim também acontece quando a nossa impossibilidade se encontra com o poder sobrenatural de Jesus Cristo. O poder de Jesus muda realidades.

Talvez você esteja em um barco vazio, frustrado e preocupado. Talvez sinta que fracassou. Contudo, Jesus deseja entrar no barco e fazê-lo transbordar. Deixe que ele entre em sua vida e transforme a sua realidade. Com ele, você será verdadeiramente bem-sucedido, não aos olhos dos homens, mas aos olhos de Deus.

Jesus é especialista em mudar cenários em um instante, com uma palavra, com um direcionamento, com um toque, com um olhar. A vida sem o Senhor é como um barco vazio. No entanto, a vida com o Senhor é como um barco cheio, transbordante.

Minhas anotações

Ore comigo

"Senhor, eu creio que tu tens o poder para mudar qualquer cenário se for da tua vontade. Por isso, entrego a minha vida em tuas mãos, para que o teu querer seja feito em mim. Amém."

24 NOVEMBRO

LEITURA BÍBLICA
Lucas 5:12-13

Purificados e transformados

A lepra era a mais grave doença na época de Jesus. Era a sentença de estar morto, mas ainda com vida. O leproso era obrigado a vestir trapos para mostrar para todos que se tratava de uma pessoa contaminada. Era tirado do convívio, afastado da sociedade. Não poderia frequentar lugares públicos nem tocar em nada. Ao tocar em algo, aquilo era imediatamente considerado impuro.

O leproso estava condenado à miséria. É por isso que a Bíblia usa a lepra como analogia para o pecado. O pecado tem os mesmos efeitos sobre nós. Ele nos afasta das pessoas, mas, principalmente, de Deus. A maior desgraça que o homem pode enfrentar é o afastamento de Deus. Sem o Senhor, qualquer situação é de morte. Além disso, assim como a lepra matava aos poucos, o pecado mata lenta e gradualmente. O pecado produz insensibilidade para com as coisas divinas e causa autodestruição. Ele cauteriza o coração.

Contudo, assim como Jesus foi a resposta para o homem leproso retratado em Lucas 5, ele também é a resposta para o pecado. Não há esperança para vencer o pecado se não houver um encontro com Cristo. Nenhum de nós pode encontrar cura para esse mal por si só. Para sermos purificados, precisamos aceitar Jesus como nosso Senhor e Salvador e, então, aceitar a transformação do Espírito Santo.

Minhas anotações

Ore comigo

"Deus, abro meu coração diante de ti e peço que me cures e purifiques do pecado. Sonda-me e revela os pecados que me são ocultos, para que eu não volte a cometê-los. Amém."

LEITURA BÍBLICA
1Pedro 5:8-9

25 NOVEMBRO

Sóbrios e vigilantes

Os dias têm se tornado cada vez mais violentos. Os valores e princípios que sustentaram a sociedade até aqui estão sendo atacados. Percebemos que a agenda das trevas tem encontrado formas para avançar. Ao ver que casamentos terminam, igrejas fecham, governos colapsam e instituições entram em falência, não podemos achar que isso é uma obra do acaso.

O propósito do Maligno é de destruição. Tudo o que é de Deus tem um inimigo em comum, o nosso Inimigo, o de nossos filhos, o das igrejas. Satanás acelera cada vez mais o seu plano de gerar dores, divisão e tristeza. Neste contexto, a igreja tem a responsabilidade de permanecer sóbria e vigilante, sempre alerta. A igreja precisa de estratégias de guerra para resistir às batalhas espirituais.

Primeiramente, precisamos conhecer o nosso Inimigo e suas intenções. Precisamos saber contra quem é a nossa luta. Em segundo lugar, precisamos saber quais são as suas armas e como podemos nos defender. Além disso, temos de ser sóbrios — ou seja, ter clareza e entendimento acerca da batalha que travamos e estar vigilantes, sempre atentos, sem distrações. Por fim, é necessário que saibamos que não podemos ficar de pé se não formos um povo de oração.

Minhas anotações

Ore comigo

"Senhor, capacita-me para resistir à batalha com sobriedade e atenção. Que o teu Espírito me dê discernimento e clareza para permanecer firme. Em nome de Cristo Jesus. Amém."

26 NOVEMBRO

LEITURA BÍBLICA
1Reis 17:15-16

O Deus da provisão sobrenatural

Aprendi muitas histórias bíblicas na minha infância e as carrego comigo até hoje. Aprender sobre o que Deus fez no passado nos faz crer que ele continuará fazendo no presente. Uma das personagens que sempre me fascinou foi o profeta Elias. O profeta não enfrentou a morte, mas foi trasladado para os céus. Realizou, aqui na terra, muitas coisas sobrenaturais.

Elias surge na Bíblia em um dos contextos mais difíceis da história de Israel, durante uma seca ordenada por Deus como consequência da idolatria do povo. Nesse cenário, o Senhor mostra que sempre guarda e cuida de seus servos fiéis. Vale a pena continuar fiel a Deus mesmo quando a maioria não é. Elias estava sob a provisão do Senhor, de modo que nada faltou a ele.

Deus tem o poder de prover na nossa vida tanto por meios naturais como por meios sobrenaturais. Quando estamos debaixo da autoridade do Senhor, a fonte natural pode até secar, porém a sobrenatural continuará a fluir. Quando todas as portas se fecham, as portas do céu continuam abertas. Se a nossa confiança está em Deus, os nossos celeiros nunca ficam vazios.

Minhas anotações

Ore comigo

"Meu Deus, ajuda-me a confiar em ti e em tua provisão. Eu escolho me manter fiel aos teus preceitos independentemente das circunstâncias, pois sei que tu és o Senhor que me guarda e cuida de mim. Que, pelo teu poder sobrenatural e por tua bondade e misericórdia, nunca me falte nada. Amém."

LEITURA BÍBLICA
Neemias 2:8

27 NOVEMBRO

A bondosa mão de Deus

Todos os dias, temos a oportunidade de fazer a diferença na vida de alguém. O lugar em que mais podemos fazer a diferença é dentro de casa. É em casa que Deus mais deseja nos usar para produzir mudanças. Se você não consegue ser bênção para a sua família, não será bênção para mais ninguém, em lugar nenhum.

Temos a oportunidade todos os dias de fazer a diferença em casa. Surgem situações nas quais Deus quer nos usar para abençoar a nossa família. Ele quer nos usar para ser resposta em meio às dificuldades e necessidades com as quais deparamos, para que seu santo nome seja glorificado por meio de nós e de nossa família.

Para ser resposta de Deus para os problemas, é necessário que nos importemos e nos envolvamos. Por isso, pergunte: Como Deus pode me usar? Coloque-se na presença do Senhor para saber como você deve proceder a cada dia, mas principalmente nas adversidades.

Todas as vezes que nos colocamos à disposição para ser a solução, Deus estende a mão sobre nós, não somente para que sejamos abençoados, mas para que a nossa casa também seja cheia das bênçãos do Senhor. A bondosa mão de Deus sobre nós faz que as bênçãos transbordem. Quanto mais abençoamos, mais o Senhor nos abençoa.

Minhas anotações

Ore comigo

"Pai querido, eu te agradeço por minha família e por tua bondosa mão sobre nós. Que transbordemos as tuas ricas bênçãos, para que o teu nome seja glorificado diante de todos. Em nome do Senhor Jesus. Amém."

28 NOVEMBRO

LEITURA BÍBLICA
1Tessalonicenses 5:18

Um coração grato

Conforme o fim do ano se aproxima, muitas pessoas aproveitam para refletir sobre o que aconteceu no decorrer dos meses: metas alcançadas ou não, alegrias, mazelas. Ao olhar em retrospectiva para a nossa vida, não podemos citar somente o que perdemos, mas temos de valorizar o que ganhamos.

Há uma tendência natural de supervalorizarmos o que não temos em vez de pensar no que temos. Você já parou para pensar em tudo o que Deus fez e tem feito em seu favor? Das pequenas às grandes coisas, podemos ver a mão graciosa do Senhor no nosso dia a dia. Temos, com certeza, mais motivos para agradecer do que para murmurar ou lamentar.

Precisamos ensinar o nosso coração a produzir uma atitude de gratidão diante do Senhor e das pessoas. A vida é um dom de Deus. Recebemos presentes dele todos os dias, desde o ar que respiramos e o alimento que comemos aos mais preciosos tesouros de Deus para nós, como nossa família e nossos amigos.

Ganhamos, além disso, um presente de valor imensurável, pelo qual devemos agradecer dia após dia, em todo o tempo: a salvação por meio de Jesus Cristo e, com ela, a possibilidade de ter um relacionamento com o Pai. Por isso, apresente-se ao Senhor com ações de graças e celebre!

Ore comigo

"Graças te dou, Senhor Deus, porque tu és bom, misericordioso, amoroso e gracioso. Agradeço porque em todo o tempo estás comigo e porque me deste o valioso dom da salvação. Em nome de Jesus. Amém."

Minhas anotações

LEITURA BÍBLICA
Filipenses 3:12-14

29 NOVEMBRO

Decida prosseguir

Por trás de cada um, há um somatório de histórias, dores, alegrias. Todos têm um passado. Alguns têm prazer em recordá-lo; outros evitam a qualquer custo. Há histórias saudosas e doces, mas também algumas amargas e dolorosas. O fato é que o passado precisa ficar para trás, seja ele bom, seja ruim. Algumas pessoas ficam presas ao que já passou e, por isso, não conseguem avançar.

Contudo, nas Escrituras Sagradas, encontramos a forma correta de proceder em relação às coisas passadas. Somos ensinados a não ficar presos ao passado, tanto às coisas boas como às ruins, mas a seguir adiante, com os olhos no futuro. Há um futuro pelo qual devemos esperar e em direção ao qual devemos caminhar. Entretanto, como vivemos o presente vai influenciar o nosso amanhã.

Portanto, a nossa mentalidade não deve estar focada no que já passou, mas no que há de vir. E, dessa forma, devemos prosseguir. É importante que você saiba que Deus sempre tem algo novo para fazer em nossa vida. Ele sempre tem algo melhor, maior e mais profundo reservado para nós. Então, decida prosseguir. Escolha, hoje, avançar e não mais arrastar o passado com você, para que possa viver o novo de Deus a cada dia.

Minhas anotações

Ore comigo

"Deus amado, graças te dou por tudo o que fizeste por mim e pelo que ainda hás de fazer. Ajuda-me a desprender-me do passado e avançar em direção à tua vontade para a minha vida. Amém."

30 NOVEMBRO

LEITURA BÍBLICA
Josué 23:10-11

O segredo de um vencedor

Há um momento em que precisamos assumir a responsabilidade sobre o nosso destino. Enquanto moramos na casa de nossos pais, vivemos as consequências das decisões deles. No entanto, chega a hora de fazermos nossas próprias escolhas, de acordo com o que julgamos ser um futuro ideal. Uma das formas mais práticas e sábias de chegarmos aonde almejamos é ouvir os conselhos daqueles que já venceram.

Muitos acreditam que a mais profunda fonte de sabedoria e de conhecimento não está em livros, mas nos conselhos de pessoas que, após uma longa e bem-sucedida caminhada, alcançaram o alvo. Se queremos ser vencedores, precisamos ouvir os conselhos de vencedores. Josué, já na velhice, dirigiu-se às autoridades de Israel e as aconselhou, com base em anos de relacionamento com Deus e em anos como líder de um grande povo.

Um dos ensinamentos desse excelente líder é que servir, obedecer e amar a Deus com zelo é o segredo para conquistar e vencer. Todavia, isso deve ser feito por toda a nossa vida, continuamente, não apenas de modo sazonal. Não existe vida cristã bem-sucedida que não seja contínua. Uma vez que você conhece Jesus e assume o compromisso de caminhar com ele, deve permanecer firme até o dia em que ele o chamar para a eternidade. Somente assim será um vencedor.

Minhas anotações

Ore comigo

"Meu Deus, o meu anseio é caminhar contigo por toda a vida e jamais me desviar dos teus caminhos. Capacita-me a vencer as batalhas e sustenta-me em tuas veredas. Em nome de Jesus. Amém."

O futuro bate à porta

Falta apenas um mês para que um novo ano se inicie. Que tal agradecer a Deus por tudo o que já pôde experimentar até aqui e entregar a ele seus planos para o ano vindouro?

Escreva duas listas. Na primeira, agradeça pelo que já viveu. Na segunda, planeje o que pretende vivenciar. O meu desafio é que nenhuma das listas fique maior que a outra, de tal modo que você consiga equilibrar a gratidão pelo passado e o planejamento do futuro.

Agradecimentos

Planos

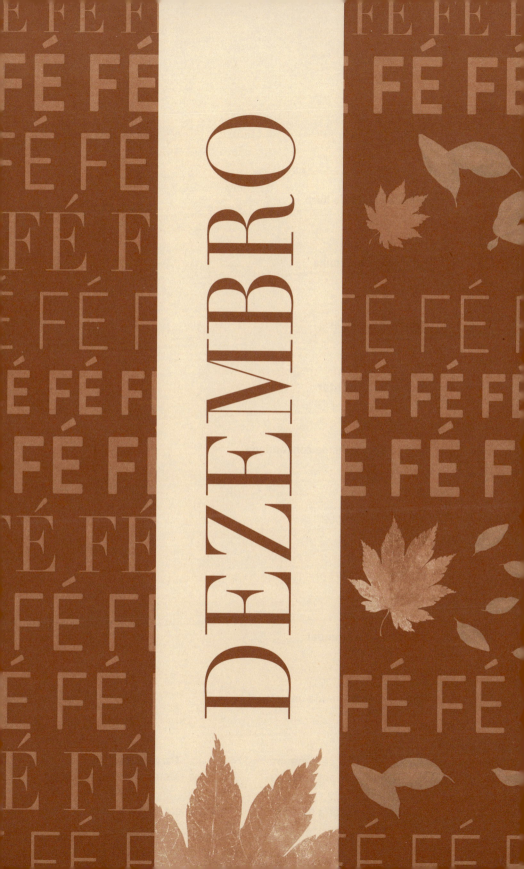

Meu planejamento

Meta

Plano

Leitura bíblica do livro

Atividade em família

Refeição especial

Avaliação alimentar

Tempo de qualidade com amigos

Um filme/série

Um livro/*podcast*

Um médico a agendar

Nota da minha saúde emocional

Atividade física pelo menos três vezes por semana

Participação semanal na comunidade espiritual

Ingestão diária de água

Gestão das finanças pessoais

LEITURA BÍBLICA
João 11:39-40

01 DEZEMBRO

Não é tarde demais

Uma das coisas que move a nossa caminhada espiritual é o fato de declararmos aquilo que cremos, não somente pelo que falamos, mas também pela forma como vivemos. Popularmente, somos conhecidos como crentes, ou seja, aqueles que creem. O que cremos molda quem somos e o que fazemos.

Quando cremos, temos a convicção de que nunca é tarde demais para que o Senhor intervenha em nossa vida, pois ele nunca se atrasa, nunca tarda. Muitas vezes, pensamos que uma situação não tem mais saída, porém Jesus tem poder para fazer milagres e realizar o sobrenatural. Para que vejamos o sobrenatural, temos de deixar que as escamas de nossos olhos naturais caiam.

A nossa fé está fundamentada no que conhecemos; portanto, você não pode crer em algo que não aprendeu. Quanto mais conhecimento da Palavra e do caráter de Deus, mais cremos que, nele e pelo poder dele, há possibilidade de mudança. Nunca é tarde demais para vermos a manifestação da glória de Deus nas batalhas que já julgamos perdidas.

Por isso, se você se vê hoje em um beco sem saída ou pensa que é tarde demais para algo, lembre-se do que Cristo já fez por você, do que já conquistou. Traga à memória o que Jesus já disse a respeito de sua vida, de sua história, de sua família. Agarre-se às revelações liberadas sobre você e creia nas promessas do Senhor sobre a sua vida.

Minhas anotações

Ore comigo

"Poderoso Deus, te agradeço por me permitires contemplar o teu amor, o teu poder e a tua glória. Peço-te, Senhor, que me ajudes a crer em ti em todo o tempo. Amém."

02 DEZEMBRO

LEITURA BÍBLICA
1João 5:13-15

Onde está a sua esperança?

Cada dia mais, a sociedade tem se tornado refém de recursos, os quais são úteis quando bem utilizados, para encontrar respostas para suas dúvidas. O problema é quando essas ferramentas prejudicam a forma pela qual vemos o mundo: não mais pela ótica da Palavra do Senhor, mas pela ótica dos homens. Quando conhecemos Jesus, as escamas caem dos nossos olhos e passamos a enxergar de outra maneira, com olhos espirituais.

A falta de conhecimento das Escrituras nos leva a uma interpretação errada da vida e do tempo em que vivemos. A igreja de Jesus Cristo é a coluna e o baluarte da verdade, e deve estar alinhada aos princípios bíblicos, pois o nosso coração e a nossa mente não devem estar centrados nas coisas deste mundo. A igreja do Senhor precisa voltar a ter sua percepção de vida eterna evidente, entendendo que o porvir é mais importante do que o tempo terreno.

Precisamos ter consciência da eternidade e que Jesus Cristo foi à cruz do Calvário para redimir os nossos pecados e garantir, pela eficácia do seu sacrifício substitutivo e perfeito, a eternidade com ele nos céus. Mais do que a vida eterna, precisamos ter a confiança de que há um Deus que ouve a nossa oração e se relaciona conosco. Pelo novo e vivo caminho, Jesus, podemos nos relacionar com Deus diretamente.

Minhas anotações

Ore comigo

"Deus amado, graças te dou pelo sacrifício do teu Filho na cruz, que me permitiu ter um relacionamento contigo. Ajuda-me a depositar a minha esperança na eternidade ao teu lado. Em nome de Jesus. Amém."

LEITURA BÍBLICA
João 9:1-7

03 DEZEMBRO

De quem é a culpa?

Em determinadas situações de frustração ou ira, tentamos encontrar os culpados ou questionamos a Deus incessantemente. No entanto, Jesus nos ensina que certas coisas acontecem em nossa vida para que o poder de Deus seja manifestado em nós e por meio de nós. Em vez de apontar o erro ou tentar achar os responsáveis, a igreja precisa acolher os aflitos e estender a mão para ajudar.

Não precisamos dos culpados, mas de soluções. Jesus está mais interessado em buscar ajudadores do que pessoas que apontam e julgam. Cristo é a esperança do perdido, do cego, daqueles que não têm expectativas. E ele nos convida a olhar para as pessoas sob essa perspectiva em vez de acusar e julgar de acordo com os nossos parâmetros. Jesus, a luz do mundo, traz esperança, não culpa, e devemos agir da mesma forma.

Quando as crises parecem inexplicáveis, Deus tem poder para agir de maneira sobrenatural e fazer aquilo que nenhum homem consegue fazer. O mesmo Deus que formou o homem do pó continua agindo na vida das pessoas e trazendo cura, libertação e esperança. Portanto, não tente encontrar culpados ou apontar o dedo para os outros; apenas recorra àquele que pode restaurar a sua esperança e curá-lo de suas maiores e mais profundas feridas.

Minhas anotações

Ore comigo

"Senhor, perdoa-me por todas as vezes que acusei em vez de acolher. Ajuda-me a entender que, como Jesus, preciso levar boas-novas de esperança, cura e libertação. Amém."

04 DEZEMBRO

LEITURA BÍBLICA
João 5:5-9

Como vencer a rotina de miséria

A maioria das pessoas gosta de ter uma rotina. Rotinas são muito boas, todavia algumas delas podem ser extremamente prejudiciais. Muitos ficam presos por anos em uma rotina de miséria e prostração. Depois de um tempo, se acostumam com a dor e o sofrimento. Conforme os anos passam, perdem a esperança no futuro.

Às vezes, passamos por momentos tão severos que gradualmente deixamos de esperar pelo amanhã. E não estamos sozinhos; são muitas as pessoas que estão presas à rotina de miséria. Contudo, não importa a origem do seu problema, Deus deseja que você saia da rotina de miséria, dor e frustração.

Para isso, olhe para a sua situação atual e seja sincero a respeito dela. Você deseja permanecer assim ou gostaria de sair dessa condição? Essa precisa ser uma decisão pessoal. Se você deseja mudar, escolha sair do sofrimento e pare de esperar por circunstâncias ideais. Ainda que as circunstâncias não sejam favoráveis, prossiga.

Por fim, se você deseja ser curado, reaja. Confesse seus pecados, abandone os seus hábitos e admita quanto você precisa de Jesus para mudar a sua situação e dar-lhe graça e misericórdia. Prostre-se diante do Senhor e peça a ele que mude a sua história, transforme a sua rotina e liberte-o.

Minhas anotações

Ore comigo

"Senhor, perdoa os meus pecados e purifica o meu interior. Transforma, pela tua misericórdia, a minha situação. Eu preciso de ti. Amém."

LEITURA BÍBLICA
Isaías 43:18-20

05
DEZEMBRO

Um novo tempo

O profeta Isaías é o profeta do Antigo Testamento mais citado no Novo Testamento. Esse importante servo recebeu revelações de Deus sobre a vinda do Messias e sobre a obra redentora de Cristo. Isaías foi um homem que o Senhor levantou para anunciar as coisas novas que Deus faz.

As mensagens do profeta Isaías confrontavam a realidade e apontavam para um futuro com Deus. O futuro com Deus é sempre melhor e sempre traz algo novo de bom. O Senhor sempre tem o desejo de nos abençoar. Ao estabelecer um relacionamento com Jesus, começamos a usufruir de sua graça, que aponta para um futuro melhor.

O nosso Deus tem poder para nos surpreender com coisas muito melhores do que jamais poderíamos imaginar. Portanto, não podemos viver presos ao passado, mas temos de aguardar com expectativa que os maravilhosos planos do Senhor se concretizem em nossa vida. Ele tem algo grandioso reservado para cada um de nós.

O novo de Deus nos revigora. Ele coloca água diante de nós no meio do deserto e traz refrigério. O Senhor tem prazer em fazer algo novo em nossa vida, porém precisamos querer entrar em um novo tempo. Precisamos deixar para trás o que já passou para que possamos caminhar em direção às coisas novas que Deus tem para nós.

Minhas anotações

Ore comigo

"Senhor, tu és digno de todo o louvor, toda a glória e toda a adoração. Faz que um novo tempo comece na minha vida hoje, em todas as áreas. Em nome de Jesus. Amém."

06 DEZEMBRO

LEITURA BÍBLICA
Deuteronômio 32:4

Justo e reto

Perante as injustiças do mundo, a desigualdade e a violência, muitos se perguntam onde Deus está. A verdade é que Deus está onde sempre esteve. A injustiça entrou no mundo quando o pecado se infiltrou na humanidade. Desde então, a natureza humana foi corrompida e, consequentemente, as relações sociais passaram a ser permeadas pelo pecado.

Contudo, Deus não é injusto; pelo contrário, ele é justo e reto. As Escrituras afirmam que ele não oprime (cf. Jó 37:23), mas defende a causa dos oprimidos (cf. Salmos 103:6). O Senhor ama a justiça e espera que também sejamos justos em nosso proceder. Se vivermos de maneira justa e correta diante de Deus e dos homens, testemunharemos o atributo divino por meio de nossa conduta.

Não podemos nos calar mediante as injustiças, tampouco permitir que os princípios bíblicos sejam banalizados ou corrompidos. Ao encarar as circunstâncias, temos de clamar a Deus para que sua perfeita e plena justiça seja feita em todo o tempo e para que, cada vez mais, nos tornemos mais justos e retos, de modo que transformemos a realidade das pessoas ao nosso redor.

Minhas anotações

Ore comigo

"Deus, eu te agradeço por seres infinitamente justo. Clamo para que a nossa realidade seja transformada pela tua justiça, a começar em mim. Ajuda-me a ser reto como tu és. Amém."

LEITURA BÍBLICA
2Reis 20:1-6

07 DEZEMBRO

A transformação da família

A família é a instituição mais antiga que existe. Tudo o que nós somos é fruto do nosso ambiente familiar. A Bíblia enfatiza a importância de investir na família. A transformação da sociedade começa na transformação da família. Quando as coisas estão fora do lugar e há desordem espiritual na família, é necessário intervir e pôr tudo em ordem.

Para melhorar o ambiente da sua casa e zelar pela saúde da sua família, cada um precisa se empenhar e se doar. A primeira coisa que deve ser feita para pôr a casa em ordem é permitir que o Espírito Santo entre e purifique o lar. Não permita que a sua família seja contaminada por impurezas; exale o bom perfume de Cristo.

O Diabo sempre tentará destruir e estremecer a família. Por isso, é imprescindível zelar pelos pilares de moralidade e pelos princípios que regem a sua vida e a sua família. É preciso dizer não a tudo o que Deus condena e abomina, pois tudo o que fere os princípios divinos fere a família.

Para ter sua família restaurada, a Palavra de Deus precisa ser o alicerce. O altar da sua casa tem de ser edificado, para que o Senhor possa sustentá-la. Deus tem planos extraordinários para a sua família. Dedique o seu lar ao Senhor, para que vocês possam viver o melhor do Pai.

Minhas anotações

Ore comigo

"Pai, eu te dou graças por minha família e por tuas bênçãos derramadas sobre nós. Que, juntos, caminhemos em direção ao teu propósito e que possamos refletir o teu amor. Em nome de Cristo Jesus. Amém."

08 DEZEMBRO

LEITURA BÍBLICA
Salmos 119:105

Luz que clareia o caminho

A Palavra de Deus é lâmpada para os nossos pés e nos dá instruções claras para vivermos uma vida plena, abençoada e feliz. Ela nos mostra maneiras de aperfeiçoar a nossa conduta a fim de viver do modo que o Senhor deseja que vivamos. Além disso, não podemos ter mais intimidade e profundidade no relacionamento com Deus se não nos dedicarmos ao estudo e à meditação das Escrituras, pois elas são um dos principais meios pelos quais ele se revela a nós e nos mostra o seu caráter.

Por isso, após um encontro com Jesus, o cristão deve se dedicar não somente a conhecer a Palavra, como também a praticá-la. O Mestre ensinou aos discípulos que aquele que ouve suas palavras e as pratica edifica a sua casa sobre a rocha (cf. Mateus 7:24); ou seja, conhecer e obedecer aos ensinamentos do Senhor faz que tenhamos uma edificação inabalável. As tempestades da vida não podem derrubar o que construímos sobre a rocha.

Portanto, as Escrituras não são apenas um livro; para nós, elas são um manual de conduta e uma ferramenta imprescindível para conhecer o nosso Criador e a sua soberana vontade. A Palavra do Senhor, viva e eficaz, deve ser guardada em nosso coração e em nossa mente e proclamada em todo o tempo, tanto por palavras como por ações.

Minhas anotações

Ore comigo

"Obrigado, meu Deus, por permitires que eu te conheça cada vez mais por meio das Escrituras e por me ensinares a viver edificado sobre a Rocha. Ajuda-me a praticar os teus ensinamentos. Amém."

LEITURA BÍBLICA
2Samuel 11:26-27

09 DEZEMBRO

Como agradar a Deus

Em um relacionamento, a nossa postura pode agradar ou desagradar ao outro. Sabemos que o nosso louvor e adoração genuínos agradam a Deus, assim como a obediência, a fidelidade, a bondade, a honestidade e a justiça. Por vezes, porém, nossas escolhas e decisões contrariam o plano perfeito de Deus para nós. Por isso, temos de aprender a viver de maneira que agrademos a Deus em todos os aspectos.

Deus não espera de nós a perfeição. O Senhor conhece a nossa natureza pecaminosa, conhece o nosso coração e as nossas limitações; ele espera que estejamos sempre dispostos a honrar a vontade dele. Então, ainda que venhamos a pecar, precisamos reconhecer o nosso pecado, nos arrepender e mudar a nossa forma de agir para que não voltemos ao mesmo erro.

É assim que vivemos para agradar a Deus, mediante a decisão e a atitude intencional de honrar os seus princípios. Agradamos a Deus ao viver em obediência e em busca constante por santidade. Agradamos a Deus ao submeter as nossas decisões a ele, compreendendo que a sua vontade é boa, perfeita e agradável. Agradamos a Deus ao glorificá-lo por meio de tudo o que fazemos e falamos.

Minhas anotações

Ore comigo

"Senhor Deus, abre os olhos do meu coração para o entendimento do que é agradável a ti. Sonda-me e revela os pecados que me são ocultos. Ajuda-me, Pai, a viver conforme a tua vontade. Amém."

10 DEZEMBRO

LEITURA BÍBLICA
1Samuel 1:1-18

Não desista dos seus sonhos

Em toda a história, vemos a identidade de Deus. Seu caráter marca toda a criação, a natureza e nossa própria história. Em tudo podemos ver a mão de Deus. Não há um momento sequer que ele não esteja trabalhando em favor de cada um de nós.

Entretanto, em certos momentos, principalmente quando não vemos os nossos sonhos e projetos se concretizando, sentimos que o Senhor está parado. A verdade é que, enquanto oramos, ele prepara o nosso coração para que, no tempo certo, possamos ver que o plano de Deus sempre foi perfeito.

Saiba, porém, que o Senhor tem um propósito preparado para você; ele tem sonhos para a sua vida. Por isso, se você pensa que um sonho está distante demais ou se até mesmo desistiu de sonhar, espere e confie em Deus, pois cada um dos sonhos que ele pôs em seu coração se cumprirá no tempo certo.

Guarde no coração a certeza de que o Senhor nunca se esqueceu e nunca se esquecerá de você. Ele está em todo o tempo trabalhando e orquestrando cada aspecto em seu favor. Deus tem preparado você para que viva o grandioso desígnio dele para a sua vida.

Minhas anotações

Ore comigo

"Pai, o Senhor conhece os mais profundos anseios do meu coração. Coloco-os diante de ti neste momento e peço que alinhes o meu coração ao teu, para que eu possa sonhar os teus sonhos e confiar em ti em todo o tempo. Graças te dou por tua infinita e eterna fidelidade. Em nome de Jesus. Amém."

LEITURA BÍBLICA
Gênesis 32:27-30

11
DEZEMBRO

Uma nova história

Independentemente de onde viemos ou de como foi o nosso passado, ao ter um encontro genuíno com Deus, ele muda a nossa vida e a nossa história. Ninguém, após conhecer verdadeiramente o Senhor, permanece como era. O encontro com Deus transforma a nossa essência, os nossos princípios e nos faz perceber que não podemos permanecer da mesma forma se queremos desfrutar da plenitude que o Eterno deseja que vivamos.

A nossa natureza precisa ser confrontada. Desde o nascimento, somos pecadores. Por isso, cada um de nós carece de uma transformação de dentro para fora, e essa transformação somente acontece quando, à luz da santidade de Deus, confrontamos a natureza pecaminosa. No entanto, a luta contra a nossa natureza pecaminosa é árdua, pois ela insiste em prevalecer. Nessa batalha, temos de nos entregar por completo a Deus e reconhecer que somente ele pode nos conduzir à vitória.

Deus tem poder para transformar a sua vida, a sua identidade e a sua história de agora em diante. Para isso, é necessário que você mude sua forma de falar e agir. Você precisa mostrar para o mundo que o seu encontro com Deus mudou as características da sua alma. O mundo está à procura de homens e mulheres que foram mudados pelo Senhor e que agora refletem a essência de Cristo.

Minhas anotações

Ore comigo

"Deus misericordioso, coloco-me diante de ti, com o coração e a mente abertos para uma completa transformação. Muda a minha realidade e o meu caráter, para que, cada vez mais, eu possa refletir a tua santidade. Amém."

12 DEZEMBRO

LEITURA BÍBLICA
1Samuel 3:10

Ouvindo a voz de Deus

A falta de comunicação gera confusão em qualquer relacionamento. Ela é imprescindível para a saúde de todas as relações. Com Deus não é diferente. Desde o início, Deus se comunica. No Éden, ele estabelece um diálogo com o homem. Ainda hoje, há inúmeras formas pelas quais ele fala conosco, porém muitas pessoas têm dificuldade de discernir a voz do Senhor. Para viver uma vida cristã plena, precisamos conhecer a voz de Deus.

Deus fala conosco de diversas formas, como por meio das Escrituras, da criação, de seus atributos invisíveis, da oração, dos louvores, de outras pessoas; contudo, se não soubermos identificar a voz dele, como poderemos compreender sua mensagem? É necessário que conheçamos seu caráter e entendamos quem ele é. Jesus disse que suas ovelhas conhecem sua voz e o seguem (cf. João 10:27).

Portanto, não basta apenas ouvir; temos de obedecer à voz de Deus. Estar disposto a ouvir e obedecer faz que, cada vez mais, ele tenha prazer em conversar conosco e nos revelar a sua vontade e os seus mistérios. Quando isso ocorre, algo ainda mais maravilhoso acontece: podemos ser a voz de Deus na vida de outras pessoas.

Minhas anotações

Ore comigo

"Senhor Deus, ajuda-me a ouvir a tua voz e a discernir a tua vontade. Graças te dou por eu poder ter um relacionamento direto contigo. Em nome de Jesus Cristo. Amém."

LEITURA BÍBLICA
Colossenses 3:12-17

13 DEZEMBRO

Uma vida que vale a pena ser vivida

Em quase todos os contextos sociais, é esperado que tenhamos um padrão de conduta. Na vida cristã, também acontece dessa forma. Precisamos das orientações e instruções da Palavra de Deus para viver segundo os princípios do Senhor. Conhecer a Bíblia é necessário para todo aquele que deseja seguir Jesus, pois, por meio dela, temos acesso às orientações do Senhor sobre a forma como devemos proceder em diversas situações.

Cada um de nós foi chamado para fazer parte do povo santo de Deus. No entanto, para que de fato façamos parte desse povo, precisamos nos revestir do caráter de Jesus: "compaixão, bondade, humildade, mansidão e paciência" (cf. Colossenses 3:12). Na Bíblia, o nosso maior exemplo de conduta é Jesus. Ele nos ensinou na prática o que é amar e perdoar verdadeiramente, e devemos nos esforçar para viver da mesma forma.

Como povo de Deus, temos de oferecer a ele louvor e ações de graças em tudo o que fizermos e falarmos, de modo que ele seja exaltado e glorificado em nós e por meio de nós. Devemos ser preenchidos, até transbordarmos, pelo Senhor em todas as áreas e em todos os aspectos. A vida que vale a pena ser vivida é a vida conforme o coração de Deus.

Minhas anotações

Ore comigo

"Pai, graças te dou por me sustentares até aqui e pela certeza de que continuarás me sustentando. Conduz-me pelos teus caminhos, para que eu viva segundo o teu coração. Amém."

14 DEZEMBRO

LEITURA BÍBLICA
Marcos 1:35-42

Discípulos de Cristo

Jesus começa seu ministério curando muitas pessoas e realizando milagres. Ao chamar seus discípulos, ele lhes ensinou a conduta que conduz ao Reino. Se desejamos ser verdadeiros discípulos de Cristo, temos de seguir seus ensinamentos e seu exemplo e aplicá-los em todas as áreas da vida.

A primeira marca de um discípulo de Cristo é a prática devota da oração. Um verdadeiro seguidor de Jesus começa e termina o seu dia na presença de Deus. A oração não é uma válvula de escape; é fonte de relacionamento com Deus. Por isso, fale com Deus todos os dias, logo que se levantar. A oração deve ser uma prática intencional na vida do cristão, assim como era na vida de Jesus.

Além disso, o discípulo de Cristo deve proclamar, em todo o tempo, a verdade do evangelho. Jesus pregava em todo o tempo e ordenou que fizéssemos o mesmo (cf. Marcos 16:15). Devemos deixar que a glória de Deus transpareça em nós, não apenas com palavras, mas principalmente por nosso estilo de vida. As pessoas precisam olhar para nós e enxergar o reflexo de Deus.

Por fim, o seguidor de Jesus é continuamente purificado. Jesus espera que na nossa vida, todos os dias, haja pureza, pois devemos nos apresentar a Deus com o coração limpo. E, se pecarmos, temos de pedir perdão, ser quebrantados e transformados.

Minhas anotações

Ore comigo

> "Pai, purifica o meu coração e ajuda-me a ser cada dia mais parecido contigo. Capacita-me para seguir o exemplo do teu filho Jesus e para pregar a verdade do evangelho em todo o tempo. Amém."

LEITURA BÍBLICA
João 6:8-13

15 DEZEMBRO

O segredo da multiplicação

O milagre da multiplicação de pães e peixes é o único que foi registrado nos quatro Evangelhos, e isso não aconteceu por acaso. Em um cenário de improbabilidades, vemos a manifestação do poder de Jesus Cristo. Da mesma forma que o Mestre multiplicou pães e peixes para sustentar uma multidão, Deus deseja que vivamos uma vida de multiplicação.

Em meio às nossas crises, há uma grande possibilidade para a manifestação do poder de Jesus. Essas situações são oportunidades para que possamos crescer espiritualmente e conhecer melhor o caráter de Deus. Apesar de poderoso e autossuficiente, mais do que simplesmente contemplar o poder do nosso Jesus, ele nos envolve em seu plano de ação. A beleza do evangelho é que Jesus tem prazer em nos envolver e nos convidar para estar com ele. Contudo, depois de obedecer à voz de Jesus e fazer a nossa parte, há momentos que devemos simplesmente esperar nele.

Diante de um cenário de impossibilidades e limitações, Jesus nos ensina a confiar nele, seja ao seguirmos suas instruções, seja ao esperarmos nele. Portanto, se você está em uma situação que parece impossível, saiba que Cristo não somente manifestará seu poder, como também fará que a sua história se torne um testemunho para que outros creiam.

Minhas anotações

Ore comigo

"Querido Deus, ajuda-me a ver a tua mão poderosa diante das impossibilidades e dos desafios. Obrigado, meu Senhor, pelo teu sustento e por me permitires contemplar a manifestação do teu poder. Amém."

16 DEZEMBRO

LEITURA BÍBLICA
Mateus 9:1-8

Tenha bom ânimo

Infelizmente, muitas pessoas vivem prostradas diante de certas situações. Enfraquecidas, elas se veem debilitadas e paralisadas. Muitas até mesmo se conformam com o desânimo e desistem. Como, então, poderiam sair desse estado? As Escrituras ensinam, por meio de um milagre de Jesus, a resposta para vencer a apatia.

Em primeiro lugar, a história do homem paralítico nos mostra a importância de estarmos cercados por pessoas de fé. Precisamos ter em nossa vida pessoas que acreditam e aguardam com expectativa o amanhã, confiantes no poder de Deus. As companhias podem transformar a nossa realidade.

O segundo passo é ouvir a voz de Jesus. O Mestre exortou aquele homem, encorajando-o a se regozijar e revigorar. Da mesma forma, ele nos encoraja dia após dia. Para vencer a apatia, precisamos sair do lugar que nos desencoraja e desanima e ir para ambientes que nos deem ânimo.

Por fim, precisamos de uma atitude condizente com a nossa fé. Se acreditamos verdadeiramente que Deus pode mudar a nossa situação e nos levantar, temos de obedecer à sua voz. Ainda que não vejamos uma saída, temos de nos erguer na certeza de que ele é fiel para nos conduzir.

Minhas anotações

Ore comigo

"Pai, graças te dou por me permitires buscar a tua face. Peço que me dês ânimo para seguir em frente e viver conforme a tua vontade. Que o Espírito Santo me revista de forças em todas as estações. Em nome de Jesus. Amém."

LEITURA BÍBLICA
Deuteronômio 2:1-2

17
DEZEMBRO

Andando em círculos

Muitas vezes, usando um mapa ou o GPS, erramos o trajeto e nos perdemos no meio do caminho. Embora essa situação seja muito incômoda, não há nada pior do que quando erramos o caminho e nos perdemos do propósito que Deus tem para nós. Por vezes, vagamos por aí, sem rumo, e nos distanciamos do que o Senhor deseja para a nossa vida.

A desobediência dos israelitas fez que a jornada do Egito à Terra Prometida durasse quatro décadas. Eles andavam em círculos; vagavam sem sair do lugar. Quantas vezes nos encontramos na mesma situação! Gastamos tempo e esforços, mas a nossa vida não sai do lugar, ou pior, retrocede.

Esse cenário é ainda pior quando se trata da vida espiritual. Se o seu relacionamento com Deus não progride, não se aprofunda, nenhuma outra área de sua vida vai progredir. O que muitas vezes impede o crescimento espiritual são as distrações, o orgulho ou, ainda, estar preso ao passado.

Para sair da estagnação e caminhar rumo às promessas do Pai, temos de seguir a direção que a voz de Deus aponta. Precisamos abandonar o passado e seguir o caminho que o Senhor deseja que percorramos. Contudo, precisamos tomar a atitude, pois ele não nos obriga, não nos empurra. Deus dá a ordem; o nosso papel é obedecer e caminhar adiante.

Minhas anotações

Ore comigo

"Senhor Deus, o desejo do meu coração é seguir a tua voz e obedecer aos teus mandamentos. Ajuda-me a abandonar o passado e seguir adiante, em direção às tuas promessas para a minha vida. Amém."

18 DEZEMBRO

LEITURA BÍBLICA
Mateus 6:33

Quais são as suas prioridades?

No Sermão do Monte, Jesus ensina qual deve ser o foco da nossa vida. Muitas pessoas dedicam tempo, esforços e preocupações em inúmeras coisas e se esquecem de priorizar o Reino. O Senhor deseja que sejamos felizes, prósperos e desfrutemos de uma vida plena, mas, para isso, temos de seguir a ordem estabelecida por ele.

O Mestre foi claro em instruir a multidão a buscar, em primeiro lugar, o Reino de Deus. As coisas de Deus devem ser buscadas; portanto, quanto mais desejo viver um relacionamento com o Senhor, mais esforço devo empenhar. A busca contínua do Reino deve ocupar o primeiro lugar de nossa lista de prioridades.

O que muitos não entendem é que buscar o Reino também implica buscar o Rei. A cada dia, precisamos nos entregar a Jesus, escolher segui-lo, obedecer-lhe. O nosso relacionamento com Deus deve ser prioridade. É necessário que nos coloquemos diante dele em oração e louvor, para prestar-lhe honra e adoração.

Portanto, as suas prioridades devem estar claras, de modo que não haja dúvidas, para você ou para os outros, acerca delas. Se você deseja buscar o Reino e o Rei, a sua vida deve ser compatível com os preceitos divinos. Jesus revela que, se vivermos sob seu Reino, de acordo com a Palavra, todas as coisas de que precisamos nos serão concedidas.

Ore comigo

"Graças te dou, Senhor, por tudo o que tens feito e pelo sacrifício do teu filho Jesus na cruz. Ajuda-me a viver firmado no teu Reino e na tua soberana vontade. Amém."

Minhas anotações

LEITURA BÍBLICA
Romanos 12:1-2

19 DEZEMBRO

A cultura do Reino

Alguns grupos são identificados por seu estilo de vida, suas prioridades, seus hábitos, valores, costumes e até mesmo seu vocabulário. Todos nós viemos de uma mesma cultura espiritual, a cultura mundana. Influenciados pelo mundo, nossos valores eram estabelecidos conforme as práticas e os princípios mundanos. Quanto mais tempo passamos no mundo, mais dele há em nós.

No entanto, mediante um encontro pessoal com Jesus, precisamos aprender a viver a cultura do Reino. Da mesma forma, quanto mais tempo passamos com Jesus, mais dele há em nós. Segundo o conceito cultural do Reino de Deus, a nossa postura em um relacionamento com Cristo deve ser a de estar dispostos a oferecer tudo o que temos ao Senhor, pois dar é mais importante do que receber (cf. Atos 20:35).

Deus espera de nós uma atitude condizente com o que Jesus fez por nós no Calvário, de modo que nos entreguemos a ele por inteiro. Temos de romper com os padrões mundanos e a busca incessante para o nosso próprio benefício, pois, pelo mérito de Cristo e como fruto da graça de Deus, já recebemos tudo de que precisamos. É por isso que devemos nos entregar a Deus. Todo o nosso corpo, nosso coração e nosso ser precisam ser entregues ao Senhor como sacrifício vivo e santo, ou seja, separado do mundo.

Ore comigo

"Meu Deus, eu te agradeço por me dares a oportunidade de cultivar um relacionamento com o Senhor. Que o teu Espírito me ajude a viver da maneira que te agrada. Entrego a minha vida a ti. Amém."

Minhas anotações

20 DEZEMBRO

LEITURA BÍBLICA
Salmos 1:1-3

O caminho para a felicidade

Todos ansiamos por uma vida de contentamento e plenitude. Diante desse profundo desejo, questionamos qual seria o caminho para alcançar a verdadeira e pura felicidade. Contudo, o que a sociedade rotula como felicidade, ou seja, conquistas, bens materiais, metas alcançadas, não tem nada a ver com o que a Bíblia nos ensina. A felicidade é, na verdade, fruto de nossas escolhas.

A felicidade que Deus quer que tenhamos vem, primeiramente, das coisas que evitamos para que, então, possamos escolher o caminho da felicidade. No texto de hoje, o salmista afirma que feliz é aquele que fecha os ouvidos para o conselho dos ímpios. Dessa forma, pode abrir seu coração para o conselho dos sábios. A voz que ouvimos é a que governa os nossos passos e o nosso coração.

A escolha de ouvir as vozes certas é a primeira coisa que devemos fazer a cada dia. Ao seguir o conselho dos perversos, nos afastamos daquilo que o Senhor deseja para nós. Longe de Deus, não há verdadeira felicidade. Longe dele, nenhum caminho conduz à plenitude e ao contentamento. A voz que devemos seguir é a voz de Deus, e podemos fazer isso por meio da oração e da leitura da Palavra. Qual é a voz a que você tem dado ouvidos?

Minhas anotações

Ore comigo

"Pai, peço que o teu Espírito me conduza e que a tua voz guie cada um dos meus passos. Afasta-me dos conselhos dos ímpios e perversos, para que eu possa continuar firme nas tuas veredas e encontrar a verdadeira felicidade em ti. Em nome de Jesus Cristo. Amém."

LEITURA BÍBLICA
1Coríntios 10:23

21 DEZEMBRO

Nem tudo convém

Muito se debate sobre o que o cristão pode ou não pode fazer. A igreja está fundamentada nos pilares bíblicos, de acordo com o que Deus espera que sejamos. Pertencemos, antes de tudo, à igreja do Senhor, a qual deve representar Jesus Cristo para a sociedade. Precisamos recuperar a nossa postura de ser modelo em tudo o que fizermos, inspirando-nos em Jesus.

No contexto das cartas à igreja de Corinto, Paulo se dirigia a uma igreja, então recém-nascida, que vivia a influência pagã e precisava aprender a ser o que Deus desejava que ela fosse. Naquele tempo, o argumento "Tudo é lícito" era utilizado para justificar que, ainda que algo fosse proibido por lei, não haveria problema algum em fazê-lo.

Contrário ao argumento, Paulo ensina o princípio que deve reger a nossa conduta ainda hoje: nem tudo convém; nem tudo edifica. Ou seja, por mais que as coisas sejam lícitas, devemos nos perguntar: Isto é moralmente correto? Isto é biblicamente correto? Isto é eticamente correto? A verdadeira moralidade é baseada no caráter de um Deus santo. Tudo o que foge disso não nos convém.

Minhas anotações

Ore comigo

"Santo Deus, ajuda-me a ser santo como tu desejas e a guardar os teus mandamentos em meu coração. Dá-me o discernimento para refletir o teu caráter, vivendo como nova criatura de acordo com os teus planos. Em nome de Jesus. Amém."

22 DEZEMBRO

LEITURA BÍBLICA
2Coríntios 12:7-10

Sustentados pela graça

As estações da vida são passageiras, tanto as boas como as ruins. Passamos por altos e baixos, momentos de alegria e de tristeza, vitórias e derrotas. Em todas as estações, temos de permanecer firmados na Rocha, que é Jesus Cristo. Em cada situação, podemos ver a mão de Deus nos guiando e sustentando.

Cada estação, independentemente de como nos sintamos em relação a ela, tem algo a nos ensinar. Muitas vezes, desejamos congelar o momento nas estações de alegria; em outras, queremos acelerar o tempo e, assim, nos livrar da angústia. Contudo, em todas as situações, somos sustentados pela graça do Senhor. A graça nos ajuda a entender que a vida é feita de variações.

Nem sempre a situação vai mudar, mas Deus pode usar a situação para transformar o seu coração e ajudá-lo a ver o infinito amor e a bondade dele para com você. Às vezes, pensamos que não podemos tirar nada de bom das situações difíceis. No entanto, muitas vezes, o Senhor permite essas situações para forjar algo dentro de nós. Ao entrar em uma nova estação, decida prosseguir e esteja pronto para aprender mais sobre a graça sustentadora do Senhor.

Minhas anotações

Ore comigo

"Pai, eu te agradeço por me sustentares em todas as estações da vida e por revelares a tua graça e o teu amor por meio das situações difíceis. Ajuda-me a ver que a tua mão poderosa tem me sustentado. Em nome de Jesus. Amém."

LEITURA BÍBLICA
Tiago 5:13

23 DEZEMBRO

Como agir diante das circunstâncias

Talvez você já tenha ouvido alguém dizer que a vida é 10% do que acontece com você e 90% a forma como você reage ao que acontece. Normalmente, nossas reações definem o momento pelo qual estamos passando. A Bíblia nos ensina como devemos agir diante das circunstâncias; ela é nosso manual de conduta diária. Se queremos proceder e reagir de acordo com a vontade de Deus, temos de nos alimentar das Escrituras.

A primeira coisa que devemos fazer em situações difíceis é orar. Pode parecer óbvio, mas, infelizmente, nem sempre esse é o nosso primeiro recurso. Nem sempre recorremos a Deus antes de tudo. Tentamos contar com as nossas próprias forças, buscamos ferramentas e conselhos, mas nos esquecemos de buscar o Senhor para estar diante do trono da graça de Deus, onde somos renovados, encorajados e fortalecidos.

Já nos momentos de alegria, somos aconselhados a cantar louvores. Precisamos aprender a celebrar os dias felizes. Muitos chegam à presença de Deus para clamar, mas poucos voltam para dar graças. Portanto, conte as bênçãos e celebre com júbilo, reconhecendo a bondade de Deus na sua vida e testemunhando às pessoas ao seu redor.

Minhas anotações

Ore comigo

"Pai, ajuda-me a agir diante das circunstâncias de acordo com os teus princípios. Desejo render-te graças nos momentos de alegria e derramar o meu coração aos teus pés nas dificuldades. Em nome de Jesus. Amém.

24 DEZEMBRO

LEITURA BÍBLICA
Mateus 1:18-20

A soberana vontade de Deus

Sempre me fascinei com a representatividade das figuras do Natal, pois, normalmente, a ênfase está em Jesus e, em seguida, em Maria. Contudo, sempre tive um interesse em José, visto que há poucas informações sobre ele nas Escrituras. Ainda assim, a sua postura e o seu caráter nos ensinam como podemos agir quando a vontade de Deus é manifesta em nossa vida.

A Bíblia nos diz que José era um homem justo. A história de José nesse sublime acontecimento nos ensina a aceitar que, apesar de diferente da nossa, a vontade do Senhor é soberana e prevalece. Além disso, nos mostra que devemos agir em obediência com prontidão.

É provável que ele tivesse muitos planos com a sua noiva, Maria, e certamente em nenhum momento imaginou que receberia a dádiva de ser o pai terreno do Redentor da humanidade. Todavia, o Senhor tinha outros planos. Por um breve momento, nada daquilo fazia sentido para José, mas ele se manteve fiel e obediente a Deus.

Da mesma forma, talvez os seus projetos não tenham saído como esperado ou alguns sonhos tenham se frustrado. Talvez nada disso faça sentido para você agora, mas aprenda, pelo exemplo de José, que a vontade de Deus deve ser buscada e obedecida mesmo quando não fizer sentido para nós, pela confiança que temos no nosso Senhor, que age de modo muito maior e melhor do que podemos imaginar.

Ore comigo

"Senhor, sei que a tua vontade é soberana. Capacita-me para aceitar que não preciso entender os teus planos, apenas obedecer à tua voz e seguir os teus caminhos. Amém."

Minhas anotações

LEITURA BÍBLICA
Mateus 1:21-23

25 DEZEMBRO

Emanuel, Deus conosco

Quando o anjo do Senhor apareceu a José e anunciou a vinda do filho gerado pelo Espírito Santo por meio de Maria, disse que o menino deveria receber o nome de Jesus. Em sua época, alguns o chamavam de Mestre ou Rabi. Outros o conheciam como Cristo. No entanto, não há nenhum registro na Bíblia de que ele tenha sido chamado de Emanuel. Ainda assim, esse nome carrega um imenso significado para nós.

Embora Deus seja onipresente, suas manifestações no Antigo Testamento eram esporádicas. Contudo, nos Evangelhos, lemos que a Palavra, ou Verbo, se fez carne (cf. João 1:1) e habitou entre nós, de modo que as profecias a respeito do Emanuel se cumpriram. O Emanuel é a promessa de que Deus está conosco e continuará conosco sempre. Deus pretendia, por meio do Emanuel, se relacionar conosco de maneira mais íntima e profunda do que em aparições esporádicas.

A vinda de Jesus Cristo, Deus Filho, à terra é o cumprimento da promessa de que Deus estará conosco até o fim dos tempos. O Emanuel traz consigo a verdadeira esperança, a perfeita paz e a certeza da presença de Deus conosco e em nós. Jesus nos deixou, antes de retornar aos céus, a promessa de um relacionamento intenso, constante e presente com Deus por meio do Consolador, o Espírito Santo (cf. Mateus 28:20).

Ore comigo

"Senhor Deus, te agradeço por teres enviado o teu precioso Filho a este mundo para cumprir a promessa de que estarás conosco pela eternidade. Que a tua presença em mim me capacite para tornar o teu nome conhecido. Em nome de Jesus. Amém."

Minhas anotações

26 DEZEMBRO

LEITURA BÍBLICA
Mateus 2:9-11

Celebrando a vida de Jesus

Após o nascimento de Jesus, magos do Oriente fizeram uma longa viagem para visitar o pequenino. Esses magos eram certamente homens sábios e ricos. Ainda assim, se deslocaram de sua terra para ir ao encontro do Messias. Quando chegaram na casa em que Jesus estava, prostraram-se em adoração e presentearam-no com ouro, incenso e mirra.

Esses homens não pensaram que eram eruditos ou poderosos demais para prestar adoração ao bebê que veio a ser nosso Redentor; pelo contrário, eles se renderam a ele e entregaram presentes valiosos e significativos. Diante disso, reflita: qual tem sido a sua atitude? Você tem celebrado a vida de Jesus, prostrando-se diante dele e dando-lhe o que tem de melhor?

Muitas vezes, deixamos que a correria do cotidiano, as demandas do trabalho, da família e até mesmo do ministério ocupem todo o nosso tempo e a nossa mente. Cedemos a outras coisas o lugar que deveria ser ocupado somente pelo Rei dos reis e Senhor dos senhores. Precisamos, portanto, nos lembrar todos os dias de celebrar Jesus. Temos de nos dedicar a ir ao encontro dele, custe o que custar, para nos prostrar em adoração e entregar a ele o nosso melhor presente: um coração puro, íntegro e sincero.

Minhas anotações

Ore comigo

"Meu Jesus, não há nada melhor do que me encontrar contigo. Prostro-me agora diante de ti em louvor e adoração, entregando o meu coração e os meus caminhos ao Rei dos reis e Senhor dos senhores. Amém."

LEITURA BÍBLICA
Salmos 57:2

27
DEZEMBRO

Os propósitos de Deus se cumprirão

Há muitos tipos de medos e fobias. Talvez o mais comum seja a claustrofobia, que é o medo de permanecer em espaços fechados. As pessoas que sofrem dessa fobia mudam suas atitudes e seu temperamento quando se sentem enclausuradas. Por vezes, ficamos presos em uma caverna metafórica, seja ela espiritual, seja emocional, e, por isso, mudamos a nossa atitude com relação a Deus.

O salmo 57 descreve o episódio em que Davi estava escondido em uma caverna para se proteger da ira do rei Saul. Nos momentos de desespero, muitos de nós nos sentimos desmotivados, apáticos e desanimados ao não ver uma saída, ao não ver uma luz. Chegamos a questionar se os propósitos de Deus realmente vão se cumprir. No entanto, mesmo em meio à adversidade, Davi sabia que podia confiar no Senhor.

Se desejamos sobreviver à caverna e sair dela para viver o cumprimento dos planos de Deus para nós, temos, antes de tudo, de clamar ao Senhor. Há um Deus que nos visita mesmo quando estamos dentro da caverna, desesperançosos, que ouve a oração do aflito. E ele nos faz entender que existe vida além da caverna em que estamos presos. Há uma promessa que o Todo-poderoso vai, sem dúvida, cumprir em nossa vida.

Minhas anotações

Ore comigo

"Deus todo-poderoso, tu conheces o meu coração e sabes das circunstâncias pelas quais passei e tenho passado. Clamo a ti, confiante de que tu és o Deus que me ouve e de que os teus propósitos vão se cumprir na minha vida. Amém."

28 DEZEMBRO

LEITURA BÍBLICA
Marcos 4:41

Cultivando um relacionamento íntimo

Uma das coisas mais preciosas de um relacionamento com Deus é a jornada de um conhecimento ilimitado do caráter do Senhor, de quem ele é e dos seus planos para a nossa vida. Assim como em qualquer outro relacionamento, quanto mais você convive com Deus, mais o conhece. Relacionar-se com o Eterno é uma forma diária de descobrir seu caráter, sua essência e suas virtudes. É por isso que as Escrituras nos encorajam a conhecer e prosseguir em conhecer o Senhor (cf. Oseias 6:3).

Independentemente de quanto tempo tenhamos na caminhada com Deus, é impossível compreender por completo a mente do Senhor. Contudo, recebemos, na caminhada, as revelações dele de maneira cada vez mais pessoal. De todas as revelações pessoais, a mais profunda está na manifestação visível da pessoa de Deus por meio de Jesus Cristo. É impossível, portanto, conhecer a Deus sem um relacionamento com Jesus.

Os discípulos, após cerca de três anos de convivência intensa, íntima e profunda com Jesus, não deixaram de se impressionar com o poder, a grandiosidade e a bondade de seu Mestre. A beleza de andar com Cristo está em perceber que, quanto mais nos aproximamos dele, mais nos apaixonamos. Quanto mais nos relacionamos com Jesus, mais maravilhados ficamos.

Minhas anotações

Ore comigo

"Senhor amado, o desejo do meu coração é conhecer-te cada vez mais profunda e intimamente. Que eu jamais deixe de ficar maravilhado e apaixonado por ti, pela tua Palavra e por teus preceitos. Em nome de Jesus. Amém."

LEITURA BÍBLICA
Deuteronômio 30:16-20

O poder de uma escolha

Somos, diariamente, colocados diante de decisões a serem tomadas. As escolhas nos são garantidas pela Palavra de Deus; afinal, a liberdade de decidir é um privilégio que o Senhor nos concede. Deus não quer que façamos nada por imposição, mas que escolhamos livremente segui-lo, amá-lo e obedecer-lhe.

Algumas escolhas definem o nosso destino. Novamente, o nosso destino é determinado por nossas escolhas. Escolhas são como sementes: temos a opção e a liberdade de plantá-las, mas, uma vez que a colheita chega, nos tornamos reféns das consequências.

Uma escolha aparentemente simples pode ter consequências no nosso futuro a longo prazo e, mais do que isso, pode impactar gerações futuras. No entanto, a culpa e o peso do pecado foram levados por Jesus Cristo no Calvário. Por isso, quando você entrega a sua vida a Jesus, independentemente de como foi o seu passado, a sua decisão de servir a Deus muda o seu destino e o de sua descendência.

A sua decisão hoje é o que vai determinar como será a sua vida, a dos seus filhos e a dos seus netos. Escolha, portanto, qual caminho trilhar: o caminho da bênção, da vida, no qual você se move conforme a voz de Deus e as Escrituras, ou o caminho da maldição, em que estão os desejos deste mundo, os prazeres mundanos e a perdição?

Minhas anotações

Ore comigo

"Deus amado, eu te agradeço por me dares a liberdade de escolher. A minha escolha hoje é seguir os teus caminhos e viver para agradar o teu coração. Dá-me discernimento e sabedoria para todas as decisões que eu tiver de tomar. Amém."

30 DEZEMBRO

LEITURA BÍBLICA
Apocalipse 3:10-12

O caminho da recompensa

Muitos pensam que a chave para ser bem-sucedido é a força e o mérito próprios; outros afirmam que as circunstâncias ao redor ditam o nosso sucesso. Contudo, a Bíblia nos aponta um caminho diferente, a fidelidade. A fidelidade é uma das melhores coisas que podemos oferecer ao Senhor. Deus não se impressiona com muitas coisas com as quais nos impressionamos, mas ele se impressiona com a fidelidade de seu povo, com a lealdade de seus filhos.

As Escrituras tornam claro que a recompensa da parte do Senhor sempre nos será dada de acordo com a nossa fidelidade, obediência e lealdade. Lemos que a igreja de Filadélfia foi fiel, apesar de não ter muita força, e, por ter guardado a palavra, Jesus garante que a guardará da provação que há de vir.

Portanto, a fidelidade é, para nós, inegociável. Deus não negocia esse princípio. A fidelidade precisa ser expressada por ações e obras, tanto de forma pública como privada. Deus espera de nós uma atitude de fidelidade no culto, mas também no cotidiano. Somente Jesus Cristo tem a chave para a porta da vida eterna; então, se queremos ser bem-sucedidos, recompensados e abençoados, precisamos ser fiéis para com o Senhor.

Minhas anotações

Ore comigo

"Senhor, faz-me caminhar em fidelidade e viver da maneira que te agrada, renunciando a tudo aquilo que não vem de ti. Não me deixes esquecer de que tu tens sido fiel para comigo. Amém."

LEITURA BÍBLICA
Ezequiel 37:1-14

31 DEZEMBRO

Um futuro extraordinário

A vida é feita de estações, fases. Muitas vezes, em meio às dificuldades e às batalhas, temos dificuldade em olhar adiante e vislumbrar dias melhores. Alguns olham para as metas não cumpridas e resolvem descartá-las por completo em vez de dar continuidade aos objetivos pessoais. Outros fazem uma retrospectiva das catástrofes, dos desastres e de tudo de bom que não aconteceu.

Essa não é a forma como Deus deseja que nós, seus filhos, entremos no novo ano. Ele não quer que tenhamos uma perspectiva de desolação e insegurança, mas de fé e esperança de que ele pode nos proporcionar um futuro infinitamente melhor e mais grandioso do que poderíamos imaginar. O Senhor anseia que tenhamos confiança de que, no amanhã, há algo extraordinário para nós.

Ao projetar algo para o novo ano, lembre-se de que a sua vida está nas mãos daquele que nunca falhou e nunca falhará. Se você passou ou tem passado por dificuldades, não se esqueça de que o mesmo Deus que vivificou um vale de ossos secos deseja restituir os sonhos que você acredita serem impossíveis. Caminhe para o próximo ano na certeza de que Deus vai surpreendê-lo com sua bondade inexplicável.

Fale conforme você crê e espera que aconteça. Profetize o milagre de Deus para o próximo ano em fé e esperança!

Minhas anotações

Ore comigo

"Deus amado, eu te agradeço pelo que tens feito em minha vida e pelo que o Senhor ainda há de fazer. Peço que me ajudes a confiar em ti e a caminhar na esperança de que os teus planos se cumpram. Em nome de Jesus. Amém."

Nuvens de palavras

Uma Nuvem de palavras é formada pelas palavras que tiveram maior ocorrência em determinado período em uma fonte de dados. Vamos usar o seu devocional como fonte de dados. Se preciso for, revisite as páginas, folheie e releia seus escritos e reflita sobre o seu ano.

Em seguida, preencha a nuvem com as palavras que mais foram usadas por você. Lembre-se de deixar no centro e com cor e letras maiores as mais importantes.

Chegamos ao final deste ano!

Sua sensação é de "Ufa!", de "Aleluia!", de "Glória a Deus!", ou de "Obrigado, Senhor"? Confesso que, no decorrer do ano, várias vezes passei por sentimentos diversos e, como é comum a todos nós, nem todos foram positivos.

Uma certeza, porém, carrego comigo: "Ebenézer, até aqui o Senhor nos ajudou" (cf. 1Samuel 7:12). Como é reconfortante saber que construímos juntos um tempo precioso diante do nosso Deus e que ele está ao nosso lado hoje, como esteve ontem e prometeu estar todos os dias até o fim dos tempos (cf. Mateus 28:20).

Agradeço-lhe a companhia e espero que este devocional tenha sido abençoador para a sua vida de tal modo que você tenha o desejo de espalhar a mensagem aqui contida a todos ao seu redor.

Nós nos encontramos amanhã, no ano que vem!

Este livro foi impresso em 2024, pela Lis
Gráfica, para a Thomas Nelson Brasil. A
fonte usada no miolo é Miller Text. O papel
do miolo é pólen natural 70 g/m².